故都漫墨

于非闇 著
沈宁 编注

北京出版集团
文津出版社

于非闇《水仙蝴蝶》（1947 年，私人收藏）

目录

旧京掌故

有闲阶级

痛痛集

这且不言

于非闇绘崇效寺牡丹《众生黑》（1949 年，北京画院藏）

于非闇《红叶双绶》（1948 年，私人收藏）

于非闇晚年照（家属提供）

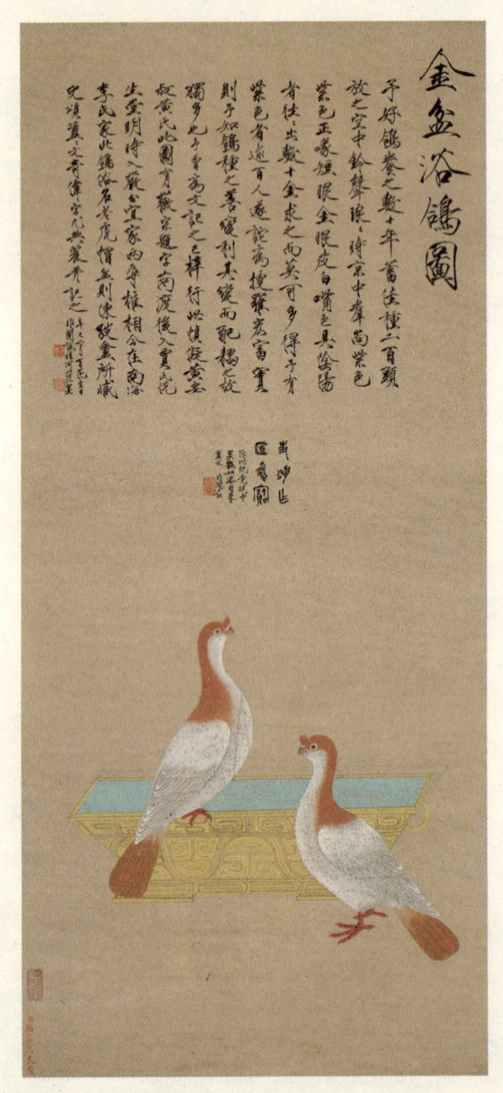

于非闇拟黄要叔《金盆玉鸽图》（1941 年）

旧京掌故

以权贵为干爷

有清末叶，仕途庞杂，奔竞之极，至右以权贵为干爷而媵[1]妻女者。宣统二年，宣武门外北半截胡同广和居有题壁云："居然满汉一家人，干女干儿色色新；也当朱陈通嫁娶，本来云贵实乡亲；莺声隐隐呼爷日，豚子依依恋母辰；一种风情谁识得，问君何苦问前因。"又云："一堂两世作干爷，喜气重重出一家；照例自应呼格格，请安应不唤爸爸；岐王宅里开新样，江令归来有旧衙；儿自弄璋爷弄瓦，奇生草对寄生花。"说者谓是殆指清季当国之某老亲王父子与朱某陈某事。文人巧思，可谓谑而虐矣。清制凡王公之女，皆谓之格格，犹小姐也，为满洲语。父，夷乎之为"八八"，或曰"巴巴"，后遂易其字为"爸"，见《正字通》。

1926 年 12 月 29 日
《晨报·非厂漫墨·一》
署名非厂

---

[1] 媵（yìng）：相送。

挽联（二则）

一

挽联，古无有也。《唐书·建宁王倓传》："李泌为挽词，追述倓志，命挽士唱。"梁臣林先生遂谓挽词、挽歌始于唐。然《薤露》《蒿里》二歌，本由于门人之伤田横，汉李延年分为二曲，使挽柩者歌之，亦谓之挽歌，是挽歌又不始于唐。《石林燕语》云："韩康公得解，过省殿试，皆第三人。后为相四迁，皆在熙宁中。苏子容挽云：'三登庆历三人第，四入熙宁四辅中。'此为挽联之始。"推其义，特伤死者之事功，发之文辞，用以表扬而哀悼耳。黄克强、蔡松坡，一为手创民国之人，一为拥护共和之人，不幸相继殁。嘉善同邻于中华民国五年十月十六日假丙辰俱乐部开会追悼，诔词挽联，琳琅满目，有一联云："一夺再夺湖南老；三哭四哭嘉善人。"灵帏左壁一联云："黄家伯，伯伯爷爷打开民国；蔡先生，生生死死夺转共和。"已极光怪陆离矣。更有仿《三国演义》回目体一联云："定军山誓师讨袁贼；渡泸江仗义退曹兵。"所谓讨袁贼者，当指癸丑之役，而退曹兵者，殆指洪宪时曹虎威入川耳。

顾尤有奇妙莫测者，联云：“逐少一夫，逼老一夫，同举斯义；创活婴儿，救死婴儿，各建殊勋。”观者咸瞠目莫解，有某君为之诠云：“一夫，独夫也，指皇帝而言。逐少云者，指以皇帝宣统。逼老云者，指老皇帝洪宪，婴儿暗喻民国。一则手创活泼泼之民国，一则拯救奄奄垂死之民国，暗切黄蔡，不落恒蹊。挽革命伟人宜有此革命大方，方能称合。”众为哄堂。是日与会者，虽各抱人亡国碎之痛，对兹数联，每不禁莞尔，时人以“吊者大悦”讥之。

1926年12月29日
《晨报·非厂漫墨·一》
署名非厂

二

梁巨川[1]先生之死，朝野震动，某挽以联云：“是历朝亡国后应有文章，老先生独能作到；为当日服官人绝无花样，大总统何以评来。”时某当国，与巨川先生同为遗老，故联云云。时报界有吴君梓箴[2]者，亦感时而殁，或挽之以联曰：“彭翼仲[3]翻为后死者；梁巨川喜得同心人。”彭为北京报界先河，时误传为已死。两联皆工切，弦外之音甚长。

1927年2月11日
《晨报·非厂漫墨·十六》

---

[1] 梁济（1858—1918），字巨川，一字孟匡，别号桂岭劳人。广西桂林人，梁漱溟之父。清末官员、学者，因愤于时势，投积水潭而死。

[2] 吴宝训（？—1918），字梓箴，旗人。曾任《京话日报》主笔。

[3] 彭诒孙（1864—1921），字翼仲，号子嘉。江苏苏州人。清末报人。

过目不忘

先大父言：昔纪晓岚先生与某公，俱所谓过目不忘者也。乘马自西四牌楼出宣武门，相约各默志街左右市肆匾额，至宣武门止。纪志左，某志右，既至，先生言之无或爽，某亦历历言之。先生曰："公所言，良不误，惟某巷口之小肆某，何未之见耶？"某使人探之，果然，乃相与惊叹。

1927 年 1 月 7 日
《晨报·非厂漫墨·三》

傻五

余巷有傻五者，姓张氏，不详其为某地人也。庚子兵燹后始来余巷，贫窭不堪，傻五则淡然不为意，拙朴若至愚。嫂某氏，兄死后醮[1]于程，程于兵燹后骤富。程死，嫂尽瞒藏，乃召傻五。既至，痛嫂负兄，语侵嫂，嫂怒，挥之去。水夫王某怜其遇，使居于井旁祖神龛中。井在庆氏垣外，龛则凿垣为穴，高及肩，伛偻入，仅足容人，阴惨湿腐之气，中鼻欲呕，傻五处之泰然也。日执水夫役，暇则与二三小儿戏，凡遇雏狗为人弃者，辄收养之，饮食眠息，皆与狗共。尤喜畜[2]蛇蝎，蛇蝎一遇傻五，亦即俯首帖耳，不敢啮螫，人遂争以傻五呼之，而傻五亦辗然[3]而应之曰傻，是殆庄子所谓大智者耶。

1927 年 1 月 8 日

《晨报·非厂漫墨·四》

---

[1] 醮（jiào）：再婚。

[2] 畜（xù）〈动〉：饲养。

[3] 辗然：悠然。

铁帽王

西城某亲王，世所谓铁帽王[1]也。为世子时，沉于声色，母忧之，力事训诫，迄不改。后信方士言，饮以剂，人道绝，遂病痫，歌哭不时，侍从鞭挞殆遍。袭爵后，病尤甚，侍从辄以花鸟之属，诱之使少安，以故奇禽异兽、蛇蝎虫蛆之类，罔不罗致而豢养之。王日与之伍，痫遂少杀，民国六年时，卒以痫殁云。

1927年1月11日

《晨报·非厂漫墨·七》

[1] 铁帽王是指清初战功显赫，受封“世袭罔替”的亲王和郡王。

紫苏医疽

乡有患疽者，腰际肿溃，自分必死，遂决计自裁于陇亩间，乃手绳索，拄杖行紫苏地中。时当溽暑，苏叶繁茂，高与人齐，馨香沾襟袖，觉所患簌簌作奇痒，痛少止。比尽苏地，心情舒畅，精神焕发，已不须杖行。心异之，往复数四，试以手扪疽，创已渐平，大喜过望，乃不复觅死所，折苏数枝，归敷患处，病遂已。又乡民以其子病痞死，恨悼之极，至剖子腹以验其症结所在，剖刃后，脏腑都无大异，冥然冥索，得血块一，扁而圆，若鸡卵，坚如铁石，晶莹有光。知为致其爱子命者，以锥凿孔，结绳为烟坠，作纪念也。一日耕于野，以烟斗悬于蓼花桠杈间，及毕，取烟斗，则已坠地。俯拾之，血块以渺，仅枝桠与土间余数点血晕耳。初以为日所熏炙，继以日常携此，屡曝而未尝有毫芒损，且他日曾数数悬荆棘间，都无异，今独置之蓼，化脓血，得非蓼之作祟耶？归语其妻，共相骇诧，而莫喻其故。会邻有病痞者，得其故，春蓼汁试服之，疾若失。按“紫苏”，北京谓之“苏子”，《说文》《尔雅》俱谓之“桂荏”，《本草》注：“苏从稣，苏性舒畅，行气和血，故谓之苏。”余曩患疸，试之不效，蓼性飞扬，足以化痞，白色者，尤有效。余不知医，此皆闻之吾师王润暄先生者。先生精写生，蝼蝈尤妙，昔曾供奉内廷，惟不肯经为人作，已于民国四年时归道山矣。

1927 年 1 月 12 日
《晨报・非厂漫墨・七》

童谣

童谣自有史以来，每多奇应，事之所有，理之所难知也。闻之故老言，当乾嘉之际，有谣曰：“明末修庙，清末修道。”明末阉竖，崇修寺观，固矣。所谓修道云者，当时多以修明道德解，而不知其所谓道，道其所经之路也。又庚子拳匪时，余尚幼，里巷中有歌“豇豆大海茄，鬼子过不去八月节”者，辄从而和之，识者以为在中秋节前，定可以“保清灭洋”也。拳匪所竖旗，一书“替天行道”，一书“保清灭洋”，迨大沽破，天津毁，皇帝西狩，北京为联军所占，乃竟未逾所谓八月节者，岂真所谓预示其机耶？抑故为曲解耶？崇文、宣武两门，预示明清两亡国年号，又何其巧□如是耶！

1927年1月16日

《晨报·非厂漫墨·十》

财政部门前照壁

西长安街财政部门前照壁，高且巨，昔为一广场，杂莳花木，颇幽洁。某长部曹，使日者相之，谓宜竖照壁以收气，库藏可无虞匮乏，司农可不再仰屋，部曹韪[1]其议，壁以竖，直至今日云。

1927年1月16日
《晨报·非厂漫墨·十》

[1] 韪（wěi）：是，善。

掼交之技

掼交之技（交或作跤），不知创自何人，用手足之巧，虽强有力者，辄能使之跌扑不能起，盖技击之余也。清初，鳌拜伏诛[1]，说者谓特假掼交之力。然善扑营之制，直至清末始废。光绪中，皇帝尚校阅数次，且自王公以下，多有习其术者，则谓此技为创于满洲者，为理绝近。京师向有官交、私交之分，官者隶善扑营，月食钱粮，按期演习。长官谓之“夸兰达”，谓技优者曰“步虎”，营制也。东西城向分左右翼，右翼交营，在西四牌楼北路西，振亚春饭庄即其遗址。每月逢八之日，自“夸兰达”以下咸集，长官掣签呼名，使两两相角，角毕辄评其优劣得失，习为常，师弟子相授受，宗派至多，各立门户。

[1] 鳌拜，清朝三代元勋，康熙帝早年辅政大臣之一。后以操握权柄、结党营私，被康熙定下计策，在武英殿由受训之“布库”（摔跤常胜者）擒拿。

其为术，虽仅能掼人使跌，而技击家有莫能胜之者，以故士庶人亦往往延致交师，私相研习，为健身之用，谓之私交。西城有所谓鹞鹰德子者，技绝精，然有怪癖，为人所鄙，已物化矣。今各杂技场，犹有借掼交以糊口者，服装虽是，不复如曩昔之雄武矣。

1927 年 1 月 23 日
《晨报·非厂漫墨·十一》

京师行刑场

京师行刑场，清初在西四牌楼，东城在神路街，西城在断魂桥之西。断魂桥，宣统初始易名太平桥，即今两猪肉市地也（见王稻荪《燕市志》）。后始改市口，义取弃市。市口在曩年有所谓“铜幌子”者，酒肆也。犯人至此，距行刑地已近，即由监者自囚车扶之下，犯人自刑部至此，沿路每多要索，监者辄曲荐之，商贩亦不索值，以为垂死人也。至肆前，必索饮，肆人无不应，惟以勺酌酒，必反沥之，不知作何解，俗谓之“倒打”。又犯人饮毕，辄碎其杯，肆亦不与较，力修补之，故“铜幌子”又谓之“碎碗居”。莅刑场，以苇席为棚，中置桌，监斩者墨晶眼镜，甚有以墨涂于眼镜，俾无能见物者。犯人既跪，一人跪于后，以两手力持犯人肩际，以腿压其腰，一人以粗绠结为络，系犯人首，猛曳之，颈伸长，一人持刀，目视监刑者。监刑者手朱笔，唱名毕，向名下一点，一人大呼“好刀”，刀即下。实则监刑者之笔，直不知向何处戳下也。

京师学校

光绪之季，京师学校大兴，特设学部以管理全国学校。京师复设督学局、八旗学务处，以管理京师各校。当时学校最负盛名者，大学堂而下，首推八旗高等学堂、满蒙文高等学堂，谓之京师三堂。教师皆为一时知名之士，人才辈出，远非他校所及。校款既充，复颁廪饩[1]，贫寒子弟，遂无患失学焉。各报社复竭力鼓吹，于是社会上公益事，如宣讲所、阅报室、私立学校等，大有一日千里之势，且多有倾囊以为之者，反视今，真不堪回首矣。在西郊有圆明园八旗学堂者，为赵丈泽田所办，其成绩与三堂相颉颃。袁项城[2]所立之北洋四校，亦冠绝一时。京师之有女校，自振懦始。振懦为崇伯秋圃所立，崇故后，校亦废，此皆谈北京者所不可不知也。

1927 年 1 月 25 日

《晨报·非厂漫墨·十二》

[1] 廪饩（lǐn xì）：指科举时代由公家发给在学生员的膳食津贴。

[2] 袁世凯（1859—1916），字慰亭，号容庵，河南项城人，故人称“袁项城”。北洋军阀首领。

崇侍御秋圃

崇侍御[1]秋圃，名芳，姓舒穆鲁氏[2]，满人也。戊戌科进士，学问渊雅，工诗古文辞。晚年致力于教育，创振懦女学校[3]，为京师女学先导。书法隽永似张黑女，朴茂若《爨龙颜碑》，然不轻为人书，故知者绝鲜，性和易，蔼然可亲，于后生小子，尤多诱掖，使归于正。在余为父执行，余固师事之。诗文多散佚，与余书《围棋三十咏》，颇可诵，特录之：

动静方元喻独工，邺侯端不愧神童；当时纵未招同局，一赋诗赢燕国公。

小园拔地起苍松，长夏炎炎午荫浓；下有石床堪布局，客来同扫绿苔封。

---

[1] 侍御：官名。明清专设监察御史，隶都察院。清又有御史巡行京城之制，称巡城御史等。

[2] 舒穆鲁即舒穆禄，满语"珊瑚"，源出辽、金、元、明女真人的"石抹氏"。

[3] 地址在西四牌楼北红罗厂。

大敌荷秦仅隔江，风流对局且临窗；捷书毕竟胸先有，谢傅原操胜算双。

谁着荒唐神怪词，橘中二叟也围棋；只愁局罢饶酸味，蛮触呶呶无了时。

边角绰绰足成围，大好山河任指挥；为问中央思着子，灵猿从此证长归。

焚罢名香读易初，从知万象此权舆；试看棋局才投子，点点河图复洛书。

消受樵青茗半壶，小童又进淡巴菰；闲情莫作黄兰士，博得人间泪血图。

生死关头未许迷，夺边急欲立金鸡；无端憨仆呼移局，请避梁间燕子泥。

春深棋具费安排，莫向临风红叶阶；一子偶然迟不下，满坪已被落花埋。

为遣闲愁一局开，也知不是摘星才；老妻昨岁偏亡去，谁为诗人书纸来。

传来弈谱式翻新，毕竟东瀛巧胜人；四角曾无根据子，凌空起步作天神。

眼见长安似弈纷，衣冠第宅海桑分；可怜王质真痴绝，一担新柴付暝云。

昨宿西山碌碡村，夜深黄叶打柴门；秋声未了棋声起，苦向窗前买月痕。

罚酒初斟饮未干，街头风景倚楼看；马龙车水新人物，那识坪中局已残。

残年酷好是消闲，旗鼓何曾为斩关；便使弈秋邀对局，不妨偷眼觑云山。

到头胜败两欣然，先着始争祖逖鞭；大局不堪棋子乱，美人手段太胡缠。

度仿周天罚数饶，传闻玩具出神尧；舟朱竟老畴人业，不向虞廷起暗潮。

晚境颓唐百事抛，相逢大半是棋交；邻僧今夕伻来约，忍令灯前子独敲。

竹林声价雀牌高，凤绿龙红赌最豪；争似春风开茗战，指挥安雅傲萧曹。

风雪连朝冻待呵，程梁同调到来多；却乘棋具无闲暇，袖手从容学烂柯。

偶过西街博士家，主人亲为泡新茶；棋雠桴鼓非凡急，比到倾瓯冷沁牙。

沉沉秋夜漏初长，姑妇揪枰也是常；误被行人作谈科，遇仙妆点奏明皇。

世路崎岖剧不平，何容黑白太分明；半生豪气消磨尽，一笑来谈纸上兵。

泉号桃花谱亦馨，千秋几见范西屏；棋非国手翻多趣，落子随人作雨听。

柴门倒屣迓良明，开局中庭月作灯；久坐不知花露重，嫩凉侵透指尖冰。

闻道名湖署莫愁，湖干高矗胜棋楼；人生但得闲拈子，便是中山王一流。

课书课画课鸣琴，女校抽闲日未沉；好过茶坊寻弈侣，揪枰一局拓良襟。

静里闲将弈理参，物情全在个中涵；碧天如纸星如子，第一棋枰是蔚蓝。

最后交情本关廉，对枰心事可掀髯；我生人死方成快，多少权谋出指尖。

太华峰头玉女岩，石棋一具白云缄；近人机械多于古，正恐希夷落子凡。

又自跋尾云：

“晚岁杜门，颇耽弈术，拈子余暇，喜制小诗，近成杂作三十首，或咏古，或感时，或写事实，或舒怀抱，或摹景，或寓情，大旨要不外乎咏棋。手录一通，以自怡悦，不顾识者笑也。”

1927年1月28—31日
《晨报·非厂漫墨·十三至十五》

撰联讽丞

宣统时，荣庆长学部，左丞为乔树枏[1]，右丞为孟庆荣[2]。某部郎为撰一联云："壳子并吞双御史，黼翁倒挂老中堂。"时乔有"壳子"之号，乔枏，乔树为御史，皆川人；孟字"黼臣"，故联云云，颇可喷饭也。

1927 年 2 月 17 日
《晨报·非厂漫墨·二一》

---

[1] 乔树枏，字茂萱，万岁别署损庵，华阳人。

[2] 孟庆荣，字黼臣、芴臣、绂臣，号芝亭。直隶永年（今河北）人。

寄情于蛱蝶

友人言："其祖某公，当道咸之际，痛朝政日非，筑小园于西山隐焉。读书作字之暇，一寄情于蛱蝶，所得都百余种，以玻璃为屋，中植繁卉，俾蛱蝶飞翔栖息于其间。有大如鹁鸽者，有小若蚊蝇者，公日与之习，久则深识蛱蝶饥寒蹁跹之意，蝶亦能曲适公意。公读书其中，蝶则群集襟袖间。不数年，繁衍至三百余种，每一种，辄笔之于书，详其形态，复系以诗，都数万言，自署'浮生一蝶'，额其园，曰'蝶园'，居十年，足不履城市，颜童发鹤，盖深得于鲜花供养，与蝶俱化者也。寿八十有三，无疾而殁。不三日，千余蝶均毙，无一生者。公尝谓：'蝶寿最永者，可历四寒暑。雌雄相爱，往往飞比翼，共栖止，偎依至毁其翼，不之顾也。'惜所为诗文已散佚，仅蝶之翼，尚存有数百片耳。"某公养蝶，吾在韶年，已习闻之，愧不能详，今得友人言，敢以实吾篇。

1927年3月12日

《晨报·非厂漫墨·二八》

徐延昭之铜锤与石达开所用之刀

杂剧中徐延昭之铜锤，据友人言，其戚之母家，为徐氏裔，祠中现仍供有此锤，径约六寸，柄长约二尺，所裹红绫，已败为淡黄色。徐氏在始祖，位第二，其戚现居西城公用库云。又石达开所用之刀，长几四尺，宽至四寸，刃锋背钝，近柄处镌以“李龙造宝”四字，余友徐止园曾见之于某邸。某邸好技击，其师某蜀人，昔侍石，石败，盗刀以逃。及邸，初不敢详所自，将别，始具言，并以刀赠。刀无他异，惟燥湿不锈耳。

1927年3月17日
《晨报·非厂漫墨·二九》

#《古文魂》

往昔吾学古文辞于张蓉墀先生，先生固服膺桐城姚氏者，吾幼慧，颇不为先生恶。吾亦为读古人之文，莫妙于读古人论文之文，讽诵涵泳，较易为功，先生嘉吾意，吾亦以纂辑自任。今忽忽二十年，所学无一成者，固不仅有负于先生所期也。余友行唐[1]尚君（名涛）出其叔祖所辑《古文魂》，全书上下二编，起太史公，至吴挚甫，都三十三家，三百五十三首，皆古贤论文之文，窃幸吾见之不孤也。其叙曰："读古人之文，所以学为文也；读古人论文之文，学不愈使乎？文者精神之所寄也。故古人往而精神则留，类能以其甘苦所得，著以示人。人或喻，或不喻，或当时无能喻，后世乃喻，或初学不喻，用力既久而后喻，及其既喻，始知古人之先我者，洞彻明了，实不我欺

[1] 行唐县隶属于石家庄市，位于河北省西南部。

也。且我心知之，口不能言之，口能言，笔不能述之者，古之人又无不一一指示也。然则今日之学文者，即以古人所言之法，绎古人之文可矣。……编起自太史公，迄于宋代。……下编则以本朝为多，而以明之归震川为首。……望溪继之，始投正轨；而变而大之者，姚姬传也。姚氏而后，途径愈辟，梅曾张吴，再接再厉，两千年作者，略具于斯矣，然亦有鸿篇巨制传播古今。顾论文之作不传，如西汉贾董诸人是也。亦有连篇累牍，商榷艺事，而美不胜收，如刘氏《文心雕龙》，陈绎曾《文说》，王构《修辞鉴衡》，朱荃宰《文通》，国朝王之绩《铁立文起》，包安吴[1]《艺舟双楫》是也。……本编姑从割弃……矧寻常简札，尤易窥见文人之用心，其于文法之解释，明白亲切，固有胜于正言庄论者矣。”则去选择精博，已可概见。此书北京官书局曩曾出售，世之癖同嗜痂如吾者，用敢绍介焉。

1927年3月17日

《晨报·非厂漫墨·二九》

[1] 包世臣（1775—1855），字慎伯，号倦翁，安徽泾县（古名安吴）人，人称包安吴。清学者、书法家、书学理论家。

光宣轶闻

庚子拳匪，旬日杀五大臣，袁昶、许景澄、徐用仪[1]，向称浙之“三忠”。联元[2]当廷询时，力言使臣不可杀，衅不可开，在满员中可谓独具卓识者。独兵部尚书立山[3]，向以阿附慈禧致通显，废立事亦参与，慈禧视为心腹，立山亦以心腹自诩。顾何以侪于五大臣而罹重辟，论者多谓其主和忤慈禧，实固别有在也。立山，姓杨氏，旗籍，以部员至尚书，兼内务府大臣，居恒御眼镜，人戏以“四眼”呼之。所居曰“经版库”，在西安门内，邻西什库教堂，今参谋部即其遗址。宅向属余戚，立山爱其地，以所居易之。赵舒翘等既迎拳匪入京师，端王载

[1] 徐用仪（1826—1900），字吉甫，别字筱云，浙江海盐人。清德宗时军机大臣。

[2] 联元（1838—1900），崔佳氏，字仙蘅。满洲镶红旗人。内阁学士、礼部侍郎衔，总理各国事务衙门大臣。

[3] 立山（？—1900），土默特氏，字豫甫。清蒙古正黄旗人。官户部尚书。

漪，庄王载勋，各设坛，立山辄入谒，礼甚恭。时漪管总理衙门及虎神营，握外交军事大权，立山亦曲附之。及天津陷，联军迫落垡，慈禧召廷议，王公以下皆应召，谓之“御前会议”。德宗自戊戌政变，绝口不言政事。议既开，德宗首主和，侃侃而谈，至痛切，漪无以辨，慈禧思得立山助载漪，以拳匪问立山，冀其希旨主战也。山以匪术多不验对，漪廷叱之，慈禧为排解。翌日议复开，联元以主和几被斩，时景澄、袁昶已力言衅不可开，至是帝持景澄手，大哭失声，立山终议无一言。议既主战，漪斥立山为汉奸，山惧，使关白[1]，漪意解。立山向拥多资，侵蚀内帑数十万，衣饰狗马，在曩称一绝，久为拳匪所垂涎。一日有匪排闼入，索巨金，谓代赎罪，又以地毗教堂，指为“通夷”，无佐证，日惟三四至，不胜扰，立山稍稍泄其事。时目匪为“义民”、为“神团”，匪日事掠劫，莫敢言。立山言被扰为漪所闻，匪首久欲得之而甘心，遂火其居，劫一空。立山下狱，与徐用仪、联元同斩于市，朝旨谓之“通夷”，时距袁昶、景澄之死，不旬日也。

1927 年 3 月 20 日
《晨报·星期画报》第 2 卷第 76 期
署名非厂

---

[1] 关白：陈述、禀告。

丹徒刘铁云

丹徒刘铁云先生，工金石，碑版书画所藏至夥，抱残守缺，在光绪之际，极负盛名；而尤以《铁云藏龟》为研究古代文字者辟一新地。殷墟甲骨文字，迄今乃弥盛研求焉。自雕版术兴，艺术之研求已便，摄影印刷之术入吾国，人人可得宋版书，宋拓帖，宋人书画（铁云有印曰“铁云所藏宋版书宋拓帖宋人书画”），取材研讨乃愈便。于是先生乃尽出其所藏，印以行世，而有正书局之业，在光宣之季，遂日以盛；则其嘉惠艺林，为功乃愈不可没。以视世之小有所得，什袭以藏，秘不示人；或视为瑰宝，兢兢秘玩，卒为子孙以之易斗米供挥霍者，其得失宁可以道理计。顾先生之文章，仅以说部著。其所为《老残游记》，绘影绘声，已极文字之大观，文章之能事。所寄托尤不凡，不特于毓贤深致其痛恨也。间尝考之，书中所记，皆光绪二十二三年前事：时张曜为山东巡抚。毓贤纵拳匪，铸成大辱。游记成于庚子后，故于

“毓”易为“玉”直书其名，极写酷吏状，而深致其极恶痛绝之意。惟其后托为谶纬之说，有“清祚早更”之语，未免近于荒诞，或是后人所增耳。先生名鹗，字云抟，庚子后易铁云，以字行。

1927年3月21日
《晨报·非厂漫墨·三十》

高亮桥船坞

西直门外高亮桥，有船坞焉，直对倚虹堂，在清季为西太后停船之所。中有小轮舟，李合肥[1]练海军时所进者，外舷彩绘荷花，中置烟囱一个，内部制颇精，为吾国历史上绝好材料。相传当庚子前，每当驻跸颐和园时，辄乘舟溯御河上驶。庚子而后，乘舟仅一二次，故舟至清末，机件遂坏。坞中有白鳝一尾，在其顶颅生有“卍”字纹，绝清晰。又有黑鱼一尾，体乃至大，其顶亦有特著之纹。西太后每乘舟，黑鱼则浮水面，若朝见状，已乃随船上驶；白鳝则匍伏舟首，随舟行，莫或稍动，西太后下舟，二物遂隐，言之者谓皆目击也。今倚虹堂与船坞均拆去，轮舟亦为商人购去，只余瓦砾数堆，清波一湾耳。船坞向禁垂钓，屋宇既毁，钓者麇集，惟多集于东北西三面，其东南一隅，无敢钓者，谓即黑鱼之出没地，故畏而避之。

1927年7月18日
《晨报·非厂漫墨·四十》
署名非厂

[1] 李鸿章（1823—1901），安徽合肥人。晚清名臣，洋务运动的主要领导人之一。

富察氏敦崇

富察氏敦崇，字礼臣，满人。所谓文颇清淡，不矜才，不使气，在满人中，是以读书为乐者。其所著《燕京岁时记》[1]，于北京之风俗习尚，言之綦详，其所考证，虽间有误，然自其大体观之，固不得谓非名著也。闻礼臣死状颇奇，乃以某事随波臣而去[2]，事在前年，良可哀已。

1927年7月18日
《晨报·非厂漫墨·四十》
署名非厂

[1] 富察敦崇，晚清文人，满洲镶黄旗，曾任兵部主事、奉天巡防营务处提调等职。《燕京岁时记》初刊于光绪三十二年（1906）。

[2] 指其闻国变后于1926年投河自尽事。

富察氏礼臣

吾前所记富察氏礼臣先生，尚未足以尽先生。先生应乡试，三次遭回避，不获入场，遂弃去。历官至三省道，辛癸后遂不复出，惟求速死。尝自挽云："辽海好如归去鹤，尘寰不作再来人。"每喃喃自语，谓死状之最安舒者，惟有屈子赴汨罗耳，后卒如其言以逝。在先生之环境中，殆亦应有之文章，惟先生独能做到耳。先生著作等身，除前所记《燕京岁时记》外，已刊未刊各作，有《紫藤馆诗草》一卷，《庚子都门记变诗》一卷，《南行诗草》一卷，《隆裕皇太后大事记》一卷，《左传精华》四卷，《年谱》六卷，《富察遗闻录》四卷，《经义新评》一卷，《皇室见闻录》一卷，《画虎集文钞》一卷，《芸窗琐记》一卷。先生别号铁狮道人，则以其居在铁狮子胡同也。兹录先生所为《钓鱼台诗序》及《庚子七月初十日诗》，足以觇先生之所学矣。

序曰："钓鱼台又名望海楼，在阜成门外西南四五里，乃金章宗泛舟处也。河身半湮，台尚完整，台下有我朝行宫一所，大仅数亩，有养源斋、潇碧亭、漪青亭诸胜，凡祇谒西陵时，均于此用早膳焉。台西有桥，有闸，闸下有水浅不没足，登桥北眺，一望尘涯，皆麦垄，揆其形势，似是潮河旧迹，即所谓玉渊潭者亦莫得其方向矣。台之东面有石，刻前某年御制七古一首，备纪浚湖始末，今又淤寒欲平。台之南有石桥三座，似是古宫旧址，久已没入民田，徘徊久之，真令人有兴衰之感也。”

诗曰：“诗家载纪记多多，竞说高台倚碧波。水涸已无鱼可钓，池荒只有鸟堪罗。沧桑自古真无定，兴废由天可奈何。遥望离宫怀往事，先皇曾赋浚湖歌。”

《庚子七月初十日诗》：“自五月十七日拳匪入京，朝政大乱，至是已不可收拾，惟坐以待毙而已。

“破碎山河尚可支，无端歃血欲兴师。共知忌器难投鼠，不肯甘心效伏雌。禹甸将成昏世界，王朝非复旧宫仪。铜驼指日悲荆棘，遥望宫门泪若丝。

“遍地红巾拂马来，关津无阻九门开。朝廷大政凭符录，宰相钧衡寄草莱。四海烽烟难遽熄，万民涂炭实堪哀。总缘祸起萧墙里，扰扰攘攘费解猜。”

闻先生家藏一罗纹砚，方四寸余，青质白纹，背有二铭，为制绝古，鄂文端公家物也。今不审尚存否？

1927年9月8日
《晨报·非厂漫墨·五四》
署名非厂

陶然亭香冢

陶然亭下坎香冢，言都下旧闻者，莫不引为谈助，遂至愈传愈奇，莫可究诘。其咏于诗，杂出于传记者，尤多影响之辞。吾曾数至碑下，辄喜其小辞而莫忍去，固不必详考其事也。近读《芸窗琐记》，其述香冢云："陶然亭香冢铭云：'浩浩愁，茫茫劫，短歌终，明月缺，郁郁佳城，中有碧血；……是耶非耶，化为蝴蝶。'往岁过此视之，以为古人陈迹矣。壬辰（光绪十八年）重阳，再至其处，席间谈及此事，老友陈芷馨曰：'此事为予所目睹。冢为名妓李蓉君而设，作铭者，勒公方锜，字少重；书铭者，张公盛藻，字春陔。冢中只花瓣一坛而已，并无其人也。'芷馨年七十，其事距今四十余载，若非偶然谈及，则昔人之姓字不彰，斯亦默默中有微理矣。芷馨名鸿，兵部主事，顺天人。"观于此，则不特冢中人有所稽考，即作者书者，亦确然有据矣。第未审蓉君之事迹如何？其旁之鹦鹉冢又何也？

1927 年 10 月 10 日
《晨报·非厂漫墨·六一》
署名非厂

诗钟之作

诗钟之作，昉于清初，揆其名，殆即刻烛击钵之遗意，当揭题限格之际，以钱系丝，丝系寸香，下承盘盂，香尽丝断，钱落盘鸣，即以为构思之限，故谓之钟，又谓之羊角对，百衲琴，盖以格名也。其为制，有分咏者，有嵌字者，要在自然关合，铢两悉称。嵌字有限字者，曰凤顶，谓第一字嵌也；曰燕颔，谓第二字嵌；曰鸢肩，曰蜂腰，曰鹤膝，曰凫胫，曰雁足，则第三字乃至第七字也。题字相偶者，曰碎联；不连不对者，曰碎流；三字参差者，曰鼎峙；二字一在句末，一居句首者，曰蝉联；二字一在上句之首，一在下句之末者，曰魁斗；四字平置联句之首尾者，曰双钩；五字题字而不连不对者，曰五杂俎。又有所谓分韵者，二物禁用题字也。曰合咏者，一物限一字为珠也。格律如此其严，时限如此之暂，及其既得，其击节称快之情，其文人学士好游戏也。今则格式虽严，而时间弛限，甚有构思终日，翻箱倒箧以求之者，已失本意矣。

1927年7月19日
《晨报·非厂漫墨·四一》
署名非厂

清代手杖

友人家有断杖一，沉香制也。闻系其先人得自京北某农夫者。上刻隶书一行，曰“乾隆五十年千叟宴赐”。惜杖首已断，以之作“司提克”[1]，尚敷用耳。书之以质诸治清代故实者。

1927年10月10日

《晨报·非厂漫墨·六一》

署名非厂

[1] “司提克”，即英文Stick的音译，手杖。

儿童读书

京师在未有学校之前，儿童读书，先授以蒙经《三字经》《百家姓》《千字文》，皆三四字句韵文也。此外有所谓名贤集者，集古昔格言，下逮里巷谚语，俗浅特甚。又有所谓六言杂字者，讹误舛谬，大类于庖人之菜贴，犹记中有句云“刀切花卷蒸饼，里馅玫瑰黑糖”，读之殊堪发噱，然中等以下之家欲其子弟入于工商者，则多读是书，意谓可以识字而应用也。继是而读者，有《四字鉴略》《龙文鞭影》《幼学琼林》等，读毕再继之以《四子书》《孝经》《诗》《书》《易》等，亦仅读其音，习其句读而已。有自八岁读蒙经，至十六七尚未毕《四子书》者；亦有仅读《四子书》，即谓为已足，不再读经者。其《四子书》读毕或半读，另以《千家诗》或《古文释义》、《古文观止》作读物者，则除读经外，间及于诗文焉，然须视为之师者之学力爱憎，不皆如此也。其特识之家延师课子弟，读讲五经或诗古文辞者，往往出重金，莫能得良师，盖时仅致力于八股文，往往通籍后始研求经史古文，正如今日欲求一经学良师，颇难致也。

1927 年 10 月 29 日

《晨报·非厂漫墨卷二·一》

端方收藏

友人言，其先德于庚子随驾西安，得宋人手写《说文解字》十册，讹误颇多，似未谙篆书者所写，上有松雪斋、黄鹤山樵、项子京、天籁阁、皇六子等印。适为端午桥（方）所闻，愿以千金为寿，其先德笑置之。后以诖误去官，端又暗讽，卒投之汉水云。晚近收藏，群推匋斋[1]，以吾所知，匋斋聚积诸珍，尚多由交易而得者。设匋斋至今健在，当亦掀髯自诩，非剽窃诈谲而得也。

1927年11月7日

《晨报·非厂漫墨卷二·三》

[1] 端方（1861—1911），字午桥，号匋斋。宣统元年起为川汉、粤汉铁路督办。

端方像

稗官小说

稗官小说之中人最深，虽妇人小子皆可口讲而指画，津津焉若有余味者，则莫若《彭公案》《施公案》《三侠五义》等。吾友绮吟君，为裕亲王后，据其所言，康熙中之黄三太，确有其人，其先祖即以三太指镖借银事而隆郡王者也。其言曰："三河县令彭朋，因武斌（即书中之武文华）等鱼肉县民，按律惩治。武后与御史某（已忘其姓名）勾结，彭遂去任。裕王有庄头某擅技击，慕黄三太之为人，为言于王，直陈武与某诬揭状。王怒甚，夜入宫，陈于帝，帝为动容，复彭职，御史仅遭薄谴，王不能平。越数日，市传某失踪事，人颇疑王所为，王于帝竟直认之，盖王于帝为兄，世所称为铁帽子亲王也。先是王夜自宫中出，即召庄头至，述面帝状，旨既下，王以谴过薄，不足以慰忠贞而惩奸恶。即命庄头缚御史至，痛殴之，遍体鳞伤，气息仅属，仍缚园中，夜及半，后笞之，遂毙，置井中。及直承，降爵至郡王，王则每引此为快事焉。"吾友谈此，眉宇间若甚轩昂者。吾于《彭公案》等书，幼虽涉猎，已不复记忆。吾特以其言之足以实吾篇也，为记之如此。

1928 年 1 月 12 日

《晨报·非厂漫墨卷二·十一》

教员度岁

各中小学自考试观摩会以来，复撤掉及追究了几位校长，局视学日奔驰于祁寒朔风之下。各校之校长教员们，日惴惴于局中人，视学先生视线之所集，借以求得其所谓小可，而力避其所谓大不可者。至岁暮，视学巡阅已周，校长先生复四出刺探，所获评稍可，辄走相告，教员举色然喜；评弗佳，戚然若大难之将至者。及除夕，局中人传语“某日迄某日放假”，即戚然者，亦稍稍杀其爱，以为借此可小舒其劳。无何，局中人又传语曰：“饬校长携带图章及某月份领文来局！”闻者无喜戚，举欣欣然各默计其支配。群以战战兢兢数月以来，得此度岁钱，大足以偿其劳顿，局中人真体谅人哉！校长先生轩然其时乘车出，教员群集办公室，或手日报，或敲棋，或默坐以思，或绕室盘旋，极无聊切盼之状。久久，校长先生废然返，谓教员曰：“对不住！对不住！”盖局中人以某月份与某月份所领之几成须补盖印章，度岁钱请俟诸异日可也。教员们乃默默地各度其岁去了。

1928 年 1 月 15 日
《晨报·星期画报》
署名识小

书春

每届新春，辄有穷儒设案街头，陈破砚，呵冻笔，于寒风凛冽中，擘红笺写吉祥大字，借觅蝇头微利。隆福寺附近业此者尤夥，中有某侏儒，所书之联，最为过客所注目。其一云“东壁街坊，西园饭店；南边孔道，北苑操场”，已属可怪。又一联云“云里帝城双凤阙，雨中春树万壬家”，鲁鱼亥豕，更足发噱。惟其所选红笺，色泽极佳，取价又廉，一般贪小便宜不识字之乡人，无不趋之若鹜。侏儒手挥目送，利市三倍，附近一般书春者，均叹弗及焉。

1928 年 1 月 12 日

《晨报·星期画报》第 3 卷第 117 期

署名闲情

北京街头书春联者

友人论北京教育

友人某，曩自海外归，颇致力于中等教育，迄今六七年，所成就者殊不少。尝为吾言教育事，谓："北京学童，自民国十年以还，入中学校读书者，均便家，无寒苦者，故由精神上教育之，乃不如贫寒者易感受。盖中学生之养成，学校力三之一，家庭三之一，社会三之一，而三者之中，尤以社会之力为大。京师社会，所谓不易学好之社会也，家愈便，为害愈深。校中因应，遂时虞穷乏。去岁，有某生者，极聪慧，师友莫不期之，不幸以瘵[1]死。考其致死之由，虽有多种，而淫书其一也。事后由其家检出有《性史》第一集至第五集,《肉蒲团》正续两函,《淫荡奇观》《杏花天》《灯草和尚》《生殖正传》……各一部，纸墨崭新，类最近翻印，以京师禁书，一学童即可求得，良堪惊诧。而

[1] 瘵（zhài）：病。多指痨病。

社会之龌龊，足以影响于学童，此仅其一端耳。”吾自脱身教育界，深以十余年来不获罪戾为大幸，原不敢再有论列，惟以友人之言颇有味，书之以告为父兄省。

1928年3月28日
《晨报·非厂漫墨卷二·十六》
署名非厂

蹴踘之戏（二则）

一

蹴踘之戏，古已有之。及足球传入，其为术人争好之，吾在曩年，亦曾随友人之后，稍习其术，以吾体弗强，愧未能精，然每遇比赛，吾辄作壁上观，迄于今弗替。其在曩年，京师有所谓“踢球”戏者，球为石制，径大不逾寸，以两球为之戏，法择颓垣废第，地多坑坎瓦砾者，置两球地上，以足蹴而击之。每人两蹴，初蹴谓之“头脚”，继谓之“二脚”，两击不中，则另一人蹴之；亦两击，仍不中，则己又蹴。如是往复行之，至击中止，谓之一局，胜负定焉。如甲置一球于前方，而以另一球置之地，使乙蹴击之，甲在此时，有分配置球之权，俗谓之“置”，又谓之“智”。“置”者而球各置于相当之地，度己力可蹴而击之，度彼或无此能力也。“智”者，习于其术，故设坑坎以胜彼也。

当甲“置”乙时，乙详审地势之夷险，与球之远近，如自度可操胜算，则径蹴之；如以为否，则令“置”者蹴之，俟其两击不中，己再度其夷险，而决其蹴不蹴。俗谓被“置”而蹴者曰“踢”；被置而使“置”蹴曰“跟”。其赌法：在一击即中者，倍于次击。在“置”者，令此球蹴越彼球而未能超越者，或合此球不得超越，而竟超越，或令左而右，令右而左，皆为负；所负亦倍于次击。又范以围线焉，围为方形，任意画地为之，大不得逾两方丈；小亦得及丈。出其范，亦为负，负亦倍之。此戏多在冬日行之，在庚子兵燹之后，荒宅废第，时见三五为群，竞竞于荒秽瓦砾之间，而较量其得失；然皆市井无赖者为之，自好之士，鲜有混迹其间者。说者谓北地苦寒，此戏与“踢毽子”，同为卫生之术，理或然欤?

1928 年 4 月 15 日

《晨报·非厂漫墨卷二·十八》

二

蹴球之戏，吾国发明最早，盖亦健身之一也。自足球之术传入，吾亦好此，顾未能精。吾小友陈君家驹，则颇以此驰誉中外。每当与英、意等国角逐，吾必驻足而观，数年来无或间，盖此中有足乐焉。北地苦寒，冬季每易冻足，故溜冰踢毽诸戏，有锻身御寒之益，而蹴球之戏，其效乃与踢毽溜冰等。顾吾所谓蹴球者，非蹴踘之谓，亦非足球之谓。乃以两石球置地而蹴之，有围，有伏，有负，有胜，其迹乃近于赌博焉。球之状，径寸许，以紫色石琢成之，就广场之坑坎多瓦砾者，画每边丈有五六之方形围墙，俗谓之“层”，二人或二人以上均可戏。置两球于地，二人或掷钱，或猜拳，以定孰先攫得发球权。如甲已获得此权，在甲谓之“置”，意谓可任置两球于地，而令乙蹴之。或又谓之“智”，谓甲以其智力配置两球，度乙之能力，不足以胜，可从而胜之也。蹴之之法，盖有四焉：如令此球蹴至彼球之东方，然后以彼球蹴而击中之，则“智”者即发令曰“东”。蹴者，度己之力可以东之，即遵其命蹴而东之，一蹴而即中彼球，俗谓之“脆”，“智”者即负，且须倍其负；若一蹴未中而已东，则再蹴彼球而击此，击而中，则“智”者亦负，不倍。若一蹴而未东，则蹴者负，负亦倍；若既东而蹴彼击此不中，则不负。此时“智”者即须蹴之，而发球权亦随之而转移，此谓之一局。

当甲为“智”者，置此两球而令乙蹴时，乙度己力之不胜，或球所经路太崎岖，乙可不蹴，而令甲蹴，此时发球权，亦随之移转于乙，俗谓不蹴曰“跟”。若一局既终，甲须蹴而度不易蹴时，亦可曰“跟”，而令乙再蹴之，如是更番审度而蹴，必至球已击中，或竟出“层”，或令东而反西，胜负乃定，此一法也。曰南，曰西，曰北，亦同于东。其在二人以上者，甲既胜乙，甲仍有“智”球权，而“智”丙，甲玩胜丙，丁戊序继之，往往十余人互相角逐焉。此球蹴法，初视之易，既其玩习，则知其难，盖“层”既狭小，尤多瓦砾，力过肆，则溢，过小则不及，且时为瓦砾阻。在“智”者又复故险其境，既可避于一击，复于二击不中，预为之地。故善蹴者，每处于被“智”地位，不遑于一击，而以巧力蹴球，使之越坑坎，止夷境，距离既近，乃便于击。当庚子兵燹后，北平宅第多毁，时见三五为群，就颓垣败尘间，作蹴球之戏，此中英俊，亦颇恃此为买甘购肥之用，而两英相逐，围观若堵，则又有所谓“蹴坎”焉。法以石或砖积之，高约尺许，置两球间,“智”者令将此球，经此障碍而蹴过彼球，再蹴中之，或一蹴即须中，俗因谓此砖石曰“坎”。若蹴起此球，而未能自“坎”上经过，亦为负，此则须精练不为功也。说者谓此戏为清人所创，然北平民间，固多习之者，惟谙此术者，多市井无赖，自好者不为也。

1928年10月31日、11月2日
《新晨报·花萼楼随笔·五十一、五十二》
署名于非厂

退思老人

吾曩从退思老人学古文辞，老人为吾指授极详尽。老人仅一女公子，雅喜写梅，喜生纸，花蒂繁密近冬心[1]，而枝干多曲屈。老人观所作，辄戚然忧，谓其命途多坎坷见于画，引《病梅馆记》[2]以为说，意在解不解之间。及字人[3]，老人选之苛，婿亦为其乡望族，多才艺，诚笃颇获老人欢。归未逾岁，乡难作，婿旋里，女依老人，颇相安，老人忧益甚。及婿起参戎幕，日有声，人咸为老人贺，冀以杀其忧，老人忧转甚。京师遭烽镝，婿为功乃日隆，裘马谒老人，盛道飞腾事，老人辄大哭，婿与女，时来慰之，老人未尝不断断于命途多坎坷，诚

[1] 金农（1687—1763），号冬心先生。清代书画家。

[2] 《病梅馆记》为清代文学家龚自珍所作散文，托梅议政。

[3] 字人：许配与人。

其女，而泪涔涔也。吾初不解老人意，而感其爱女之诚。不逾年，鼙鼓再起，老人竟以忧卒，吾曾为联挽之。去岁得其乡人书，去老人死仅四五年，而女之所遭遇，诚有如老人所预言者。岂所谓见微而知著者耶。然而父爱子之心，可谓至矣。

1928年5月5日
《晨报·非厂漫墨卷二·二十》

杜荣坡案

曩年杜荣坡等劫杀程丹宸一案[1]，破获之速，人多称侦探之能。而杜荣坡悯不畏死，身入铡口，犹狂笑不已，尤为好事者所盛道。吾居北平久，自信于地方情形，尚不隔膜。自来作奸犯科，罔不由于财与色，侦者明知之，故案既作，就娼妓以求之，直探囊取物。一若当作案之前，预与侦者约，吾辈将娼妓处相见也。荣坡为娼妓负而结伙，而行劫，而杀人，分赃，逃匿。侦者即不因人之言，亦可即其地而求之，按图而索，何所遁形？设稍遇慧黠者，小变其所趋，侦者固无如之何。数年来北平犯罪之未能弋获，虽不谓其智出于侦者上，要亦能小事变化者也。

1928年8月9日
《新晨报·花萼楼随笔·四》
署名于非厂

[1] 指1926年11月4日军官程步墀被佣工杜荣坡（杜小栓子）结伙抢劫杀害事。

清帝陵寝

清帝陵寝，工程浩大，修筑尤需时日。采定地势后，特派大员，按图筑造，谓之万年吉地。凡后妃死于帝前者，得于帝共瘗一陵；后死者，不得同穴，故慈禧后另一陵也。自盗陵事发，慢藏之戒，颇足以醒愚顽。传者谓慈禧后葬物中有碧玉瓜一对，一绿皮，红瓤，黑子；一青皮，黄瓤，褐子，均翡翠质，天然生成，非故嵌者。传者并谓此物为某人所呈进，某人因是为后所赏，后平居以之作枕。居颐和园时，曾由某女士为介某公使，且曾摄影，故世界闻名，以视俄皇冕之金刚石，殆过之。传者若亲见之，吾特不暇考。吾国宝物重器，毁于兵火，毁于人事者，不知凡几；西去流沙，供世界宝玩考订者，尤夥。自汉唐以来，帝王出其力以事搜括，遂据为一人一家所独有。而为之爪牙者，又复借是为猎官进身之机，聚积至极，遂至分散，代以易代，物之主，遂屡易焉。明人聚之于前，有清攫之于后，数百年来帝王之所有，可谓轶于前代。陵之制，自审坚且固，殉以久，当不复为人所夺，而孰知乃竟不然；则聚之极，散之亦不得不普，亦事理之常也。往者，殷之墟，甲骨出，稗于学术乃至大，碧玉瓜究何益哉？

1928 年 10 月 13 日
《新晨报·花萼楼随笔·四十一》
署名于非厂

清东西两陵

自盗陵案起，东西两陵，遂益为世人所注视。

按：清太祖高皇帝，殁于天命十一年八月十一日，与孝慈后（太宗生母，殁于明万历三十一年癸卯九月二十七日）合葬奉天福陵。

太宗文皇帝，殁于崇德八年八月初九，与孝瑞后（顺治六年四月十七日殁）今葬奉天昭陵。孝庄后为顺治生母，即世所称下嫁摄政王多尔衮者，殁于康熙二十六年十二月二十五日，葬东陵昭西陵。

世祖章皇帝，殁于顺治十八年正月初七，与孝康后（康熙生母，殁于康熙二年二月十一日）合葬东陵孝陵。孝惠后殁于康熙五十年腊月初六，葬东陵孝东陵。

圣祖仁皇帝，殁于康熙六十一年十一月十三日，与孝昭后（雍正生母，康熙十七年二月二十六日殁）、孝诚后（康熙十三年五月初三殁）、孝恭后（雍正元年五月二十三日殁）、孝懿后（康熙二十八年七月初十殁）合葬东陵景陵。

世宗宪皇帝，殁于雍正十三年八月二十三日，与孝敬后（雍正九年九月二十九日殁）合葬西陵泰陵。孝圣后殁于乾隆四十二年正月二十三日（乾隆生母），葬西陵泰东陵。即世所称杀香妃者。

高宗纯皇帝，殁于嘉庆四年正月初三，与孝贤后（乾隆十三年三月十一日殁）、孝仪后（嘉庆生母，乾隆四十年正月二十九日殁），合葬东陵裕陵。掘陵时，中有三棺，即此二后。

仁宗睿皇帝，殁于嘉庆二十五年七月二十五日，与孝淑后（道光生母，嘉庆三年二月初七殁），合葬西陵昌陵。孝和后殁于道光二十九年腊月十一日，葬西陵昌西陵。

宣宗成皇帝，殁于道光三十年正月十四日，与孝穆后（嘉庆十三年正月二十一日殁）、孝慎后（道光十三年四月二十九日殁）、孝全后

清慈禧太后东陵

（咸丰生母，道光二十年正月十一日殁）合葬西陵慕陵。孝静后殁于咸丰五年七月初九，葬西陵慕东陵。

文宗显皇帝，殁于咸丰十一年七月十七日，与孝德后（道光二十九年腊月十二日殁）合葬东陵定陵。孝贞后殁于光绪七年三月初十，即世所称为东太后者，葬东陵定东陵。孝钦后为同治生母，殁于光绪三十四年十月二十二日，葬东陵普陀峪。

穆宗毅皇帝，殁于同治十三年腊月初五，与孝哲后（崇状元文山之女，光绪元年二月二十日绝粒死）合葬东陵惠陵。

德宗景皇帝，殁于光绪三十四年十月二十一日，与孝定后（即隆裕后，癸丑年正月十七日殁）合葬西陵崇陵。计有清一代十一朝，葬于奉天者二，葬于东陵者五，西陵者四，后合葬者十有七，各为葬者七，惟孝钦后独称普陀陵焉。

1928年11月15、16日
《新晨报·花萼楼随笔·五十六、五十七》
署名于非厂

彭刚直（玉麟）

彭刚直公（玉麟），历官至尚书，生平严毅，为有清名臣。轶闻逸事，已散见各家笔记中。公鄙薄仕宦，所历官阶，多未拜除。惟任兵部侍郎时，曾到京一次，寓松筠庵谏草堂，一时官吏趣谒，概未周旋，权贵至欲置之法，此则吾闻之先大父者。

1928 年 11 月 9 日
《新晨报·花萼楼随笔·五十四》
署名于非厂

张香涛（之洞）

张香涛（之洞）为有清能臣，其功罪吾特无暇述。当宣统建元，载沣摄政，时香涛领大学士，定议以“阿哥所”名不雅驯，即易为摄政休息之所，时人非之。按汉东方朔撰《神异经》云：“东方宫门有银榜，以青石碧缕，题曰：天地长男之宫。”世称太子所居，曰青宫，义即本此。“阿哥所”在乾清门外东南方，俗又谓之“三所”，瓦皆绿色，盖取震为长男，东方甲乙木之义。凡皇子未分府第时所居，即青宫也。满语称子曰“阿哥”，故俗呼“阿哥所”。时人以子所居者居父，无礼特甚，故非香涛。吾意香涛匪不知青宫之义，特取其便耳。

1928 年 11 月 9 日
《新晨报·花萼楼随笔·五十四》
署名于非厂

护军统领岳林执法降职

清宫门禁极严，自护军统领岳林执法降职，护军遂同虚设，以迄于清亡。近阅《皇室见闻录》记此事颇详，录之。“凡内廷有舁出物件，均应由敬事房先行照门，如未知照，不得放行。光绪初年，有慈禧皇太后赐醇贤亲王银三千两，未经知照，太监等舁至午门，护军阻之，太监不服，殴护军，护军亦还殴。太监奔奏，太后大怒，问护军统领为谁，曰岳林。次日召见恭忠亲王，谓岳林等大逆不道，应即处斩。王曰：岳林失察，应交兵部议处；护军等违法斗殴，应即斥革。太后曰：否则应用廷杖。王曰：廷杖乃前明虐政，我朝不得效法。太后怒曰：汝事事抗我，汝为谁耶！王曰：臣是宣宗第六子。太后曰：我革了你！王曰：革了臣的王爵，革不了臣的皇子。太后无法，将岳林交兵部议处，降为二等侍卫，护军等斥革。呜呼！即此一端，可以见我王之忠鲠矣。”

按慈禧好杖人，吾自幼已习闻之。所用杖以竹为之，中实铅锡。伶人黄润甫（俗呼黄三，有活曹操之誉）所受杖，即此，且亲为吾言之。黄并谓吾当时贿刑者，将竹筒中铅倒置之，故虽三十，骨不损。黄又谓杖以竹凿筒，中实铅柱可任意在筒中流动，贿者则将铅流至手执处，以下关之，则着肉之筒乃空，故不至过伤。又此杖仅施于太监宫女，一年中不知有几许毙杖下者。阉人性阴狠，遇宫女尤惨毒，往往有一杖即死者。友人谓自奕䜣，恭亲王抗护岳林，护军乃不能执法，太监始得以盗窃宫中物云。

1928 年 11 月 13、15 日
《新晨报·花萼楼随笔·五十五、五十六》
署名于非厂

食糠窝窝

岁饥，易子为食。草根，树皮，腐革，败絮，无论已；然仅岁饥耳。今春，吾以事赴京北，时春麦正熟，群庆岁丰，未尝不称大元帅作霖雨也。吾事已，就农人闲话，时农人正晚餐，人各持一饼，狂啖之，色作深灰色，斑斑呈黑纹，远望之，殆若大理石饼耳。吾乞其一角，未近唇，奇臭若腐，姑试之齿振振有声，似杂以沙砾者，釜有羹浓稠似糊杂翠叶，小黍粒，黄绿若立体派之图案。询之农，谓此为恒食品，其所持饼，俗谓之“糠窝窝”。杂黍糠、树皮研为粉，和以少许之旧荞麦粉以为之。羹为野菜，类蒲公英，和以去冬曝干之白菜老叶，入以糠屑黍粒，味乃佳。农人日仅一获此食，余两餐，则或“糠窝窝”，或小米淡饭耳。吾因谓：“如此好收成，曷自苦乃尔?”则皆白：“连岁困锋镝，苦征发，日求有此且不得，吾辈之不转徙流离者，乃真幸耳！尚何敢暴殄天物乎?”吾知此农为富有，其所役工或如此，及吾止其家，其妇稚且并菜羹而无之，农因谓：“吾人生乡野，已自不幸；况际兹乱世，尤不敢不力作以惜福。饮酒食肉，年才一二举耳！而尚须视年之丰歉也。”吾以其言若甚知足者，特记之。

1929 年 1 月 9 日
《新中华报·非厂识小录·三》

杨玉甫（立山）

清季显宦，其搜罗之精，庋藏之美，惟供一人之把玩赏鉴者，以吾所见，尚有杨玉甫（立山）其人者。玉甫旧居护国寺街东首路北。喜吾戚经版库庭园之胜，辄易之而益以资，吾戚固莫敢如何也。及迁入辟地建屋，极宏丽。玉甫衣饰狗马无不好，所有并精。室多环列沟通，陈列若博物院之以类相比，其关于年代者，如周器，则室中无他物，皆周代之鼎彝诸器。如宋瓷，如端溪砚，如书，如画等，皆各集于一室，不相杂厕，而小门皆可通焉。吾友藏田黄冻石三纽，纽作龙形，雕镂绝精，为龙共九，每一组就石雕为索练，连环贯龙爪，可任提之，其之精，料之巨，可想也。此三石，本为贡品，翻以其索龙而不敢进。玉甫印章室，已可荟为大观。独知有此三石，不为己有，终觉尚后于人。时友为玉甫属吏，玉甫故讽示，友不敢秘，献之，累迁官焉。及庚子，不幸罹于难，向之出全力，累聚而仅得者，乃皆为祝融收之去，是尤悖乎聚散之理，特再详焉。

1929年2月6日
《新晨报·花萼楼随笔·九十三》
署名于非厂

京俗婚娶

吾友黄君，二十娶妇，登床不知宜为何事。盖事前未曾受教，遂至数日不获门径，此吾友亲为言之者。京俗婚娶之夕，男女皆须有人教以性交之法，在男子则由友任指导之责，有用秘戏图者，有否者。其慎重将事处，惟在刺破处女膜，禁畅也，俗谓之“教喜”。在女子，则母与嫂等任之，多在前一夜。时女子皆束胸，以布帛为之，谓之“围腰”，结婚之“围腰”为特制，色尚红，左右制两囊，一囊实白布一方，类手帕，俗谓之“喜布”。所以拭处女膜为所破，而猩红点，或不类等，皆发生休弃，故大家女子，多不饮浓茶与醋。点者（此为最要之物，与婚书同其重要，如无色，或色淡，谓二者足以减颜色，不殷红也?），母等教以如何卧，如何遇痛而忍，如何执“喜布”等，且多用秘戏图以补说之不足或不备。其在平日，为之母者，必多方暗示，使保此毕身荣辱之膜。则所着之下衣，血痕宛然者，亦必保藏之，详志时日，以为结婚时佐证，故女子之视其身，重于金玉焉。惟男子亦然，其生殖器若以颖脱而尚未结婚，且未属结婚之年者，群讪笑之，不以齿论。脱此风而见存，吾人又安见所谓“人体美”，所谓“美的性交”，所谓……耶！吾因吾两子，一已届学龄，一高级瞬将毕业，颇欲其完成为吾国健民，顾其力仅限于吾家，期之学校，且不得，遑论夫社会，则亦惟有尽其在我而已。抑吾尚有说：快乐当前，不惜举其身赴之，以遂其欲，吾国然，世界亦然，流风所被，匪可以人力遏，所谓旧道德已破，新道德未立，盖自然之现象，无足深怪者。吾尝好就书肆而调查所谓淫书者，“孔雀”先生仅知其为害于男子，吾且见女子出一元三角得袖珍小册，欣然若获异宝。怪而询诸肆，则反视为故常，见惯莫可异。此与售淫具者，美其名曰“卫生圈”“卫生棒”同为应时获利之品。惟恨吾齿太增，于思于思，不复能享此福耳，书以志其迂。

1929年2月19日

《新晨报·花萼楼随笔·九十六》

署名于非厂

老警士

西郊有老警士，所谓老，非以年齿特其资格老耳。警士年未五十，硕健类三十许人，于所职，颇多功绩，在理应升迁，警士则甘于斯职，不愿由警士而警长而警官也，斯异已。老警士在辛丑（光绪二十七年）初春，即投身为巡捕，历巡警、警察，迄今凡二十有九年，其间虽屡蒙升擢，只以不能胜任，皆辞谢，故人恒以老呼之。老警士为旗籍，执役以勤谨称，人有知之者，谓老警士不识字，自问不敢为长与官。又复窘于遇，去职且虞不获饱，殆将以此终老焉。

1929 年 4 月 18 日
《新晨报·花萼楼随笔·一〇五》
署名于非厂

盗墓

自陵案发[1]，而环故都名坟古墓危。以盗墓世其家传其技者，遂闻风兴起，桐棺三寸，白骨暴露矣。盗墓之为技殊绝，习之者师弟子相授受，得其窍，心维手拟，日息夜作，兀兀焉一二年，师曰可，携之共作，任侦伺，为之师者于所作，又一一指点之，如是者又一年，技乃成。若绌于力，怯于气，懦弱有所惧，虽终身学之，莫能成。习之初，两手缚铁板，状若瓦，俗谓之铁指甲，俯地使横掘，首及肩先入，渐深而远，及胸腹，及胯，及胫，及足，全身入，益掘，入益深。方其入，足间系绁，为之师者，不时提顿之。绁有尺丈，至其度，师坚提，匍伏逆行出，若是者习之以恒，必入土深而能不窒息始已，然十九窒闷。习既熟，顷刻可入，瞬息即出，进与退皆中式，然后始诏

[1] 指 1928 年发生的军阀孙殿英清东陵盗墓事件。

以土脉之燥温，坚柔，泉石，瓦砾，与夫林木之盘根，名坟之浆筑，举其窍要，示其秘奥，此为技艺之将成。环山抱水，古碣丰碑，翠柏长松，鸺鸣磷动，秉烛夜游，已觉不寒而栗，何况穴地开棺，于赫然陈死人身上掠其衣饰耶？为之师者导以入，以斧凿棺，珍宝恣所取，饱载出，所获且不赀。弟子艳羡之余，贾其勇，钻穴隙而窥，暗中摸索之，觉无甚可畏，于是视掘墓若探囊，气愈壮而胆愈大，炉火纯青，全技以成。当其初及棺也，手战口塞，气壅足僵，缅数提，力趣之，颓然晕绝者有之。运其利刃，棺既开，为尸气所中者有之。探手索珍宝，触白骨，冷彻心髓，缩战而莫能出者亦有之。碎棺探首，尸腐生毛，望若鬼怪，惊惧以死者，尤弟子中所恒有，甚矣，为术之难也？工于技者，既盗，阖其棺，穴土以实，坦然无痕，虽经年累岁，陵谷变迁，而其迹不彰。俗因称其技为地鼠焉。吾幸生此世，得以遍获珍闻，开吾茅塞。吾于生之途程中，尚不知如何为生，则死后之事，更无暇及之矣。独其既死之后，又复为技者所拨弄，则其生之途程中，容或有诏人以长生，或其子若孙，必欲使之死后如生者，真所谓慢藏诲盗矣。吾所见有以数百元市一棺，初不以物为殉，葬甫毕，旋即为人掘之出，覆诸坑，肩其棺以夫者。其尤奇者，为之子若孙者，明知其祖宗之棺中物，于是假移棺易椁而大掘其珍宝，及市，舍偿葬埋棺价外，尚盈数千百金焉。吾生此世，获此珍闻，岂非大幸也耶？往者有仆某为步军统领衙门小吏，曾亲闻盗墓者为技之奇，因为吾言之。惜阅年既久，多忘失之矣。

1930年12月28日

《北平晨报·非厂笔记·十一》

署名非厂

《三侠五义》与石玉昆

《三侠五义》一书，为光绪间脍炙人口之书，故潘郑盦好之，俞曲园改之，流行南北，孺妇皆知，与《水浒传》《三国演义》等同为雅俗共赏。其书本于《龙图公案》及元曲传奇，凡关于包公事迹，泰半因缘旧说，改头换面，而描写侠义，则空中楼阁，独具匠心。是以曲园评曰："阅至终篇，见其事迹新奇，笔意酣恣，描写既细入毫芒，点染又曲中筋节，正如柳麻子说武松打店，初到，店内无人，蓦地一吼，店中空缸空瓮皆嗡嗡有声；闲中着色精神百倍。如此笔墨，方许作平话小说；如此平话小说，方算得天地间另是一种笔墨。"全书百廿回，自出机杼，不落恒蹊，侠义至极，驯至惨死，尤为历来说都所仅见。至于铜网布阵，机棙阴阳，则又同光以来小说稗史所乐道。盖海禁初开，欧风东渐，红毛机棙，演为新闻，《彭公案》则书春园木羊阵，此书则铜网阵藏珍楼，鼓词评话，巷议街谈，一时作风，颇可考见。惟其书皆题曰石玉昆述，一若为石玉昆作者，吾殊未敢信。按石玉昆，字振之，天津人，或曰北京人，咸同时以唱单弦忠烈传名。其词皆以韵为之，描写包公之三铡，词句有五十余句（或曰八十句）之多。其唱《五鼠闹东京》，仍本于《龙图公案》中之“玉面猫”，而参以“三宝太监下西洋”（即西洋记）详叙五妖鼠大闹东京，并非如《三侠五义》书中之展昭、卢方、韩彰、蒋平、白玉堂等侠义也。近日模仿石玉昆之腔调者，闻孙君菊仙尚能之。石氏唱以本计，共三十二本，其门人各祖述之，演为评话，再传弟子皆以诚字名，如潘诚立、文诚玉等，今皆谢世。吾不及闻石氏之唱书（唱者曰评书，说者曰评话，或曰平书平话），潘氏之说书，则习闻之，独与《三侠五义》异，而与石氏之唱《妖鼠》亦不同，文氏亦然。然潘氏固光绪末叶以《三侠五义》名者也。《三侠五义》一书，刊于光绪己卯，至己丑，经曲园改订之，曲园所改止第一回，余概仍旧。己卯所刊用活字版，其前有三序。问竹主人序曰：“是书本名《龙图公案》，又曰《包公案》，说部中演了三十余回，从此书内又续成六十多本；虽是传奇志异，难免怪力乱神。兹将此书翻旧出新，添长补短，删去邪说之事，改出正大之文……故取传名曰《忠烈侠义》四字，集成一百二十回。……”入迷道人叙曰：“辛未春，由友人问竹主人处得是书而卒读之，草录一部……乙亥公余时，从新校阅，另录成编，计为四函。……”退思主人叙曰：“戊寅冬于友人入迷道人处得是书写本，知为友人问竹主人互相参合删定，汇而成卷。”观此三叙，则知是书创于问竹主人，其曰说部中若干回多少本者，殆指石玉昆之唱本而言，惟其唱“难免怪力乱神”，故特“翻旧出新，添长补短，删去邪说之事，改出正大之文，集成一百二十回”。复经入迷道人之参订，退思主人之刊印，于是《三侠五义》，始成为小说。顾其本事，半用与石氏之唱，或其门徒所评话，故径题曰“石玉昆述”以自隐。盖其时文人学士雅不欲直署姓名，与《儿女英雄传》之华北闲人同一例也。

吾既习闻潘氏、文氏之评话，吾又获见其评话之传本，其人其事与此书迥别，即今日为潘氏、文氏之门人而以评话为活者，其所言与此书亦大异？而与吾闻诸潘氏者则佥同。吾虽不能知此问竹主人果为谁氏，吾敢断定此书之不为石氏所作也。吾国书估，凡遇通行小说，必力续之以牟利。一般无聊文人，利其延致，不自量度，辄为貂续，于是一再而三，未有底止，若《彭公案》《济公传》等皆然，《三侠五义》之续，且未见原本，而径以俞氏改本续之。既强分之曰上中下三部，复析之曰不便再为重刻。而入迷道人又为之说曰："前套《忠烈侠义传》（指《七侠五义》）与余所得石玉昆原稿详略不同，人名稍异，知非出于一人之手……"（以上并见文光楼印《小五义序辨》，光绪十六年本）是年冬，燕南郑鹤龄（松巢）又为序曰："今岁秋间，友人石振之刻有《续忠烈侠义传》，即世所称《小五义》也。……嗣复欲刊刻三续，商之于余……因劝之刊刻，以公诸世。"《续小五义》第一回之前，尚有一段广告式之辟谣，其言曰："上部《小五义》，未破铜网阵，看书之人纷纷议论，辱承到本铺购买下部者有不下数百人。……有买上部者，全要贪看破铜网阵之故。……今三续开篇，即由破铜网阵单刀直入。……近有无耻之徒，街市粘单，胆敢凭空添破铜网增补全图之说，至问及铜网如何破法，全图如何增添，彼竟茫然不知，是乃惑乱人心之意也。故此本坊急续刊刻，以快人心。"（以上见文光楼《续小五义》）《三侠五义》之续皆托于得诸石玉昆，其为书不特不足以续《三侠五义》，且与石氏之传本，其文笔结构亦相差远甚。只为迎合看者心理而续之，而西洋机械，佐以文王八卦，宝刀宝剑，遂相率而入于铜钱之网罟中，谓之曰续貂，毋宁谓之另起炉灶也。

1931年1月9、10日

《北平晨报·非厂笔记·十五、十六》

署名非厂

杂说

顷在友人处纵谈，所谈超乎象外，比次而记之，要足供茶余酒后之排遣，第其次为上下篇，以其说之不伦，喜其杂也。因名其篇曰《杂说》。

自丁佛言君死，世之稍明金石篆籀者，咸矍然起，搜求其遗迹，以华北金石家，又损失一个也。而假托收藏以事收买者，则又相顾错愕，曰："不了其死若是之早，至于其生，未得预收若干件，不者且获净利若干。"而丁先生竟死矣。丁君之生不生，原不借若辈为枢纽，而其死足以使人矍起，使人错愕者，重其人欤，重其艺欤？是诚可以索解者矣。说者曰："今日上虞罗先生，湘潭齐先生，四方求者踵趾相接，咸曰罗先生书法工渺，齐先生画笔纵横，皆足千古者。然则丁君又若何？"

中山公园牡丹，经人工十数年之培壅，每花，空巷往观。今年天雨土，黄尘蔽天日，蓓蕾不克负荷，及花，病态堪怜，天公又为滋润之，复大雨，雨于此时为甘露，万卉咸生，而牡丹竟零落矣。或曰："天不雨奈何？"

八大胡同在昔病黄带子（清宗室），土棍地痞，共和后不复病，而独病卫国干城之赳赳者，迄于今，亦不复病，未必非太平景象也。而亘三日夜纠缠扰攘，其威猛，其势凶，其手段精，其方法密，致使胡同中人亦无如之何者，则又未必非病之才与时并进也。由流氓地痞，进而为有枪阶级，又其进，则为知识阶级焉，盖亦天演进化之公例，无足异者。说者曰："是殆废娼运动之先兆欤？"

北平豢鸟者，向有南北之别。南鸟若鹦鹉，若鹳鸽……今皆无有力以豢者。北鸟若点颜，若黄鸟，若自在红……今之豢亦与昔异，是不可以不说。昔之豢百灵鸟、红点颏者，其鸣皆有谱，不少紊，豢之者，非有充足之时间、雄厚之财力不可。鸟之豢最易而又省时节财者，莫如吾乡所产之黄鸟，与以食，饲以水，即足，无事乎调鸡卵，市精肉，捕昆虫以为饲，更无事乎镇日之调护也。故今日豢黄鸟者乃独多。说者曰："脱再经若干年，北平将并豢黄鸟者而亦无之。"

北平古玩商以及天桥之小摊贩其营业咸日微，而出入其市者，视昔时不稍减也。此辈货品之来源，咸系于北京，北京精英久竭，糟粕亦穷，故顾客求之愈切，愈无以为供，不图数百年之聚，其散之速若此。说者曰："倘在上海营此业如何？"

妙峰山之神，以灵应称，人以所求所悔，虔心涤虑顶礼膜拜，神之受皆遍，以故四方来礼者，惟恐其后。十七日（旧历四月朔）平市汽车为之一空，甚矣哉！人事之所求所悔者众也。

今春数与友钓鱼，先往北海公园以求，尽日无一鱼吞饵。往中南海公园钓，亦如北海。复往中山公园窃钓，不吞饵如故。南北海之鱼，向以吞饵易著于渔人，中山公园钓鱼，得多且巨，乃今皆否，岂钓之不得其道耶？抑鱼之智不若昔之愚耶？百思莫得故，颓然理钓具，濒行，闻有窃笑者，曰："是岂钓鱼之地！投饵者安有志夫鱼者耶！"

以茉莉花熏茶，北京人皆嗜之。在昔俗谚有"南城茶叶北城水"之语，盖前门外市熏茶较佳，德胜门内大铜井之水为京师冠也。北平熏茶，皆来自福建，福建产茉莉花，茶商运徽茶往，市花而熏，熏已，始运北京，故熏茶之值，视恒品辄倍。清末，吾乡人以其余力小试茶，茶之利乃独雄于大栅栏。北京人饮茶有三字诀，曰热，曰艳，曰满，热谓沸水直吞，艳谓色浓味重，满谓巨杯盈溢，《茶经》所谓"清轻芳馨"者，北京人皆不好也。惟其然，故自清末迄今，南城皆改市福建茶，福建茶惟能艳，良中人嗜，若求昔日所谓南城茶叶（即徽茶闽熏），今则北城尚有之，是亦茶，市之小沧桑也。

友来北平凡三次，自民国十年迄今皆入医院。因告我曰："乍来，即某某某三数医生最红，今相去且十稔，最红者仍为某某某三数人，岂继起之无人耶？"友来北平，自民国八年迄今，嗜戏剧，因告我曰："乍来，即某某某三数角色最红，今相去逾十稔，何以仍红此三数人？"友自民国元年来平，迄今在教育界，因告我曰："乍来，即某某某三数教授最红，今逾二十稔，如初，何耶？"吾皆无以应，因曰："以资熟手如何？"友皆大笑。

种石榴以石。其生也茂，而北平种石榴则以土，殖石榴以插木。惟其土，故果不佳，惟其接，故种多变，此北平石榴所以为观赏者也。

洪宪瓷为中外人所赏，其精者堪匹古月轩，惟气韵较薄，徒尚细巧耳。董理其事者为郭君，郭君精于瓷，故其制精。今见两赝品，皆居仁堂款，即郭君见之，亦莫能遽辨，而气韵则愈漓矣。吾论瓷独拈气韵二字，以之鉴别古器物，尤易中于理，然几何不为识者笑其迂耶？

治虬角者，北平初只一家，冀州人，其后拓为三家，今则共七家，皆冀州人。虬角之染不可知，业者云：“寰宇中只此七家，用铜绿，浸且半年，色始佳。”自翡翠之饰兴，业虬角者，以其精制作为指环、耳饰，角之用尤广，而其值视翡翠且不足十之一。公园舞榭脱指环以订交者，用此不较廉耶？

1931年5月22、25日
《北平晨报·艺圃》
署名非厂

吐气篇

叙曰：吾之遇，初未至于扬眉，又何有于吐气！忍气足以消灾，导气足以延寿，气之不可吐也盖若是。虽然，吾之气，浩然亘于胸，忍至极，其胸中浩浩者，久久乃由臆而喉，而冲然格格于喉舌间，不复能小忍。黎明裸然盘膝坐，凝神静志，渊然以吸清明之气，导之喉，以入胸膈，直至丹田。清明之气导愈多，累然积，浩浩者腴以肥，滋以润，蔚然愈不复能忍，若是者殆有年矣。今春迄夏，天雨沛然有以滋万物，吾遭逢此际，不愿消灾而延寿也，草此以吐气不平之气，因以名篇。

以文化相号召之北平，其文化上之进行固甚猛。某公园者，其提倡文化，向未后人，董其事者，所以供文化上之娱乐，无微不至。盖当此春夏之交，古柏苍翠欲滴，灵囿之左，灵沼之右，辟广场为球戏，取值大洋才四毛，而真与民同乐矣。（因孟子言灵囿只有麀鹿，今亦然，故直用此典。）然而书画……展览会，则必欲挤之使入碧纱厨（此“厨”字与其地较恰），排之使出国门外（此“国”字是天下为公之意），不知何以自解？

巴黎为艺术之宫，上海为巴黎之小，而北平为学生之府，未可同也。北平自衰歇之后，牟利者咸集于学生，揣摩之，迎合之，所以诱掖学生使由小巴黎而登堂入室至于艺术之宫者，盖亦无微不至。租两间平面楼房，装数盏涂色电灯，张几串似葡萄而又若紫藤之纸花，赁几座若讲台而又如盆架之矮桌，自九时迄三时，琅琅然唱片不绝，得得然履舄交错，仰视地，几疑置身面粉公司焉。迨至腰腿既疲，心昏目眩，梦未酣，课堂之钟声作矣。艺术之吻，固尚未遑一求也。

大学生妻大学生，谓之下嫁；中学生妻中学生，亦谓之下嫁，皆耻之。惟其然，故大学生男女同校，中学生男女亦同校。冬烘先生以为中学男女同校殊不合，此其所以为冬烘欤？

牡丹花如妻，芍药花若妾。今年牡丹花皆不茂，惟芍药特盛，消长之机，兆于此乎？

连日肉奇昂，日出四五枚市肉皮者，皆已改食豆油；日以两角钱市精脔者，亦改食肉肤。肉之昂，其故且莫问，而今而后，历久若益昂，则肉食者将渐少，未必非清明之象也。

蜂之灾已杀，兔之厄又成，长毛盈掬，治而棼之，转不如蜜水荷荷，甜以死也。然而生当此世，其所以播文化，博闻见，拓知识者，将见有继兔而兴者矣。

连日以肉贵之故，环吾居者咸相告，曰："两条黄瓜半盏醋，汲新泉，沁之而食，冷然直入腠理，觉尘热都消，肉贵不贵，良不关吾辈生活事，先生以为然不？"一人曰："否否！肉食者脱无肉以养其体，其为患且影响于吾人，吾人盖被治者。……"吾笑慰之曰："诸君莫自豪，亦且莫忧，脱黄瓜贵，又将奈何？肉食者固非如吾侪之穷，纵贵至极，亦必食以为养，吾侪何暇为人虑耶！"

一日为赏芍药，步入中山公园，天奇热，炙背作痒，汗涔涔即浓荫小息。都人士来游者倍他日，沿路折而西，有曩昔售烟卷之小屋，直对春明之馆，额其室曰碧纱舫，屋小如舟，盖写实也。入之，则扬仁雅集扇面展览，灿然罗列于窗棂承尘间，有奇致。往者，某君在此开展览会，御夹衣，即之汗流浃背，吾曾戏名之曰碧纱厨。今扬仁雅集扇面会，冶各派画家为一炉，入厨而观若炉火熊熊然，虽扇之备特全，顾望之而莫能扇，而人之入其室者，殆无不思备扇以拂暑焉，是亦扇面展览最好之地也。吾不知园中人曾亦涉足其中发一身冷汗否！

某君雄于资，思有意用之。或曰："开质库若何？北平日穷日淫侈，则质库良足发财。"或曰："营娱乐场，北平学生多，娱乐场中举凡舞场、球场、影场以及饭店……凡所号召为高尚之娱乐，俾男女易于接触者，咸备而精，则不患不发财。"某君皆不以为然，若某君者，可谓不善用其财者已?!

吾国男女，自昔平权，故曰妻者齐也。自有女职员，而男女始不平。一日，饭于有女职员之肆，男职员告我："若辈月入可四十元，职务且简，吾辈月才八九元，职务繁且重，哪得云平！"吾友和之曰："吾科有三科员，吾有两女同事，凡有作，无轻重，长官皆委吾作，以一人兼三人力，繁重将不胜。吾同事则时时视其小金表，时时出小金盒，轻捻胭脂红，面小盒镜，耸樱唇若待吻状，涂泽之，殷然添其妍。吾热汗作奇腥，劳疲喘息，幸有此盒之香刺吾鼻，得不晕眩。未至时，盈盈即前作浅笑，曰：'侬有事，请先生代劳，明日晨间须画到，先生仍为侬代。'得得然相携下楼去，若是者且有年，以一人兼三人事，而月入则等，哪得云平！"男职员且又续其说，吾止之曰："将饭来，吾已醉矣。"

1931年5月29、30日
《北平晨报·艺圃》
署名非厂

刮暑

宋刘淳清野录载："暑虐，人以青铜钱刮胸背，患辄已。谓之刮暑。"民间受暑以钱刮前后心，暑中者深，所刮成紫黑色泡，往往获清醒。又北平澡堂以粗巾沿周身而逆拭之，为力愈猛祛暑亦愈强。元王伯厚所谓"避暑常擦背，清心惟读书"是也。

1931 年 8 月 15 日
《北平晨报·非厂短简·二十》
署名非厂

方竹相

日者门前从小儿女为戏，一瞽者来乞食，手破罐，年已耄，为歌不能具五声，声嘶而齿豁。一手持方竹相[1]长四尺，色殷红不少断裂。与之食而叩之。则曰："此相为先师所遗，谆谆以生死保之，虽困窘，易财物则必殃，故今仍谨守勿失。"

1931年8月18日
《北平晨报·非厂短简·二一》
署名非厂

[1] 方竹相：用方形竹所制盲人手杖。

民间谶语

民间谶语，有不可解者。民国十二年以还，旧都市侩、车夫恒相语以“亡国”，察其意，殆用以代“无有”“放弃”诸义。识者虽恶其不祥，然大率视为民之讹言，不以置意也。今者东北沦陷，倭寇日深，还我河山，未卜何日，“亡国”谶语，竟尔奇中，言念前途，为之凛然。

1931年10月19日
《北平晨报·非厂短简·三十》
署名非厂

李剑泉藏宝刀

李君剑泉藏宝刀，长不二尺，背作云雷文，绝锋利，声琅然若金玉，君藏已五世，不轻示人也。川楚之役，匪首曰小鹞子者，剽悍，官军莫敢近，殪[1]之，获此刀，屡建殊勋。阙后以刀入祠祀，历五世，犹光泽可鉴，诚神物矣。

1931年11月21日
《北平晨报·非厂短简·三六》
署名非厂

[1] 殪（yì）：杀。

记联

佳联入目，能使人挥之莫去，久久且不忘。书其一二，读者自能辨也。“焉能辨我是雄雌，想华月金尊，也曾脂粉登场，为他人作嫁。毕竟可儿好身手，趁椒风锦帐，切莫葫芦依样，舍正路不由。”此谑而不伤于雅。“刺遁初而遁初死，鸩智庵而智庵死，最后杀夔丞而夔丞又死，死者长已矣，阴曹三府谁折狱。使朝鲜则朝鲜亡，臣□清则□清亡，及身帝洪宪则洪宪亦亡，亡之命也夫，轻舟两岸不啼猿。”或谓此两联皆出某名士手，信然。

1932年2月20日
《北平晨报·非厂短简·四八》
署名非厂

药剂

医家治病用药多玄理，君臣佐使，加减分割，为用之妙，殆非恒人所能知。入春患时疫，几殆，缠绵者若干日，乃未请人开方剂而已愈，然后知吾国成药之妙也。治喉疾者用西瓜霜，发汗者用麻黄，合十余性味不同之药，一炉而治，其性之变化如何，其君臣佐使之妙又如何，实至难测。惟自昔相传之成药，屡试而无弊，且著其宏功者，则其合和之妙，乃不可及。吾不通医，著之以俟教。

1932年4月1日
《北平晨报·非厂短简·五八》
署名非厂

一斑集

“大旱不过五月十三。”迄日暮，明星在天，则顿其足蹙其额曰：“岂止麦子无望，玉蜀黍亦不能下种矣！”此车夫走卒之言。车夫走卒于麦子，年止御数次，不及玉蜀黍之关心，为之种植者，其关心又如何？

公园柏树下有携伎品头足腰肢者。“今日适雨后，正好来此一游，我昨日一天雨，输却百十金，但王半仙正告我，将有大财运，不识如何？”客曰：“良然，王半仙诚能如是。我自遇李八爷，传我术，每日凌晨用工，健饭……”言际伸左臂示，曰：“试抚我，肌肉不已坚挺乎？”则相与笑乐。

公园暗陬[1]，铁椅，有年事已不惑，而敷粉弄姿远望若二十许者，瞭望若有待，目灼灼注游人，见女前而男后者状若悟，见女与男并者

[1] 陬（zōu）：隅，角落。

状若愉，见男女携手或密语出公园者，目送之泰然安以舒，若挥指然，不皆然，不皆不然也。屡遇之履如此，恨不能识其人。

水夫日把辘轳，声琅琅然，赤两臂，两足白而皮皱，汗自发际下注，遇耳根为阻，成小叠，折而下，沛然若郭熙《观瀑图》。日三餐，餐必杂合面窝窝头，遇朔望，始得进麦粉，把辘轳不知疲，引吭高歌“小大姐绣花鞋”，以辘辘为板眼，陶陶然若有可乐者。遇令节，分劳赏，获半日闲，洋洋然御长衫，走天桥，看戏则晚餐馒首锅煮肉或有误，不看则机不可失，一年才两三过，趑趄退进，漫游而归，而明日又唱其“小大姐绣花鞋”矣。

挟董巨[1]，抱柴汝哥[2]，走长安街，直至北京饭店，小心翼翼以呈献于碧眼紫髯曰“此国之宝，此东方之美，此稀世珍，此不世出物……”，侍者曰“姑少待”，则拱而俟，延颈窃窥而侍其隙。闻令进，则笑容可掬，鞠而进，略一指点，紫髯者则频摇首，指点加详密，首摇加密，曰“姑退”，则又鞠而退。有不得进者，故傲之，曰：“还价三十万，我非五十万不可也。”又拱而俟。不得进者闻令进，所挟抱得碧眼摇首者如故，出而傲其侪，其侪曾亦傲之，而固相腹笑也。

曾筑金屋以藏娇者，娇下堂，张艳帜，筑屋者谓人曰：“个妮子艳绝人，我如何消受得，允宜公诸世，俾不埋没。”

松以清瘦胜，在北方允推潭柘寺为独绝。脑满肥肠，大腹便便，岁寒后凋，殆罕其俦。求之城市，惟北海得一二株，然已半枯矣。

或有责孀妇之不贞者，曰：“哪得知孀之苦。瞻乎前，前茫茫然也，

---

[1] 挟董巨：指携带五代、宋初南方山水画家董源、巨然之作。

[2] 抱柴汝哥：指抱着柴窑、汝窑、哥窑瓷器。

忆夫往，往茫茫然也。以茫茫之身，居茫茫人海，贞不为荣，不贞又何辱，吾呜呼不自适也。”责者则怃然曰：“有是哉！有是哉！”

光绪末，衣服尚高领窄袖，瘦长及地，至宣统末而极。中等以上学生，多喜着蓝布衫，露出二分许，翩翩然自顾其领，引为得意也。犹忆先王父写长联咏吾蓝布衫云：“远望高领，外毛蓝，里豆青，喝！何等屎蛋！”下联则不复能忆，今才逾二十余年，而窄袖高领又成为青年时装矣。

1932年6月25、27、28日，7月5日
《北平晨报·艺圃》
署名非厂

栅栏门

在四十年前，北京各巷口两端各建一小屋，绝陋，俗曰“堆子房”，更夫驻守所也。每巷口皆有栅栏门，门以坚木为之，上横巨木，若楣，左右各有大木柱。每日暮，更夫闭栏门，出入颇盘诘，日出启之，故北京俗语谓日暮之时曰“掩栅栏”。当皇帝后往返颐和园时，御路两旁各巷口，每栅栏皆以蓝布障之，人不得窃窥。此幛归步军统领衙门预备，沿御路商肆皆闭门，光绪末尤严。犹忆吾入学值警跸[1]，不及避，禁卫军牵跪路旁，以吾御学生制服不获罪，吾未尝不引为幸事，盖其时正防革命党也。

1932 年 7 月 12 日
《北平晨报·非厂随笔》
署名非厂

[1] 警跸：帝王出行时清道，禁止行人来往。

阉割

数年来颇喜为人之所不屑为，又以其识之小，腐且陋，即偶有见乎少巨者，人亦辄以小视之，腐陋訾之，漠漠然不暇顾也。才既短，丁兹盛世，惭怍恨不能入深山伏岩穴，老死于烟霞变灭之窟，随败草腐木以俱化，而独令我掇拾轶闻逸事，以供当代仁人君子茶余酒后谈笑之资，其为事类俳优，而尚沾沾焉以此自豪，无乃大足伤乎。夫谭叫天之变宫商[1]，犹足以傲王侯，役权贵；而赛二爷[2]仪鸾殿一役，所保全者尤众且巨。识小而事类之，当今之世，乃不得谓非适如其分，又何尝可以妄冀非分，而曰傲某某役某某耶？吾与是以阉割之术实诸篇。

阉割腐刑也，又谓之宫刑，其来远矣。吾在中等学校时，已略明解剖之学，今言阉割，徒以告我者不明斯指，吾乃不敢妄用解剖名词。其为术由来久，苦无文为传述，又以躬受者秘，掇拾者恶其不洁，久且有湮灭之虞。吾读《吕刑》[3]注："宫，淫刑，次死之刑也。"《广韵》谓："男无势精闭者。"知其术至秘，不者何以能"次死"，何以能"无

[1] 宫商，五音中的宫音与商音。此泛指音律、唱腔。指京剧表演艺术家谭鑫培在艺术上富有革新精神。

[2] 赛二爷：指清末民初名妓赛金花。

[3] 周穆王命吕侯（亦称甫侯）制定《吕刑》，有墨、劓、剕、宫、大辟五刑，共三千条。

势精闭”？（《太史公自序》注则又加详，“谓其精气奄闭不泄”。）是其术不特不至死，且能闭其精气，易其声音笑貌。识小如吾，能不引以为奇而一探其秘奥乎？

壬申伏日，旧俗向食“水角子”[1]，俚谚所谓“头伏饽饽二伏面，三伏烙饼摊鸡蛋”也。所居人多屋少，不能役仆妇，“水角”调治需时，右邻田媪来助。媪乡居，有邻氏子，年已冠，嗜赌，罄其产，愤极，宫其势为阉。媪亲见之，包“角子”时谈之佐工制也。

阉其势，非可操刀割。必夙识阉者预洽，蒙其收录为弟子，定时日，聘割者，携刀圭。年幼气完割治易，某氏子已冠，较难，然亦无大碍。涤其势，以麻醉药自小腹沿两股至肚门为圆涂之，凡三次，仰卧跂两肢各箕踞，蔽两目不使视。割者以带络其势及睾囊，执之，出其刀，锋利而薄，缘涂药横取之，若屠者之摘猪腿然，捷而快。创口团圞若满月，中有二洞，精与尿之通路也。预以纸入油煎之，敷药贴纸其上，药秘不可知，经七日而愈。当其割，人痛极而死；若不死，割者顿足谓未中窍要必坏。割后药止一敷，日惟易油煎纸。若幼童，则全不用药，惟恃纸。纸用东昌制，绵纸等皆不佳。禁饮水、遗尿，揭其纸以竹管预入上洞使注，下洞任其封闭，不顾也。割取物，入油釜煎之，盛锦囊，函以香木，置堂中供之，死入殓。割经十余日声变，经月容变，其术于“次死”“精闭”，游刃若有余，噫，亦奇已。

1932年7月23日

《北平晨报·非厂随笔》

署名非厂

[1] “水角子”即水饺子。

王湘绮作《湘军志》

王湘绮所为《湘军志》，文字恣肆，有龙腾虎跃之致。论者谓王氏一生为文，惟《湘军志》为佳。又有谓王氏《湘军志》，随意臧否，只图快意，不免后先矛盾，以史法论，乃缺一贯之义。之二说吾都不暇论，生乱世，手其编以读，觉当彼危疑震撼之会，而其收功，独推本于将帅和睦。吾未尝不掩卷太息，而知其文为足以传也。

1932 年 8 月 12 日

《北平晨报·非厂短简·六七》

署名非厂

善弈者论北平

有善弈者，其论北平大事曰："自东西两车站通车，在弈为'双车挫'，所幸'士相'尚全，无大碍耳。和平门辟，五路电车行，则如过河之五'卒'，只赖'士相'支持矣。脱城墙全拆，北平有不堪问者。"其言至辩，殆滑稽之流欤?

1932年8月16日
《北平晨报·非厂短简·六九》
署名非厂

故都拴马之桩

故都拴马之桩，往往历数百年不腐，其各钉马掌者，桩尤多明代物，盖皆用黄柏木也；以此为棺椁，历年尤远。惟其材不美，浑朴且不如俗材，无以自表于纷华靡丽之世，知之者乃仅在三五工匠与夫丁丁然为马修足者而已，岂不悲哉？

1932年8月22日
《北平晨报·非厂短简·七一》
署名非厂

影印《四库全书》

近来因为《四库全书》的影印，引起了各关系方面的注意，争吵，调解……对于这些方面，都不是我所要说的话。

本来现在的读者，必须备具的是有钱、有人、有势三条件。至于那些寒酸之士，有志之人，也只好跑跑图书馆，看看三等以下的书，因为没有钱，买不到善本；没有人，借不到善本；没有势，更弄不到善本了。

四库的书，本不是人们全都需要的书。这次影印的办法，似乎也是为有钱、有人、有势的做一种装饰品，所以我站在寒酸的立场上，希望它能发卖些任人择用的单行本，以便我们节衣缩食来买上几本人间未见书。

1933年8月14日
《北平晨报·艺圃》
署名闲人

怨谁？！

离着高丽营[1]不远一座村子，自从塘沽协议签订之后，虽经了方吉的扰乱，总是忠于自谋的大家又补亏填空地敷衍着度起农村生活来。有一家为了儿子娶妻，在这荒乱年头，只不过杀了几口猪，弄了乘花轿，肩搭那新娘子来。七姑、八姨、二婶、六舅姥……老老少少，男男女女，正在看新娘吃“猪八样”[2]，突地骑兵围了村子，闯入了喜堂。这位黑七老杆的什么长，不客气地拥起了新娘，做了临时的快婿。那些位骑士们，满村里搜掠起来，白的是银镯，黄的是包金耳坠，张三的大车，李四的老马，捆载着一切动的产，这种紧张的工作，直

[1] 应指北京顺义西部高丽营古镇。

[2] “猪八样”：喜宴上用猪肉做八个大海碗的菜，例如红焖肘、荷叶肉、米粉肉、扒肘条、四喜丸子之类的大件，另外加上若干熘、炒菜。

和那位乘龙快婿，同调起节奏来。察哈尔的小足明驼，肉鞍旁各缚着一面大筐，于是乎八姨、七姑、二婶、新娘，与夫十五岁老丫头，全都借起明驼千里足来，随着她们村里经过几次兵燹之余的那些细软粗笨的东西，做了她们临时陪嫁的礼物。那位老丫头，太被虚荣给诱惑了，她原来已许配了北平城里一家，被这北平城里的虚名儿驱使，冷不防跳下了驼筐，投入了村头之井。村人遍受了黑七太爷洗礼，渐渐地互相聚集起来。老丫头她妈，从井边抱起她那水淋淋、冰冷冷、未曾瞑目的大闺女，道了声："我的肉呵!"那位六舅姥，大概是老而无用了，不曾膺得上选。您想想像这村子之倒霉者，大概有的是。您说，怨谁?!

1934年1月12日
《北平晨报·艺圃》
署名闲人

泰山没字碑

西湖景物，差不多一树一石，都是经过很郑重的考究而安插点缀的，绝不是妄人伧父随便来安排。自从要人们盖起洋楼，跑起汽车，于是乎二千来年占据艺术史上很重要的西子湖，马上破坏得不成东西。山东的泰岱和大明湖，这是我屡次跑上去游玩的地方，不过最近几年，我没有机会去看看它们。日前有位至友从那里来，他说，大明湖中历下亭的联额，那是顶脍炙人口的。最近又悬上一块匾，是市长大人所书，极飞舞，文曰“臣心如水”，真乃奇绝。他又说，泰山没字碑现已成为有字碑。我赶着问，刻着什么？他说，并不曾刻，写极大六个字：党权高于一切。

1934年3月13日

《北平晨报·艺苑珍闻》

署名闲人

陈觉厂之死

在本圃[1]以熟于地方风土人情，骈四俪六，用滑稽的语调，以讽以刺的觉厂陈先生，他竟解脱了这种混蛋世界，登彼极乐世界含笑而去，这是多么令人可羡的事！本来在这种世界——混蛋世界，如果要是不穷不病不早死，那真是毫无心肝！既穷且病，而至于死，一了百了，撒手而去，吾不为觉厂悲，吾为吾人之后死者，未尝不掬一把辛酸之泪也。

1934 年 4 月 11 日
《北平晨报·闲谈》
署名闲人

[1] 指作者主编《北平晨报·北晨艺圃》副刊。

蓄绣履

友人好收藏古字画，数十万金咸耗于此。一日过其寓庐，出所藏共观，爇碧沉香，烹武夷岩茶，夫人为弹《潇湘怨》一曲，觉置身天上也。书画自昔少真品，虽精鉴不免。座间有天壤其人者，风雅士，好蓄绣履，颇广泛，上自宫廷，下迄闺闼青楼，官鞋有珠，有绣，有高，有低，有大不盈尺瘦不堪握者，皆天足；其缠足有莲船盈尺而福寿满堂者，有小不盈握而叶底鸳鸯者。自谓竭十余年历十数省之心力而始聚，而其聚数且未能满百，而精品固不必全在乎是，吁已勤矣！我问作何用？则曰：爇奇香，烹苦茗，灯前月下，时出把玩，不胜于兢兢于名利耶？夫人曲既终，不禁频蹙其额。

1934 年 6 月 18 日
《北平晨报·闲谈》
署名闲人

未盲录

“寡人有疾，寡人好色。”

新娘子穿起浅红色衫子，捧起许多许多鲜花，她脸上若敷施脂粉，在那低垂粉颈时候，总比胭脂染得双颧红红的要美一点。

白而且短的腿，最好要穿起长脚裤把它罩起来，至于“健美”的大腿，还要到乡间去赏鉴。

中国白绸——川绸杭纺——最好是洗过几水。穿过一两年，使它自然地变成了牙黄，这种颜色最自然最雅淡。若是用人工去染——羽毛哔叽之类——那真是矫揉造作，和山东茧一样是重浊的。

大雪弥漫了天安门之前，在一片银装，那华表上忽然来了两只寒鸦，这真是人间哪得几回的妙景。

乌云渐渐地东去，残阳自山隙窥人，那朵乌云里忽然飞着几只白鸽，似白星般闪灼，这种衬托，使人生死都会忘掉。

国产麦编“草帽”，崭新的不如戴过一两月后，它已由漂白而回复到麦的黄色，此色最自然，最雅淡。它的妙处在面似“淡金”“瓜青”“重枣”或是涂脂敷粉……都很调和。

宋朝有一种印着淡金色“明仁殿”三字的纸，它那种颜色，很仿佛妙龄的姑娘，她对于她的脸，很尊贵地绝不许俗脂败粉涂上去，她那种洁白而微红的可爱，完全表示着少女的美的一样。

久在街上冬日卖烤白薯，这时他又在喊着“吃杏饶核”的那位老翁，他那张茄皮紫带皱纹的颜面，他如果多吃了两大枚的烧酒，他脸色越发加重些，而他那雪般的须发，越显得白得好看。

光宣之际，人们喜戴蓝光金丝眼镜，由镜中外看，觉得世间倒还清明。现在我架上有色的眼镜，向街市上去看，总觉着暗淡无光，或者架起墨晶镜来，倒落得在依稀仿佛之中，得到一点沉闷的趣味。

程玉霜的一切一切都是好的，尤其是老太婆所赞颂的地方。不过他那舞单剑和《金锁记》那几下扑跌，他的功夫已经到了登峰造极，说句行话，“有腰有腿”这是他近两年特有的进步，最好看，最美。

舞剑是最好看的一件事，老人也好，稚子也好，名士也好，美人更好。鼓琴虽说在乎静听，但是协和礼堂或是北京饭店……在这种场合上总觉得不大美，不大相称。

吃女招待自然要跑一趟鸿宾楼，看一看皇后，不过在那种小小的房间里，使她咬牙瞪眼捧上一碗滚热的茄子汤来，真是使人不痛快，不忍。

宋元人画的翠色鸟，经过了长的时间，它那颜色——石青石绿——越来得娇艳，大概崭新的东西，而能免掉了“火气”，看着总会使人舒服。

坐在静心斋的石阶，或是“须弥春”小立，望着对面的琼岛、漪澜堂、白塔的倒影，而游目到了西南角北平图书馆的碧瓦，长虹般的御河桥，越是夕照到白塔的金顶，或者再晚一会在晚烟初起的时候，完全地道的中国风景味儿，总会使你心旷神怡。不过游目到了那一只巍然高耸的大烟囱，便觉得意兴索然。

画眉毛是一种艺术，这艺术比较画仕女画开左右两眉还要难一些。因为眉梢画得高一点，当她瞪着眼画的时候，总觉得有一些怒气；眉梢若是画低一点，当她眼睁睁注视着画的时候，也觉得有一些不大高兴，所以画眉这种艺术，必须高低任便，练得烂熟不可。

1934 年 6 月 20、22、23、26 日
《北平晨报·艺圃》
署名闲人

香味儿

自从上上月发表了现代姑娘、太太、姨太太等所用的化妆品合国币若干若干元之后，一般冬烘先生都在那里惊叹，一壁厢发为论说，一壁厢呼号奔走，以为这是如何得了的事！假如就此搞下去，这一笔漏卮[1]，岂不更弄得国弱民贫。不才的我，在那时也曾同情过种种论调，但不曾呐喊着。

有一次我参加了一幕盛会，现代姑娘太太们，她们不晓得由哪里发出来的味儿，这味儿使我嗅着舒服至极，同时她们的皮肤上所敷着的色彩，下而至于"蔻丹"[2]涂到双趺[3]的指甲，使我看着不但是爱频频

[1] 漏卮（lòu zhī）：古代一种有漏孔的圆形盛酒器。此处指漏洞。

[2] "蔻丹"为英语 Cutex 的音译。从前进口指甲油中最著名的品牌。后泛称妇女用的各色指甲油。

[3] 趺：脚。

地去睬，而且很想着俯下身去领略领略那种味道，但是拘于礼法。

大概香的味道是要比臭的味道嗅着舒服，但是香到某种程度，或者比臭也不相上下，而尤其在某种程度之下，使人要起一些异样而不快之感。因之我对于香的感觉，我觉得那些冬烘先生们漏卮地喊着，我也具有相当的同情。不过在那一次盛会之后，我觉得我们要看一看，或是远远地偷偷地嗅一嗅现代姑娘、太太们那一些玉容，素腕，纤手，下而至于趾甲，或是这一切一切所发出来的味道儿，我对于化妆品的使用者，我深深地感谢她们！感谢她们给予我的香味儿，使我在领略着！欣赏着！

在明朝长洲的文家，那是顶考究的一家大户，他家的大人物，如文徵明、文彭、文嘉……都是文学家艺术家。文震亨[1]作了一篇《长物志》，这是专记他家文物的，他有诊香茗的一段，屠隆在他作的《香笺》里，把文氏此文又偷了来而加以分析，他说："物外高隐，坐语道德，焚之可以清心悦神。四更残月，兴味萧骚，焚之可以畅怀舒啸。晴窗拓帖，挥麈闲吟，篝灯厄读，焚以远辟睡魔，谓古伴月可也。红袖在侧，密语谈私，执手拥炉，焚以熏心热意，谓古助情可也。坐雨闭窗，午睡初足，就案学书，啜茗味谈，一炉初爇，香霭馥馥撩人，更宜醉筵醒客，皓月清宵，冰弦戛指，长啸空楼，苍山极目，未残炉爇，香雾隐隐绕帘，又可祛邪辟秽。随其所适，无施不可。……"

这篇研究香的文章，距今已三百多年，而他对于香的推崇，可谓无微不至。我对于这古典，把它请出来，作为她们给予我们的色香味儿的一种拥护的证据；此外譬如蹲在战壕里，如果嗅着香的味儿，马

---

[1] 文震亨（1585—1645），字启美。长洲（今江苏苏州）人，文徵明曾孙。

上也可以增加了杀敌之力。在政务殷繁的时候，出了一些臭汗，马上闻其香味儿来，也可以调节他那臭气。在银钱业的财神爷，那种臭铜臭是要使人作十日呕的，假如弄上一点香的味儿，也可以调剂了些臭铜气。在学者先生们，学生汗而且臭的脚，实在不太好闻，那么，有一些香味儿来调和教室的空气，也或者可以使先生们少出一点汗。此外……总之我在某种程度之下，相当地不反对她们用化妆品。

1934年8月25日、9月1日
《北晨画刊》第2卷第2、3期
署名闲人

整理市容

我的邻居王老大，他是卖杂货卷烟为生的，一个人养着老母和寡嫂，还有两个侄子。在他这种生活，自然免不掉啃啃窝头，然而他对于老母、寡嫂都很好的，从不曾听她们说他一个不字。在最近的几天，我常常遇见他，但总是匆匆地未曾畅谈。今天又会着他，他开了“话匣子”，他说：“市面萧条已到极点，偏偏又因整理市容将我给整理得只蹲在一个街里去卖，结果不用说我一家，就是我一个人也弄得不能温饱了。”我说：“市容是关系于大众的，市容不整理，差不多也可以说于国际观瞻至有关系。至于你一个人或是你一家，那真是九牛之一毛，沧海之一粟，所谓一家哭何如一路哭也。”王老大说：“我所说正是这一条马路，这一条路不止我一个人，岂不是一路?”我于安慰他之余，拍着王老大肩膀低声告诉他说：“就是此路不通。”

1934年11月3日
《北平晨报·闲谈·四一》
署名闲人

无名男尸

刘半农死，是学术上的损失。王梦白死，是绘画上的损失。史量才死，是新闻界的损失。至于本月二十日在高亮桥下漂浮着那一具无名男尸，其大小轻重，岂但是泰山鸿毛？直是“平市全部平静无事”，只落得那玉带河的水，汩汩地流得一泓臭气！

那位无名男尸，是我的一个好友。他总是诚实地对人，在西单市场门口，开一座面摊，终日围着锅炉，在那里伸[1]着面条去卖，一般卖菜的小贩，拉车的苦人，谁不乐于坐在那长条板凳上吃他一碗伸条面。

“整顿市容”“驱逐小贩”，很闹热而充满了中国味道的西单大街，犹如朔风扫黄叶一般的，被驱逐得干干净净。我这位老朋友，他无立锥之地可以摆设面摊，他奔走了五六日，结果，他不愿再听他妻子的

[1] 伸面，今作抻面。

啼饥号寒，他觉得这种政令，使他只有随波逐流，一了百了，高亮桥下碧澄澄的寒水，是他被驱逐的归宿，他竟舍弃了一切，做了无名男尸，这比起刘、王、史的死，真是不值得人们瞟他一眼。但我相信继他而不能生的将大有人在，将来街市只有几只老鸦同着警察呆立着，倒觉得整顿的肃静！

按：死者消息，见二十一日《全民报》，只说是无名男尸，实则就是那位面摊的老友！

1934年11月24日
《北平晨报·闲谈·四三》
署名闲人

她的前夜

她大概是旗人，她在六年前由父母之命、媒妁之言嫁给摆杂货摊的小常，小常是正黄旗二甲喇地道的旗人。这一对小夫妻，在他俩的心里，也未尝不认为是美满的姻缘。

杂货摊的命运，在这天寒气索的当儿，被驱逐的每日连那二三百枚铜元也赚不来。她有两个孩子，住着每月连房捐在内的一元钱的房，她那盖过六年结婚时的棉被褥，她带着那顶小的孩子睡，小常带着大的孩子睡已经挣脱的补上两重洋面袋了。

她在想，假如没有这顶小的孩子，她情愿投到“老妈店”里给人家佣工，但是这小的孩子是男的，男的岂可以舍掉！

小常拉车了。在摆摊的生活里是静止的，只用喉咙去喊，拉车是动的，要用腿去跑。在初出茅庐去拉车的人，第一日是要跑得两腿僵直不得弯曲，必须经过一星期的训练，才能圆转如意的。本来这种年头，资本是永远战胜劳力的，小常拉了一天，才弄到一百五十枚，除掉六十枚车份，花了三十枚吃了一次饭，其结果只拿着三十大枚回家，使她见了，这是多么为难的事，尤其是小常的两条大腿，竟自爬不上土炕！

他俩的爱是永长的，是无有一点游动性的，她不晓得什么是自由，什么是互助，什么是恋爱，她也不晓得什么是三从，什么是四德，她只觉得她嫁了他，只是两人互相的生活，没有他，自己也生活不来。她在小常呼呼睡去之后，一直思索了半夜，直到她的小宝宝被尿给闹醒了，她一面奶着他，才昏昏地睡去。

1934年12月1日
《北晨画刊》第3卷第3期
署名闲人

俞曲园所书屏

日前在友人许闲坐，以宜兴小泥壶泡“大红袍”茶，徐徐品之，觉此一刹那得不少佳趣也。壁间有俞曲园所书屏，书不佳，文颇堪玩味，其味殆如“大红袍”之芳洌，愈咀嚼，愈隽永，特录出之，以博读者发笑。

少饮酒，多啜粥。多茹菜，少食肉。少开口，多闭目。多梳头，少洗浴。少群居，多独宿。多藏书，少积玉。少取名，多忍辱。多行善，少干禄。便宜勿再往，好事不如无。

1934年12月3日
《北平晨报·闲谈·四七》
署名闲人

啃烤白薯

烤白薯，是一种顶美的食物，每年因为有它，不晓得解救了多少穷人的饥饿！且钻不起暖气屋，乘不起大汽车的人，花上三五个铜板，袖上两块烤白薯，饥寒二字是不成问题的，它的恩惠给予穷人的，似乎不在大人先生们之次。

小摊既以整市容而被驱逐，烤白薯又因为它用火烤，有煤气，吃着太不卫生，穷人至此，真是生死不得。“中国冰不如美国冰滑”，“美国的月亮比中国大而亮”，在此原则之下，美国的缙绅先生们在北平市的，却用小刀儿剖开皮，小勺儿挖着烤白薯，咀嚼得很起劲，这是东交民巷里很容易找到的事，但不知是怎么股子劲儿，而他们却不怕起煤毒来！

如果真是爱惜我们的穷苦老百姓，您要知道，他们只能摆小摊，当苦力，做那些牛马不如的生活，他们天生来的穷命鬼，穷骨头，只有能力去啃烤白薯。

1934 年 12 月 7 日
《北平晨报·闲谈·四八》
署名闲人

茶馆闲谈

长板凳围长板桌，桌制奇古，木质为油渍所润，拂拭所磨，红润莹泽至可爱。围坐三五人，人各豆瓣青盖碗茶杯一，鼻烟壶杂纸烟盒横陈桌面，相与谈。一室中若此者可三五围，皆北市之老土著也。北平人至可爱，无论所受贪官污吏土豪劣绅之压榨伤害毁损，引颈而受，从无反抗。鸣其不平，惟在茶馆酒肆相与诅咒而已。自驱逐小贩禁止卖烤白薯以来，茶馆之闲谈，遂集中于此。“如何如何，吾莫如何”，长者太息，壮者诅咒，浩然长叹，而一归之于天命，夫天命岂即此哉！四句钟以后，出茶资，缓步归。明日又聚，又如此。望清平，殆若大旱望云霓，长板凳且将日少此闲谈之客也，哀哉！

1934 年 12 月 8 日
《北平晨报·闲谈·四九》
署名闲人

捧角

自从红氍毹上产生了梅畹华，于是乎梅尚之争而产生了梅党与云党，于是乎捧角乃得大行其道。论史实则在宣统元年之末。自从坤角在剧场上占据了相当位置，于是乎刘少少愿做刘喜奎的骑马布，于是乎捧角才进于坤角。至于八埠的姑娘、杂技场的鼓姬，哪一种捧法，都是日新月异而岁不同。这种史实，大概都在有了总统以后。

大人上台要捧，大人打胜了要捧，大人生了儿子要捧，大人娶姨太要捧，大人放一个响屁也要捧，捧之道愈多，被捧者也愈众，至于今日，几乎无一处不需要捧。何以故？大概今日都够得上是个角色！

自从有了女招待，女招待之于人，那一种神妙莫测，使人心迷目眩，口干舌燥，真值得大捧特捧。捧的方法愈演愈工，愈工愈变演不止。绝不是像实甫、樊山、瘿公、少少诸人，只会写几篇腐烂不堪的臭文章、臭诗，就可以打动了她们。只好要用逛“二等半”的方法去应付她们，去捧她们，或者可以得一点小效果。因为文人、诗人，是现代人最唾弃的，她们也不能说不是现代人！

饭馆女招待，自甲馆挪到乙馆的第一日，捧她的，也就于这第一日邀些朋友去捧她，这种捧，名曰“捧堂”，或沿用八埠的专门术语，曰“捧下车”。已预订某日在甲馆解雇，在这最末的一日去捧，名曰“捧上堂”，或又谓为“捧上车”。饭馆如此，球房亦然。不过球房之上下，不曰“下堂”，而曰“成盘”；不曰“上堂”，而曰“散盘”，名虽不同，其为捧则一。

1934年12月8日
《北晨画刊》第3卷第4期
署名闲人

过春节

大人高踞堂皇号于众曰："当此国难，不容再事沓泄，一切旧习惯，封建思想……不合于现代化者，允宜扩而清之，何有于新年？更何有于春节？我不过年，我更不知有春节。我每月两餐饭，大洋十五元，以俭示天下，诸君其善体此意！勿忽！"

群僚以其言之数数，且夷考其行，似与其言鲜符合者，而沮腹非，鞠躬而退。

朱门春节忙，市糖果鱼脯，张狼狐虎豹坐褥，悬小红宫纱灯，太太与姨太，抹脂涂膏尤浓艳，御轻纨，外罩阴丹士林蓝布袍，蓝之色美鲜，映粉面，大人顾而恣乐，心窃自喜，自喜有合于新生活。姨太烫发每次数十元，不烫而髻，虽省数十元，顾不便，故每出御假发，不出发蓬松，曲浪呈春水波纹。太太若姨太，过年费用开支三千元，春节且倍之，抚大人肩曰："我们不过年，此不过聊资点缀而已。"

佣人：有仆，有妇，有汽车夫，有请愿警，有书启，有课子女补习先生。大人号于众：“我廉洁，我以身为天下倡，不过年。顷至春节，援照年例，每人赏两元。”众默然退。据号房统计所收节礼，官燕荷包翅一项，已值两千数百元，至于杨贵妃之骑马布，唐明皇之夜壶，李自成射承天门之扳指等等，尚未能估计。

1935年2月2日
《北晨画刊》第3卷第12期
署名闲人

灯节

明代灯节，自正月初八起，至十八日止，灯市在东华门王府街东，崇文街西，亘二里许，此见于《日下旧闻录》者。清代灯节，自正月十三日起，至十七日止，十五日谓之正灯，十八日谓之残灯。清末灯市最盛者，首推东四牌楼及地安门大街，工部次之，兵部又次，余如西四牌楼、新街口、东安门大街等处，亦颇可观。入民国后，灯节虽亦略有点缀，然灯彩烟火之胜，则日就衰颓，迄今徒有灯节之一名耳。

尝见光绪末市肆所张灯画，若《三国演义》《水浒传》《聊斋志异》《红楼梦》《三侠五义》《封神榜》《儿女英雄传》《济公传》等等。时禁烟之令，雷厉风行，调验，具结，察查，告讦，一行作吏，罔不凛遵。于小民则禁售禁运之外，详其祸害，浅其语词，韵其声调，而张之通衢，俾晓然于烟之为害。西城某市肆，于灯节之日，张灯门前，详绘吸食鸦片之害，一榻横陈，妻子冻馁，环而观者围数匝，直至午夜且不退。

圣代即今，胡人已不敢南下而牧马，歌舞升平，正好大张灯火，举凡“九一八”之创痕，“一·二八”之瘢结，与夫古北喜峰独石……之枪花炮眼，凡关于他人者无妨略去，以免开罪善邻，重我罪戾，择其无大关系，如北大营第一炮之白烟，吴淞口台兵之破鞋……不妨彰之彩绘，悬之肆门，通以电流，装以灯泡，用以代法国之亚尔撒斯劳兰两女神，用以示行乐不忘救国之至意，岂不别开生面，点缀令节？

1935年2月13日
《北平晨报·闲谈·六一》
署名闲人

白云观道上看骑驴

日前视友出西便门，日丽风和，骑驴游白云观者，以男女学生为多，莺声燕语，佐以几阕洋歌，嘚嘚蹄声，雅合节奏。观之使人长寿，使人忘忧，妒与羡皆忘也。按白云观为金之太极宫，内有“万古长春”四字，传为邱长春所书。观内塑邱真人像，正月十九日都人致酬祠下，谓之燕九节。邱真人名处机，号长春子，登州栖霞人，元太祖遣使召之，赐号神仙，封大宗师，使居燕之太极宫，后遂改为长春宫。今白云观所祀，即真人也。当真人奏封太祖时，以不嗜杀人，敬天爱民，清心寡欲为训，在今日视之，几何不目之为老生常谈耶？

1935年2月15日
《北平晨报·闲谈·六二》
署名闲人

走马灯

供儿童玩戏有曰走马灯者，以秫为骨，纸加彩绘为文，辟两门，出将入相，若傀儡之台。剪纸为轮若张盖，秫竿两端以针为轮轴，下承玻璃供滑走。竿中当门处，预以纸剪为车马人物之状，以铅丝缚竿中，竿下燃烛，烛火嘘轮，轮顿转，人物车马随之而出而入而将而相，儿童顾而滋乐。火灭，行顿止，续燃，又团圞行，周而复始，皆恃烛为行止。其物虽微，颇具盛衰成败之理，所谓“旷观廿四史，无非走马灯”也。元朝谢宗可曾有走马灯诗云：“飙轮拥骑驾炎精，飞绕人间不夜城。风鬣追星低弄影，霜蹄逐电去无声。秦军夜溃咸阳火，吴炬宵驰赤壁兵。更忆雕鞍年少梦，章台踏碎月华明。”则此物由来已久，以火御轮，以轮运机，亦物理学上最早之发明焉。

1935年2月16日
《北晨画刊》第4卷第1期
署名闲人

儿童在观看走马灯

大户人家

北平有一家大户，在十多年前，差不多是数一数二的有名人家。“百足之虫，死而不僵”，到现在总还撑持着故有的门面。这一家有位三爷，箕裘克绍[1]，他足以代表“大户”的味儿，我特地来绍介一下。

三爷是由世家大族声色犬马培植出来的，自然对于声色犬马之外，他都不大十分内行。不过，他还晓得菽米油盐，这也不能说不是三爷的天资聪颖。

北平人的生活，一天紧似一天，三爷处在“大户”之中，自然也要“安内攘外，袚除不详”。三爷“居高临下”使役妻妾仆婢，这些子侄们对于三爷，总是“同床异梦”，想着“平分疆土”“各立门户”，拆

[1] 箕裘克绍：一作克绍箕裘。箕，畚箕。裘，皮袄。箕裘，指父业。比喻能继承父业。

这大户之台。

友朋大概是随着主人们的性行风格而招致的。“芳以类聚，物以群分”，三爷的友朋也不能逃此公例。有一次，三爷柬邀了许多友朋，欢宴之余，三爷提出了家庭问题。这些朋友，有的主张压迫的，有的主张和平的，有的主张延聘律师，有的主张交结官府，这一次会议“发言盈廷，莫衷一是”地马马虎虎闭幕了，三爷得不到相当的结果。结果，常年法律顾问，将传家古物送给了长官，大户之家，仍是哄哄地吵着不得安宁。

时间和时机，总是悠忽地失去，不成器的子侄们，一天堕落一天，大户的门面也拆掉了，动与不动的资产也弄光了。三爷拥着老妻，跑到城北的小巷里，租着两间平房，度着那大户出身的穷生活。三爷每想起那位和律师勾结的三姨太，三爷总是愣愣地望着老妻，叹了口气。

1935年3月9日
《北晨画刊》第4卷第4期
署名闲人

大力将军

大力将军者，朔方健儿，曾以抗战而膺美名者也。将军既膺美名，内而反顾其黄脸婆，橙黄牙板衬以裙下双趺，方言杂咿呀啥呷，口未张而黄玉之腕已高举，将军顾而滋不怿。黄脸婆以丈夫荣归，马上膺正宫之选，则未免弄姿，媚态乃恒生，刺刺谈且不肯休。将军举目视承尘[1]，轻嗫其唇，悠然若有思，所思：个[2]娘子若真个居城市，酬应同学诸友好，不将为人笑掉两颗大门牙！况尚有密斯 × 在！妇不知将军思，说长问短，滔然不可遏，蜡炬仍红，将军倚墙睡。

公园一角，密斯 × 斜倚将军肩，睨视作浅笑，静待将军答。将军一手揽玉腕，一手托腮，凝视春水随风吹皱，目不瞬，久久始决然吻

---

[1] 承尘：床上的帐幕。

[2] 个〈代〉：这；那。

密斯额。密斯至不耐，坚嘱勿以此而负彼，彼固至可恋。将军受激，愤然作色，且长吻。

妇抱公子逆土炕，将军夺公子，骂妇，妇不耐，反唇讥，讥涉脱钗供学费，将军怒，遽前批其颊，尖头紫皮鞋，无背腹力蹴，声嘭嘭然若踢足球。妇怒号，公子唬声肆，都不顾。是役：妇呕血卧地不能起，家人环请，急抱公子拖妇出，将军犹有余怒。妇家为乡农，不识将军已为时代新人物，受将军一纸休书，接妇大归，一块肉莫敢问谁抚育也。

公园一角，密斯 × 斜倚将军肩，将军傲然拥作长吻，一若曩昔之荣膺冠军。

1935 年 3 月 23 日
《北晨画刊》第 4 卷第 6 期
署名闲人

这且不言

将军既以黄脸婆——所谓糟糠之妻者非吾偶，不惜生儿育女一足蹴之使下堂，时代之新人物，往往推翻父母之命，訾之为包办式之婚姻，而此不识时务之父母所造成之婚姻，将军于彼时且与黄脸婆由卿卿我我、挨挨凑凑而产生一宁馨儿，而此宁馨儿之儿，于呱呱呼喊中，固不知其母氏所谓黄脸婆者，已遂将军一脚而蹴诸门外，作成时代之牺牲者。

这且不言。将军既与密斯×相恋，出其荣膺冠军之真精神，排万难，单刀直入，一举而出其妻，以为如此于密斯×可以坚其信，示决然靡有他。径访□道故，□目阖，无语。惟林间双雀，咋咋喊不休。

这且不言。将军家本不丰，生苦寒，父母赖力作，忍痛供将军读，换门楣，默祷得佳子弟，为纳妇，用以系其心。既娶，含饴弄孙，将军复能露头角，两老辄以此傲乡里，争羡之，以为佳儿既获荣名，洋学堂未尝不出人才，贤媳妇且生此肥硕小孙孙，孰又料此肥硕小将军，亦为时代之牺牲者，顿成无母之儿！

这且不言。两老忍痛盼将军成名，将军既以冠军之勇，蹴生子之媳使下堂，两老转相慰者惟默对，每有言未尝不訾洋学堂也。

这且不言。密斯×既不得意，转而密斯×，将军匪特神勇，复工内媚，既能使□心回意转，对于□又意马心猿，周旋于两大之间，捭阖纵横，往来驰骤，其为势或重若崩云，或轻如蝉翼，二者震于军威，俯首罔不听将军命，将军于是因缘时会，为当代第一闻人，妇孺咸知，家喻户晓，而这且不言也。

1935年3月30日
《北晨画刊》第4卷第7期
署名闲人

大帅掬土

老翁驾手车推土走街心，力弛，车覆土倾，警察趣令撮拾，勿碍交通，翁手捧土力掬，警察叱咤于旁。适有大汉，御青布棉袍，冠美式呢帽，敝旧如其袍，骑足踏车，径至前问故，翁为言力弛车覆。大汉目警，谓何以不助若力，警谓交通繁，不能助若掬土而荒职。反诘，若何故问，既问若曷助彼掬。大汉目警略颔首，弃其车，径前助翁掬土，迄已，翁拱谢。大汉谓翁：日推土何所获？翁言推二次，日可得百有五十钱，得不饿。大汉出名刺予翁，谓暇时可持此觅我，当有益也。翁不识字，持其刺，犹豫。大汉御车行，警睨视刺，则赫然大帅尊名。

翁既得刺，淡焉不置意，日推土。偶与乡人话前事，乡人固怂恿之，贷银一元，翁怀刺，于上海食品公司市饼干两匣，直诣大帅府，出刺请见。阍人不敢不入白，大帅延入，分主宾，翁局促不能宁。上两匣，谓聊以将意，大帅且不谦，遽开缄，匣盖与底咸厚重，只中间一层薄饼干。大帅往复视，叩其值，翁以一元对。亟命侍从诣公司，召公司经理至，举以问，果如翁言值。大帅居恒不笑，有笑必杀人。笑目经理：此戋戋何值银一元？经理鞠躬谨白曰：敝公司售此价且数年矣，向不欺人，不则数年来何以经业之蒸蒸。大帅怒极，直斥其欺妄，经理知不测，战缩。大帅立饬役押经理回公司，罚款千五百元赐老翁。或谓借使大帅对经理而大笑也，经理且立毙；微启怒，得以欺人者赎命。呜呼，大帅亦人杰也哉！

1935 年 4 月 2 日

《北平晨报·闲谈·七八》

大帅与毒物

吾既为文传大帅掬土，以为当今之世，开府封圻，而肯以小民疾苦，亲为访寻，匪特不有其人，脱有，亦以为中小说家言。丁兹世，除应上司刳地皮，鱼肉小民，以自为利外，初不必小题大做，顾此无识无知之小民。今我大帅之传诵于人口者，吾每有闻，不得不笔而出之，以为当今之世，固有人肯为一二小民谋也。

大帅高坐堂皇，毒犯匍伏阶下，备审。若者枪决，若者释放，不数十分钟至乙，乙遽前，大帅视案由，以二角钱贩毒物。大帅召之前，遽询，贩毒才初次。又询：区区二角钱，何所得利？其人战栗，举以对：家老稚得八口，恃一人力为养，力不瞻，且病，坐视八口饥者且两日。自恨生不如死，乃假人两角钱贩毒，故为逻者知，求死靡有他也。言已，泪下不能声。大帅问何能，则对略识之无，大帅恻然悯其遇，为补副官，居帅府。

禁毒雷厉风行，惟恐奉行者之不力也。有警士逻守某洋行，某洋行固毒物贩运地。见一人自内出，卸青布衣裤，戴哔呢帽，乘脚踏车。警士遽前检查，初无所获，遍检，自裤内得毒物，极多。缚之行，其人出十元钞贿，示不可，益为三十元，不可动，牵之公安局。面局长，局长一见其人，遽惊谢，警士亦呆立，盖大帅微行也。大帅立指警士谓局长，若人服务特忠诚，宜擢所长。明日，某所所长易，警士膺不次之赏矣。

1935年4月6日
《北晨画刊》第4卷第8期
署名闲人

讲书会

生之年在民国以前人，于书之读，自子曰诗云之余，当亦讲述左氏之三大战,《史记》之项羽高祖本纪，此仅就所谓读书人而言。至于当代之伟人，于戎马半生，忽忆及孔孟之书，而欲于马上得来之勋名，于马下欲侧闻孔孟之言者，于是乎乃有讲书之会，与持数珠，诵佛号，讲《金刚经》者，遂并存而不废焉。维中华民国二十四年四月吉日，大汽车排比于朱门左右，汽车夫袖手相闻讯:“局长处长师长军长咸莅止，听先生讲《孟子》。此先生系前清举人，极有名，师长聆毕，至韩家潭阿玉家，直至夜午以后始归，太太不问也。”跟车者遽插言:“适才若个洋车子，拖来着灰棉袍，红结瓜皮帽，白髭须者，即是先生。处长请先生吃东兴楼，先生吃绍酒三四斤，为谈北京胜迹。处长于三姨太前赞先生学问，三姨太亦要听先生讲《列女传》也。”朱门前汽车夫与跟车谈，历两句钟，所谈除先生讲书之外，往往涉及打警察，偷电机，与夫打牌逛胡同，等等。一声“下来了”，则相与敛神屏息，垂手，启车门，挚方向舵，目注门内视先生。先生则颓然强为欢，相与拱手一揖，呜呜疾驰去。先生安步以当车，俟汽车咸去，方就路隅买车，乘之归。归而出所得每讲一时两元钱示妻孥，妻孥强相慰，脱每日有两时讲书会，一家人或者可以维持也。而哪得常！哪得常！

1935 年 4 月 20 日
《北晨画刊》第 4 卷第 10 期
署名闲人

『没事!』

南郊放炮之后，倏已一周，我因为大概没有什么大不了的事，才大胆地跑到什锦坊街那一家澡堂去“烫澡”，而那一家澡堂的字号是平安园，这是多吉利而又响亮的名字！

天是热得人昏昏的，澡堂在这干热无雨的六月初间的晌午，向例人总是满满的，而又何况这是一家既陋又价廉的澡堂，自然花上三分大洋，至少可以在那里涤去旧染之污，风凉一两个钟头，舒一舒镇日的劳累。自我跨进门栏，踱入“雅座”，客人洗澡的，连我合计在内，只有大大的两个人。那位黑而且矮的老板，午觉方浓，两个伙计，也自愣愣地对望着。我问：“今日买卖怎样？”这句话，本是照例文章，不想他答我：“没事！”做生意尤其是做招待的生意，如何能没事？而他竟没事，萧条之状，自我一踱进门，就已瞧料了八九分。我不愿说北平之穷至于如此，我知道什锦坊街一带“烫澡”的，大概都是那一些铺户和劳动界，而这一些铺户以至于劳动界，都不肯花三分钱去“烫澡”，那么，即此以例其余，这座古城的将来，也只有“没事”二字而空自兀立着。

1935年7月5日
《北平晨报·闲谈·九一》
署名闲人

白玉佩

友人曾得羊脂玉佩一事，雕镂至精，断为康乾御府之物，爱之弥甚。不意一旦失去，懊丧之情，不可言喻，因为《失玉纪》记之。其辞曰："玉之美者，莫如羊脂。以脂玉雕为佩，晶莹剔透，抚之温润若美人肌理，真堪倾倒者也。此佩在吾手中垂十余年，爱之秘不为人知，而妒羡者固自有人。去冬竟失去之，意怏怏为不怡者，久久且不能释念。偶有忆，心辄惄然痛。形诸梦寐，比醒，手犹坚握作酸楚。盖以此佩曾与吾共患难，吾往往抑郁情愁，抚兹玉，心辄夷然舒，若腻友焉。玉脱为人得，一如吾之宝爱，吾且欣其所托；然又安知果不如吾之所爱耶？不如吾之爱，而落于伧夫俗子之手，以等闲视之，玉之不遇，是吾之失有以致之也。吾以是居常悒悒。日前于宴谈中，有见佩吾玉者，其人为一伧夫，以巨索穿吾宝玉，佩之胯下，与一黄玉珑并系，两相击，声铿铿然，雕镂已破不复完。吾擎此玉，痴然不忍释，不忍释而不能不释也，惟为文记之。"

1935 年 7 月 20 日
《北平晨报·闲谈·九五》
署名闲人

空城计

昔谭鑫培演唱《失街亭斩马谡》，差马谡守街亭之审慎，三探时之惊喟，城楼上之闲适，斩谡时之悲愤，皆一一活跃台上。我曾拟之数年，惟城楼上之外示闲适为难工，盖仿佛若无事，若有所恃，此情此景，在局于城楼一隅，最难表现也。天祸中国，天灾外患，有国亡无日之感。此中机括，如果当轴诸公，惊慌失措，吾侪小民，岂不顿起惊惶，而自相纷扰！所幸上山避暑者有人，避嚣者也有人，在上海者有人，在青岛者也有人，此外只有一两位当道，故事暇豫，支撑门面。当此内忧外患交乘迭至，若不有谢太傅故示镇定，岂不投鞭长江，可断中流！在此种状况之下，以视谭鑫培之“我本是卧龙岗，散淡的人”，其手、眼、身、法、步，殆有过之，无不及也。“见怪不怪，其怪自败”，“中国人一切都有办法”，吾于谈戏之余，不得不引为快慰。

1935 年 7 月 26 日
《北平晨报·闲谈·九九》
署名闲人

水灾

天大概不一定是祸中国吧？一切的一切，我们国民，总是感觉得不满足，但仍挣扎着希望会有好的那一天。不想长江出了辙，黄灾也异常严重。江与河一齐解放起来，不入正轨，再加上一切的一切都是那个样子，我们作国民的，除掉被牺牲而死走逃亡，流离颠沛之外，无聊地喊一声天，还有什么办法？不过呼天终归是无用。不拘如何，我们还是要各尽个人的责任。

江河治标治本的种种办法，是衮衮诸公和专家们应该努力研究，加紧实行的事，闲人只会偷闲，不敢妄加论列。但成千成万的灾民，都是我们的同胞。他们现在都叫苦连天地期待我们的援手。外国人都肯拨款赈济，我们——他们的同胞——又怎该袖手旁观，不名一钱？水灾闹到这步田地，当然政府应该负责。不过责备政府，和“呼天”是同样的无聊。我们只有希望政府要唤起天良从此加勉，而国民要发挥善念，共解仁囊。

我们幸而未被灾的虽不见得都怎样宽裕，但究竟还有衣有食，比起灾民来，总算是相差霄壤。坐在汽车里面的达官、富商、少爷、太太、小姐们，当然更不成比例。总括言之，不拘贫与富，凡是未被灾的，都没有卸却救灾责任的充足理由。华洋义赈会由灾区搜集了不少的天祸（？）材料，委托本报代为发表。真使人看了，万分伤心，我们仅掬一把同情之泪，为这些田庐为墟、饥寒交迫的被灾同胞请命。

1935年9月7日
《北晨画刊》第6卷第4期
署名闲人

手巾把

戏园的手巾把是传染病——尤其是眼病的媒介，差不多稍有常识的人，都晓得它的危险。但是坐在前三排，看过了《八大锤》，或是《长坂坡》《挑滑车》一类的戏之后，至少那块台毡和大将小卒的两条尊足上，总要荡起灰尘，濡染到前三排的座次上，因此这个含有传染性的手巾把，也就不得已而非用它不可，权起轻重，似乎荡起灰尘里面的危险，比较那烫而炙手的手巾把，还要厉害。

我不大常去看戏。前天我跑到吉祥园看一看，坐到第二排，偏遇上了两出武戏，而“手巾把”据说已蒙禁止，结果，用自己的帕子揩起来，弄得满帕灰泥。我不敢说这种办法不是顾及人民的健康上，不过用沸水煮过，或是用消毒水消过毒的手巾把，似乎总比一律禁止功德一点，因为要权起轻重，自不宜因噎废食。

1935年10月2日

《北平晨报·闲谈》

署名闲人

重阳（二则）

一

连在本刊上谈了两篇风与月，很有几位熟朋友，抚我肩头，掉句文道：“孺子可教也！”而我也受宠若惊地自鸣其得意非凡。我想：如果长远这样风月下去，我虽可避免了诽谤之罪，但我这条人命，不给风月断送了？好在明天是重阳！我且打算“笑插茱萸满鬓红”吧！

按《魏文帝与钟繇九日送菊书》：“岁往月来，忽复九月九日。九为阳数，而日月并应，俗嘉其名，以为宜于长久，故以宴享高会。是月律中无射，言群木庶草，无有射地而生。惟芳菊，纷然独荣，非夫含乾坤之纯和，体芬芳之淑气，孰能如此？故屈平悲冉冉之将老，思餐秋菊之落英。辅体延年，莫斯之贵。谨奉一束，以助彭祖之术。”这一段把重阳送菊饮酒高会的故事，说得详详细细。我虽不能像村学究那样信《西京杂记》是汉人笔墨，但据此，在重阳那一天要饮酒高会，是汉以来已有的风俗。(《西京杂记》有戚夫人九月九日佩茱萸，食蓬饵，饮菊花酒故事。)

那位不为五斗米折腰的陶靖节先生，他似乎对于这重阳，很有深刻的感触，我们生在这种年头，比较靖节先生，似乎更深刻化，尖锐化，那我们何妨也念一念他那《九日闲居》和《己酉岁九月九日》两篇五古呢！

他在《九日闲居·诗序》说："余闲居，爱重九之名。秋菊盈园，而持醪靡由。空服九华，寄怀于言。"他如果肯去折腰，自然不至于"持醪靡由"了，而他不肯，他岂不是个呆子？诗曰："世短意常多，斯人乐久生。日月依辰至，举俗爱其名。露凄暄风息，气澈天象明。往燕无遗影，来雁有余声。酒能祛百虑，菊为制颓龄。如何蓬庐士，空视时运倾！尘爵耻虚罍，寒华徒自荣。敛襟独闲谣，缅焉起深情。栖迟固多娱，淹留岂无成？"他起首那句"世短意常多"，正是苏诗"意长日月促"的出处，而"空视时运倾"，我觉得现在我们一样的空视着。

他在《己酉岁九月九日》诗里说："……万化相寻绎，人生岂不劳！从古皆有没，念念中心焦。何以称我情？浊酒且自陶。千载非所知，聊以永今朝。"他这种襟怀旷达，我觉得我举目斯世，也只好"衔杯饮满，以永今朝"了，还谈他什么！

1935年10月5日
《北晨画刊》第6卷第8期
署名闲人

二

北平这座古城，是自辽以来建都的地方，关于重阳登高，历五朝——辽金元明清迄今不废。按《辽史》上说："九月重九日，天子率群臣部族射虎，少者为负，罚重九宴。射毕，择高地卓帐，赐藩、汉臣僚饮菊花酒，兔肝为脔，鹿舌为酱，又研茱萸酒，洒门户以禬禳。"

这是北平古城首先作重阳高会的一段史话。到了明朝，重九日驾幸万岁山，吃迎霜麻辣兔，饮菊花酒（见《酌中志》）。自辽到明，皇帝登高，都饮菊花酒，但是兔儿倒了霉，辽大皇帝是只吃兔肝，到了明朝却要吃迎霜麻辣兔，加上佐料，比那兔肝的，比较中国化了。

吃花糕在明朝时就很重视，在《帝京景物略》上说："面饼种枣栗其面，星星然，曰花糕。糕肆标纸彩旗，曰花糕旗。父母家必迎女来食花糕……曰女儿节。"吃花糕接姑奶奶，这风俗到现在已有点迎不起了。

自八月晦日至重九日，道家是要立坛礼斗斋戒，为斗母诞辰上寿献戏的，据说这是自明末清初才盛行的，明末逸民图恢复，才借此集会的。到现在梨园行还斋戒至重九，焚香诵九皇经。

重阳前后，设宴相邀，叫迎霜宴。因为这里有一品菜叫"迎霜兔"，本是古代传下来的，后来因为具柬请客的客人，都说是"吃兔去"，这品"迎霜兔"自此无人会做，更请不到是什么味道。

至于农村里的老乡，他们或她们却是需要"风风雨雨重阳过"的。因为谚云："重阳无雨看十三，十三无雨一冬干。"一冬干，在农村如何受得了！

北平皮货行，在早先也是重阳是晴雨的。重阳晴，铺长请伙友们吃酒；重阳雨，伙友们要请铺长，据说是晴则皮货贵，雨则皮货贱，这不知现在仍有此风否？

好了，满城风雨，正是时候，您们是否有此雅兴登高，请您们自己斟酌吧！

1946年10月10日
北平《长春》第2期
署名于非厂

双十节

双十节是在民国史上很重要的一页。在北京政府时代，那种铺张扬厉，搭彩牌楼，办提灯会，举行阅兵盛典，这是多么盛大的事！及至国都南迁，也曾举行过盛大的庆祝，而尤其是讲演式的演述双十。

昨日是第二十四个双十，市街上虽不能比搭牌楼、挂灯彩，那样热闹，好在深秋的天气，还不太冷，学校因放假，电影院、商场等处，也不大十分寂寞。在这座落寞的古城，听到了新国策和意外的战声，觉得这次双十过得，仿佛酸甜苦辣咸五味之外，别有一种滋味。假如再加上一些搭牌楼、办提灯的粉饰，倒失掉了它自然的风格，您说是不是？

1935年10月12日
《北平晨报·闲谈》
署名闲人

一片赈灾声

“故天将降大任于是人也，必先苦其心志，劳其筋骨……所以动心忍性，增益其所不能”，这是孟夫子的话。天爱中国，江河泛溢，又继之以亢旱不雨，同时外患内忧，一股脑儿都加到了我们头上，用来苦我们的心志，劳我们的筋骨……增益我们的不能：这是要我们自励自奋，以答报所谓天的。就以赈灾说：北平这一隅，湖北旅平筹赈之后，继之以鲁赈，鲁赈尚未终了，又有苏赈，鄂赈，豫赈，哎呀，这种民众拼命自救的表现，真使我加强了不少的乐观论，假如没有所谓天者在那里弄把戏，恐怕人们仍在那里酣戏如故吧！不过，在这一片赈灾声中，我以为戏班的老板，是比任何人都卖力气的。

1935年11月1日
《北平晨报·闲谈》
署名闲人

大风起兮

“六月连阴吃饱饭”，此谚语，察时以卜丰歉，十九而应者也。（六月指阴历，下同）今年自六月末不雨，历七、八、九至十月而雨，细如牛毛，气和若春，毫无萧杀收敛之象，傥所谓“改良年头”，天亦随之而改良耶？吾人丁兹天灾人祸，内忧外患，粪杓如林，弹飞若雨之际，傥天仍故步自封，不稍改良，则“霜降”而冰见，街头上不免多战栗冻倒之人，既有碍夫市容，复重劳仵作之检验。而天也，竟大改其良，虽不必“十月连阴吃饱饭”，而啼饥号寒之我辈老百姓，两条破单裤，一领短布袄，傲然生存于细雨如毛，气和如春之中，以略延苟活，是天时之通权达变，不做刻板文章者之活人无算也。今天风已起，气将陡变，瞻望前途，曷止悚惧。

1935年11月5日
《北平晨报·闲谈》
署名闲人

书刺效坤事

张效坤[1]之死，已有定论。昨晤郑继成君，叩其当日狙击长腿将军状，言颇详，书之以资谈助。

君之欲得长腿将军而甘心也，怀两百郎宁，外罩灰哔叽袍。比至车站，见将军，急执枪，哔叽质轻松，枪上保险纽已为掣出，举手轰击，凡二击，不响。将军卫士枪已还鸣，君疾趋，为站间铁丝绊倒，执枪膊横跌铁轨上，君至是，始知其两发未鸣之故。时张已一跃下车，君起枪鸣，一击而中，君之助手，执盒子枪击卫士，以是君得不为卫士所乘。时车站已大乱，助手见张倒，大呼曰：督办如何？趋而前，以枪击其首，将军遂不能动。脱君不为铁丝绊倒，必为卫士所击，而

[1] 张宗昌（1882—1932），字效坤，山东掖县（今莱州市）人。奉系军阀头目之一。曾任苏皖鲁剿匪司令、山东军务督办、山东省省长等职。1932年9月3日被山东省政府参议郑继成枪杀于津浦铁路济南车站。

自持之枪，亦无由知其脱纽。脱将军不跃车而下，助手虽欲碎其颅而不可得。盖将军中枪洞胸，以喘息疾，弹入血滞，人遂误为跌倒。君又谓：傥所发第一第二两枪而响也，则必伤一卫士一外籍人，惟不响而又绊倒，然后一击而中，默默中似非偶然。

1935年11月9日
《北晨画刊》第6卷第13期
署名闲人

理家

偶于友人处闲谈，友固诙诡不羁者也。因言邻右有某氏者，系出大家，遗产颇厚，子三，长早夭，仲性刚愎，而勇于任事。某氏有家祠，辉煌斋丽，木皆金丝之楠，仲与家人谋，以祠久失修，不足以彰先德，鸠工易洋灰铁筋，筑为巴比伦式之屋，而自利其木。举遗产分蚀之，利皆入私囊，囊累累然，季不之善也。季好读古书，待家人，视仲有礼貌，家中人多归之。沪渎有某氏产，季拟收归故都，仲则以故都危，执不可，因委家于季，而自居沪亲理之。当其将行也，与家欢送，以为仲去而家或可为也。群怂恿季，不问善恶良否，力反仲所为，期三年。未及半，家益坠，群仆恣盗窃，至货其居。仲则逍遥沪渎，窃笑其败也。友言：仲自私，固不足道，若季者尚有可为之势，而徒欲见好于妾媵僮仆，此其所以日废也。

1935年11月15日
《北平晨报·闲谈》
署名闲人

仇杀

连日自杀、仇杀之事，只弄得杀气腾腾，直不知要杀得如何程度才好。即以北平一隅而论，每天打开报纸，除掉国家大政是值得注意的外，一翻到本市新闻，总要有一段自杀或仇杀的新闻，排在那里。自杀是弱者之所为，我暂不去谈它。仇杀是报复主义的表现，至少也有它所具简单的理由。我很记得孙馨远[1]做五省联盟总司令的时候，那是多么威风！多么得志！当他举行投壶典礼的时候，几于忘形。即至一昨，被一妇人[2]，连击三枪，死于非命，这不能不说是军阀门的下场头吧！有人戏挽一联，颇可警世，抄在下面。

当年威武已全忘，匹妇舍孤身，真所谓蜂虿有毒。

从此恩仇都了却，来生消恶障，且休言菩萨无灵。

1935年11月18日
《北平晨报·闲谈》
署名闲人

[1] 孙传芳（1885—1935），字馨远，山东历城（今济南）人。北洋直系军阀。

[2] 指施剑翘为报杀父之仇，于1935年11月13日将孙传芳刺杀事。

且进酒

偶然走到一家小铺，小铺只卖些花生米、烟卷、糖、白干酒等物。柜台上坐着一位老掌柜，须发皆白，精神却很畅旺。我本来打算买一包烟卷，因为这位老掌柜红红的面貌，撸起袖子，在那里替顾客煮酒，我也不期然而然地坐下去，弄一些花生米，打一角酒来，慢慢滋润着。这位老掌柜向那位客人说："你怎么也下来了？……"好像指着对面，"自这里是国务院，我就开这小铺，到现在虽然不多年，但是我看一批一批地被裁，不晓得要有多少。……国家大事，我们不大懂，就以营业而论，伙计好容易练习熟了，反倒裁下去，换了生伙计，这铺子怎么会发达呢？……"那位客人用很低的声音说："这事就非您所懂了。"老掌柜很颓丧的，也斟一杯酒在手里，猛可地一仰脖，吞了下去，哈哈了两声："我不明白，我不明白！"

1935年11月26日
《北平晨报·闲谈》
署名闲人

围城杂感

连日狂飙陡作，顿将阴霾的天气，一变而为严酷的寒冷，只弄得人不知怎样才好。我在此时，缩起手来，闭住了口，蹲在一张桌面上，只闷得眼珠儿通红，手足儿冰冷！好在一颗心，还在那儿怦怦地动着，尚未至于十分停止。室里燃起煤炉，身上加上棉袄，两耳恨未重听，双目幸已早花，于是抓起热馒首，啖一碗熬白菜，嘴里苦得像吃黄连，迟迟地难以下咽。我觉得比我在光绪庚子逃到灵光寺，民国十一年关到司令部，还要难过。突然地接到了严君既澄[1]的一封信，拆开了一看，七绝四首，题曰《围城杂感》，朗吟了三遍，在我尚未至于十分停止的心灵上，怦怦地仿佛增加了几下跳动，不过这诗只宜传观，不便刊布就是了。

1935 年 12 月 11 日
《北平晨报·闲谈》
署名闲人

---

[1] 严既澄（1899—？），原名锲，以字行，笔名严素。广东肇庆人。近代作家。1929 年后任北京大学、北京师范大学讲师，中法大学教授等职。

冷

前两日的天气，冷得使人难过，直不晓得这地方的气候，要弄得怎样严重无生趣！在我们这做细民的，既不必袖手缩头，蒙起口鼻耳目，也不必奔热火，靠大墙，遮风取暖。硬起头皮，沉住了气，只有往前去干，哪怕风儿吹得人死，冰儿冻得人僵，只要天君泰然，俯仰无愧，即便气温降到零下二十摄氏度，也不见得就把人给冻坏。因此我每天总是按着时候出来工作，从未加一袭之衣，也一样地没把我冻死。前天夜午，我跑到一位朋友家里，他说："天太冷了，学校都要提前放寒假。"我说："诚然。本来当局是体恤他们，但是学课呢？"他说："人都要冰起来冻成冰人，哪还管得起什么学课！"我说："全市有多少学生？自放假至来年开课，有多少长时间？"他说："那我倒不大清楚，不过北平像这样冷法，恐怕少见。"

1935 年 12 月 24 日
《北平晨报·闲谈》
署名闲人

读新闻之法

人不看报，如耳聋目盲，神经麻木；人如果看报，耳依然是沉沉的，目依然是蒙蒙的，神经依然是不仁的，这是不是新闻纸做得不好？本来新闻到了现在，已不如旧闻了。看报的方法，本国事要看外国报，本城事要看外埠报，这种公例，差不多是要得到新闻的一种最要方法，并不是全部新闻都可应用此法的。有人说：读新闻像猜灯谜，一样的有面有底，有南派，有北宗。有人说：读新闻像幼儿园里的捉迷藏，偶然地听到一些声息，马上赶上去，倏地又隐起来，而那位不曾蒙到双目的保姆，她只是笑眯眯地在那里袖着手。有人说：读新闻要在那没字句处去着眼。有人说：读新闻要在那文意上不接气的地方，留心体会。有人说：要有深刻的记忆力，而回忆过去的事实；要有像猎狗那样的嗅觉，花阴草际，粪坑厕所，都要细细地嗅出些滋味。有人说：读新闻须看太阳的明晦，有没有云翳？有没有微风？是不是密云？衬不衬晓月？我说：新闻纸之足以引起人的兴味，大概都在这些地方。

1935 年 12 月 28 日
《北平晨报·闲谈》
署名闲人

开岁辞

时光流转得太快，新年又到了头上。在我们这笔杆阶级，因为大人先生元旦不受贺，只好掉转笔锋，给老百姓贺贺新年，恭维几句淡话。去年气候变得太快，驯致这可爱的山河，因狂飙的凶猛，都封冻起来，看看要变了些颜色。北地苦寒，遭逢着这样——零下十八摄氏度五的残酷气候，这不能不说是顶惨痛的事。不过“腊七腊八，冻死寒鸦”，“冷在三九，遍地冰走”这一类的俗语，似乎指告我们，在元旦以后，祁寒的程度，还会有增加，而很难见得减少。那么，开岁以来，我们惟一的希望是：狂飙不要再发，气温不要再低，不要弄得连心头上一点火性都没有才好。

1936 年 1 月 1 日

《北平晨报 · 闲谈》

署名闲人

吸白面人

客有吸“白面”者，形销骨立，不复人色，颓废若死。客聪颖，所为书类晋唐人，以吸故，产罄，走妻孥，孑然穷且不能支。每得钱辄吸，吸不足，则无所不为以足其吸；既足，则酣然卧，腹不果，衣不御寒，不顾也。闲尝叩之，其言曰：“人之身不宜于有大病，而不可以无小病。天君泰然，百体从令，若不于足趾之间郁而为微臭，发奇痒，则与死人何异？故人无病而足趾始臭而痒，犹之乎睡之有梦，梦之有惊喜也。生今之世，得意者不必贤，失意者或不失为杰出之士，徒以举世之浑浑，举目之不足以一瞬也，则曷若吸白面使之颓然而废，废而槁焉若死灰。夫若是，产不足有，妻孥不足恋，日营营焉惟在一吸。吸尽，颓然而卧，日有营，夜眠不着，则思来日，害我者惟此，成我者亦惟此也。我奈之何不吸？”吾以其言若有激，曾切劝之，客竟不复吸，聚其妻孥。一日告我曰：“幸足趾尚能臭痒，不者吾宁甘不吸！”

1936年1月13日
《北平晨报·闲谈》
署名闲人

故都汉俗

故都新春，其地可资玩者甚多，固不仅厂甸冷画摊旧画棚也。往自光宣之际，其为味视民初不同，民国九年以后，迄民国十八年，民国十八年迄现在，其为味之变迁尤多，而大糖葫芦、风车、豆汁摊、琉璃喇叭，则依样葫芦也。今春气候特寒，市面益萧条，而人之脑海中，则又不免存一种边关落日之感，是则今虽不如昔，而不可不步古人之秉烛夜游焉。吾十余年来，恒以所知于北平者书之，初不意北平之于今日，其珍贵乃如此，可慨也。故友富察氏敦崇所为《燕京岁时记》，其为书皆书燕京之旗俗。燕京自东西长安街以南，迄外城城关，在昔多汉族，《燕京岁时记》之关于京朝派之汉俗，独缺焉不讲。是则此记之作，则限于长安街之北，于所谓“汉礼”者，未之及也。京朝派之汉俗，包有京官、胥吏、罪犯、俘虏诸家族之生息于京师者，其间几经变迁，蔚成“汉礼”，不满不汉，为京朝所独有，至今犹有行之者。惜乎我之不闲，貂续之作，仍当俟之。

1936年2月3日
《北平晨报·闲谈》
署名闲人

瑞雪

春寒料峭，春雪缤纷，证以去年之奇冷狂飙，似乎今春在天时上，为自辛亥以来未有之变动。鲜菜虽尚须贵一两分钱，而春耕则可预卜其得佳候。前日大雪，予与二三野老聚谈于西郊八里庄，野老言："大雪之后，若继之以晴，则农事实大获其利。若无风，虽不晴无害，最畏大风。大风则必加寒，雪不融于地而吹走，是为不利。然此雪为瑞雪，则可无疑。"中一老人，年事已八十，自谓饱经世变，睹兹雪，颇期太平。谓"不太平，未免辜负此一场好雪也"。其言良可玩味。

1936年2月22日
《北平晨报·闲谈》
署名闲人

稷园牡丹

我暂时还舍不得离开故都，我以后所写的东西，自然也就在这一方面写些出来，以见“杏干”虽是甜的，而酸的味道，总会在那甜丝丝的当中透露一些，或者可以使读者咀嚼得出来！这就是我写《漫话》的动机。五月十二日非厂写在前面。

去冬祁寒，已使人难忍，益以狂飙兼旬，寒冰遍野，致令草木咸受其虐，迄今呈特殊之状。稷园牡丹，向极畅旺，今则三春已去，含苞无多，来今雨轩之前，大有“光杆牡丹”之象。予以人事无常，长安居已大不易，他年重游，是否江山犹是。因于学书作画之暇，辄往游观。虽午后狂风，尘沙蔽目，而游人踵趾相接，来今雨轩、长美轩等地，咸告满座，岂皆与予抱同一之感耶？抑见此“光杆牡丹”，以为尤胜于红花绿叶、千红万紫耶？

1936 年 5 月 16 日
上海《大公报·非厂漫话》
署名非厂

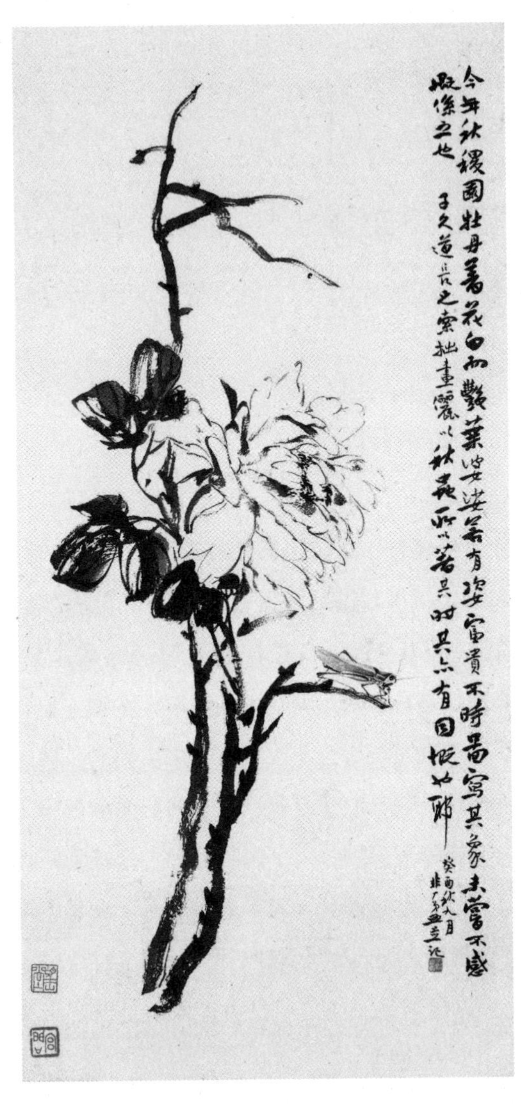

于非闇《墨牡丹》（1933 年，私人收藏）

稷园游侣

五月十日为星期日，来稷园赏牡丹者，自上午九时至下午十时，络绎不绝，为“九一八”以后所仅见，岂所谓郅治之隆，万民欢腾，致有此闲情逸致，空巷来游耶？据来今雨轩主人告我：“怵于连年衰歇，今春佣役未敢增。是日自辰迄酉，游人满园，座无隙地，茶水果饵餐饭所入达七百元，视民国四五年时犹且过之。佣人日两餐，是日竟并为一，直至酉时始入口，疲惫万状，翌午两腿尚酸楚不宁。往岁花叶畅茂，天气清和，每至星期，入不过二百元。今花为寒侵多不开，天尤燥热多风，而游人之来若此。闻崇效寺牡丹，今年尤不佳，游人亦倍于往昔，是良足异。稷园生意盛旺，惟牡丹花时，故吾侪称之为‘牡丹季’，今此季以星期一日卜之，已占上风，是岂俗所谓‘宁在花下死，作鬼也风流’也欤？”

1936 年 5 月 18 日

上海《大公报·非厂漫话》

署名非厂

留恋古城

我居在这座古城，越看本城的报纸，越觉得此地大可安居，仿佛什么事都没有，像坐在瑞士公国里一样。使我闷在鼓里的人，马马虎虎地找上一两位朋友，看看杨小楼多年不演的《连环套》《安天会》，玩玩所残留着的天安门那对石狮，景山那五座空亭。有时跑到金鳌玉蛛坊，钓些漏网之鱼，在那疏柳残烟夕阳斜坠里，看人们在那座御河桥上往来地蠕动着，各奔他们的前程。除心情上之外，我也看不出有什么不安，这大概就是同住在鼓里，谁也是这样吧！而且各处的古建筑，把那“国难如何如何”“团结如何如何”“汉奸如何如何”的标语，都已经涂抹得不留一些踪影。又正在那里粉饰着，油漆彩画着，仿佛又预备招待什么考察团一样，预备再张些新的标语。这是我居在古城，新近所见到的一点表面。然而也使我很够留恋的了！

1936年5月19日
上海《大公报·非厂漫话》
署名非厂

北京古城楼与民居（赫达·莫理循摄）

穿衣问题

故都连日气候坏极，风一阵，雨一阵，轻寒砭骨，尘垢蔽天，一似气候将有转变而强调地侵袭了来。因此穿衣遂发生了问题。仍旧换上棉袍，有时热起来，“明朗”地迫着你须脱下。若是换上印度纱，又觉得面上作烧，心绪不宁。所以一般摩登人物，总是里面穿起印度纱，而外面罩上一件旧马褂，只弄得上火下寒，自己非常不痛快。在我们同处在这气候里，知道这穿衣是成了问题的，而在那由津浦线或是瑞士国来的人们，总不免不负责任地批评：连这古都人的衣服，都表示着奇异。其实谁又晓得今年气候变得这种“尖锐化”呢！昨日我跑到稷园看芍药，其时看的人非常之多，穿的衣服，真是五光十色，光怪陆离。大概是穿旧时的袍子马褂，或是姑娘小姐们的夹外衣，从不曾见到穿着印度纱的他们或她们。但是面庞上总见着“不寒而栗”！

1936 年 5 月 30 日
上海《大公报·非厂漫话》
署名非厂

天气反常

连日天气使人莫测，“五卅一”，阴霾竟日，寒冷非棉衣不可。“六一”朗晴，午后犹御夹衣，“六二、六三”奇热，单衣犹挥汗，午后三时雷始震，狂飙迄夜不停，电灯不明者数次，直至翌晨写此时，北风卷地，呼呼作响，若三九天气。加以苗家地（在东郊，为外人打靶处）机枪声，报纸一片和平无事声，人民见面低音探询声，外埠或外国报纸之叫卖声，虽安居北平之老百姓，见怪久已不怪，亦觉连日天气甚为不妙也。金刚桥（天津）下既已观潮，故都学府又复辍响，而一般娱乐场所，则犹复上七八层座位。说者谓：“处此危疑震撼之会，独学生有些‘沉不住气’，试看三等戏园如富连成，三等电院如大观楼者，皆告满座，绝不因时局而减少。此正可见故都之人，自联军入京，迄塘沽协议，中经辫帅放炮，长腿攻城……曾受有四十年惊恐蹂躏占领烽火之经验，虽连日天气反常，咸能以镇定处之，不相惊扰。”

1936 年 6 月 9 日
上海《大公报·非厂漫话》
署名非厂

杂院

北平俗语有所谓“穷八家”者，轻贱之词，谓此中人皆俗浅也。吾前所写一院中适七家，此与沪上小衔堂，一间楼房居三家者，犹有公共之天与地焉。暑热，市血汗而归，裸其膊，赤足，各于其屋门口铺芦席，无席则用单扇门。小宝宝横卧酣眠，其母执蒲葵扇徐徐扇，借驱蚊。全院屋中鲜灯火，二大妈、王三嫂咸以“暑热无君子”为口实，壮其胆。张家老太太，则竟褫开上衣，精神不颓，滔滔话“西太后”未入宫前故事。房东最高亢，王二、李三向不与之作长谈。小赵与老崔，曾饮五大枚白干酒，话乃若决江河，致健谈之张家老太太亦息其词锋，咸聆小赵讲妙峰山“走会”事。言至“西太后”御楼观会，则以极感束结其语，谓今世诚不是东西，云何不作亡国奴！全院则相与唏嘘太息。少焉，全院鼾声作，为之母者，先将小儿女抱入屋，置之炕上，明日如何，且在此一觉之中暂停无算也。

1936年6月9日
《实报·漫墨》
署名闲人

谣言

睦邻军增强的来游故都那一天，我因为老母的病，不免有些筹备。寒斋的书籍纸张，太散漫了，有的扎包，有的装箱，有的须还给人家，有的留着遣兴。我正在整理分析，刚巧有位朋友见访，他见我这样的装包，弄得几间房子，都充满了仿佛逃荒的样子，他很惊讶地注视着我，连问我几次“做什么这样”。比及把母病须筹备身后，倘遇不测，免得张皇的话告诉他，他越发地怀疑起来，所发出的问句，也越发地急迫。其意若曰：知大难之将至，收拾细软，逃之他乡，而不肯以危难情形直告。弄得我不知如何回答才好。刚巧医生来了，我让这位朋友随去看母亲的病，他也哭了。他说：“本来时局要是真‘那个’的话，你如何还有空闲去整理东西？不过这几日风声太紧，究竟怎么样？”我说：“你没看此地的报纸说它是谣言么？如果时局真‘那个’的话，大概也许是谣言。”

1936年6月10日
上海《大公报·非厂漫话》
署名非厂

无风三尺土

有两位南来的朋友，我们虽是很熟很熟的朋友，但是他们不来北平，至少要在十年以上。他们这一次来北平，是玩古董，还是有什么公干，那我也不必去问。我这朋友他最喜欢吃北平的炸酱面，他又喜欢吃春华楼。他说："吃北平的炸酱面，仿佛读毛公鼎，在花纹文字，都很难消化而耐人寻味。吃春华楼，仿佛看倪云林画，淡雅中另有一种味道。"偏巧今年他们来，大觉寺的玉兰，管家岭的红杏，崇效寺的牡丹，萃锦园的海棠，稷园的丁香、芍药，都被那狂飙阴霾寒冷……给摧残得无精打采马马虎虎地都过去了。他们来到此地，风儿还是狂吹着，雨儿是点滴也没有，干燥起来，弄得人头晕晕的只是口渴。又加上此地的空气太"那个"，因此他们总是"北平什么都好，就是'无风三尺土'使人难过"这样的慨叹着。我不免也要安慰他们："这地方能长远地使我们领略这土的滋味，那也是很好吧！"

1936年6月12日
上海《大公报·非厂漫话》
署名非厂

新闻

盖闻:“新闻纸里无新闻”,“本埠新闻，要看外埠新闻纸；本国新闻，要看外国新闻纸”。是言也，证以连日南北之谣言，若可信，若不可信。北平向为谣言之策源地，而七八年来，谣言地失其重心，虽有谣，虽谣言孔多，而老北京之安堵不为动如故，此非故示镇静，特习为故常，见怪不怪耳。北平有两科班，一富连成，一戏曲学校，价廉物美，久为故都人看戏过瘾之所。当五月末六月初时，新闻纸里即无新闻，外埠新闻纸，外国新闻纸，虽刊于特要地位，曰如何如何，而此两科班演唱，咸告满座，初不因其如何如何，而预储糇粮，而减少兴趣。最是吾辈非纯粹之北平人，读本埠新闻，读外埠外国新闻，访访朋友，探探行情，心知其不妙，而习于左邻右舍之镇定，之不相惊扰，转觉天下太平，自己未免多事。此中情形，乃愈觉故都之神秘可爱。

1936年6月13日
上海《大公报·非厂漫话》
署名非厂

一位考古家

此间前些日来了几位考古家，他们都说是对于古铜器很有充分的研究，尤其是故宫博物院那些熟坑的破铜烂铁。我们贵国的艺术里，就只这作伪一项来说，远的且不去谈，近的如两宋元明，再近如乾嘉同光，再近如民国三四年，民国十三四年，民国十七八九年，一直到现在，还正在那里赝造。我旁的不晓得，我知道这几位考古家里，有一位在这里收了一件东西（晚周的铜器），在文字花样和那出土的地点、状况、色泽……都是最可使人相信而毫无问题的。文字最美妙，有四十余字之多，很仿佛像故宫“颂鼎”的作风。但不知何故，售品者得罪了人（？），人将这件东西的秘密，间接地指点给考古家。考古家经这一番指点，才渐渐地觉得文字有问题，花样也有问题，坑，色泽……一切都不太靠得住，马上找到售品者退货。假如要没有指点者来这一套指点，恐怕考古家又要拓墨以传，大事其考订了！

1936 年 6 月 14 日
上海《大公报·非厂漫话》
署名非厂

水已无鱼

自谣言一变而为言不谣，于是乎胆小如我者，大有此破瓦罐打破之后，我其如何之感。坐在家中觉闷，走到街心太闹，访友，见面即此开宗明义第一章。不得已步出城关，往柳荫深处钓鱼。孰意才一出城，护城河之水，涸已如带，浑而不清，以视玉蛛坊前，漪澜荡漾者，觉城外之水，益竭泽无鱼也！夫钓亦有道，其为道，吾曾于《都门钓鱼记》中述之。既不能下饵，又不愿遽舍之去，则就已在此将涸垂丝者，就而攀谈。垂丝者曰：“此水在春暮，日可得鱼，间有巨者。比为捕者数罟入之，鱼殆尽，数日且不得。”然则何以钓？曰：“虽老，力尚可为役，儿子辈不忍，午饭后无事，姑来此消永日。”予闻垂丝者言，若有悟，以视太液池边争相投饵，冀钓其巨者，则非垂丝之人，益使我钦慕。

1936年6月15日
《实报·漫墨》
署名闲人

关城

自谣言一变而为言而不谣，处于最前线如我者，惟有付之长叹一声，呸，啐一口稠痰而已矣，尚何言哉！站在最前线之学生，前曾一度辍诵，惟经过良好，博得人民同情。不意内争又起，后方发生可虑之事，青年学子复出游行而演“关城”之举（十三日），此虽未免沉不住气，而同处孤城，同立于最前线，理固宜然也。北平自庚子拳匪曾一度“关城”，直至辫帅复辟，直皖、直奉、奉国等役，十七年北伐，迄塘沽协议之前，屡演“关城”，其时且皆在夏季，城中感青菜之缺乏，城外乃患过剩，凡此皆对于丘八太爷也。自去冬，挟书包，御长衫，旗袍与高跟鞋诸丘九太爷，欲为爱国之表现，不幸而亦演为“关城”，时在冬令，遂开“关城”之新纪元。今又如之，此治故都掌故者所不可不知也。有人推测，“尔后除对丘九容或‘关城’外，只有开城”。则未敢预断也。

1936年6月18日
上海《大公报·非厂漫话》
署名非厂

雨后蘑菇

有人谓:“自牡丹未开，以迄现在，孤城艺术家开画展者，与其谓如雨后春笋，毋宁谓如雨后之蘑菇。蘑菇有小大，艺术家亦有大小，蘑菇视所生之地而味有不同，而各艺术家其工能个性亦有不同，故喻之为蘑菇，确较的当，既多，且各有各味也。至于从旁揩油，求一个扇头，补一点竹石者，则可谓之‘蘑菇渣’，蘑菇渣虽非全蘑，而以沸水文火煮之，亦多少有些蘑菇味，足堪过瘾。”此语未免谑而近乎虐。惟今年画展之多，实属空前。而展览若干日，仅足开支房租或竟不售一幅者，亦大有其人，亦可谓之空前。本来故都人士，同处于孤城最前线，回首向后方张望，则竟有人要唱武戏，使吾人于苦闷失望之余，反不如读读画，看看诸大方家作品，无聊地度此中岁月。一俟一声雷响，雨后蘑菇，或者尚存留几茎?

1936 年 6 月 19 日
上海《大公报·非厂漫话》
署名非厂

国乐

老母病，孙儿女为破床褥闷，凑钱买一无线电收音机。母病曾甚危，经治疗，惟腿不能兴，得此大慰。自是日听有所谓国乐者，颇怀疑。曾闻母谓孙儿女:“何谓国乐?”孙儿有在小学读书者，遽答:“国乐者，中国之音乐也。”母惟蹙眉摇首以为太杂。予虽不谙音乐，而古乐会数数闻之，且曾于古籍求其道。中国乐之存于今者，已合汉满蒙回藏苗瑶与夫番乐，不复纯为汉族之声音。今闻唱片所灌之国乐，既非古乐，又非现存之乐，东西洋乐与汉胡杂糅错综，中不中，西不西，屏心静气听之，无味；穿皮鞋，擦地板，蹈之舞之听之，亦不合，诚不知何以为之国乐。或谓:“世界大同，乐肇其几，中华民国将欲雄飞世界，故有此国乐以示其雄途。”或谓:“此仿佛庚子八国联军入北京，扰成一片，将为不祥之兆。”二者说皆不合。惟即以此为国乐，则我未免怀疑。

1936年6月22日
《实报·漫墨》
署名闲人

端午节

《大戴礼》上说:“五月五日蓄兰为沐浴。”《夏小正》上说:“此日蓄采众乐,以蠲除毒气。”《续汉·礼仪志》上说:“五月五日,朱索五色桃印,为门户饰,以止恶气。”据上列的三说大概自周末已感到这“恶五月”不好过,所以必要“浴兰汤兮沐芳华”(《楚辞》)。朱索五色桃印饰门户,盖众药以蠲毒气了!不过这种办法还是一种希望,所以《荆楚岁时记》上说:“荆楚人以五月五日并踏百草,采艾以为人,悬门户上以禳毒气。”至于《风俗通义》上说:“五月五日,赐五色续命丝,俗说以益人命。”“续命丝”又叫“长命丝”,“辟兵缯”,即是汉《礼仪志》上说的“朱索”,现在通行的“葫芦”。我们就这堆老古董去看,知道先民对于这五月,怕的了不得,大有性命不保之势,所以兰汤,采药,朱索,采艾,弄这些禳祷的无聊办法。现在南中的空气,阴郁得遮断了衡山,我们读了宋韩二位的马电,得到了和兰汤、朱索一样的快慰了。而这出应节戏《战长沙》,是否风雨无阻,此“续命丝”全在西南诸位先生!

1936年6月23日
《实报·漫墨》
署名闲人

未雨之前

黄灾大奖既已不得，迫人端节，又复渐逼。走在街心，立于路隅，瞻望一周，益使人气促口渴，心烦意懒，满城中充满死气。气温达一一八度[1]，燥热之气，沿巷喊“冰核”叫卖。为政不在多言，连日听不到若何消息，一若无为而治也者。说者谓正预备过端阳节，忙于结账，计内外欠，预作节后打算，斯则非吾侪小民所得而知也。吾侪小民，内困于过节关，外困于天时之燥热无雨，麦苗既已失望，秋禾又难于下种，望望南天，看看东海，拍拍良心，摸摸屁股，窃以为天灾已使人求生不得，而人祸是否可以幸免，斯诚太费踟蹰者。十六日大雨，疑云全消。

1936年6月24日
上海《大公报·非厂漫话》
署名非厂

---

[1] 此处应指华氏温度。下同。

最前线之旧都

已沦为最前线之旧都，如在此地居一年以上，即觉其可爱。冬日不特阔人有办法，即穷苦者亦足以御寒冻。夏有冰，冰廉而多，虽极热，年不过四五日，若入夜风来，则只午未时觉灼肤耳。日前偶与外国人谈，外国人谓此地可以“方便”二字赅之，顾何以使沦为最前线，则我面红耳赤，久久不能还一言，惟有付之一叹而已！蜗居在陋巷，多穷苦。日前燥热，群以铺土炕之破席铺庭院。院居五六家，家铺席，庭院为满，男赤膊跗足，女衣短衫裤，携幼稚即席卧。不寐，则以里巷偷鸡盗狗，打学生，关城门，换市长，闹韩侨为谈柄。屋无人，不燃灯火。至午夜，气转冻，则扶老携幼入屋，张其席铺土炕再睡。日为役，血汗市生活，其纳凉无电扇，无冷气间，不用冰激凌，三碗热茶卧庭心。庭院仄，则移之巷口街旁，初无人怪之者。不知此可爱之旧都，将永沦为最前线耶否也？

1936年6月25日
上海《大公报·非厂漫话》
署名非厂

故宫小偷

故宫盗宝，大盗尚未弋获，小盗又起。在各方所注意之宝窟，历经大盗小偷已弄得不成东西，而此次乾清宫盗宝，失去折扇、如意、画马等件。在老于北平之人，因司空见惯，见怪不怪，以为自民国以来，神武门前（即今故宫博物院前门），每日源泉不息，涓涓流出，迄今二十多年，已不知丢去多少。尔时地安门外，鼓楼大街，烟袋斜街等处，一件翠翎管，一个瓷烟壶，几柄宫扇，“鼓楼前”之繁荣（时谚谓最繁荣之地曰“东四西单鼓楼前”）已渊源有自。自故宫大盗案发，其丑恶已被于四表。方冀惩前毖后，大宝既已南运，其小宝不致再有遗失，将与巍峨灿烂之古宫，同伴此最前线之古城，借以少系人民爱护之心，而不致遽尔拱手让之他人。不料此一些小盗，竟尔胆大包天，偷窃残留之神器，致多事之故宫，益为人唾弃，可慨也夫！

1936 年 6 月 27 日
上海《大公报·非厂漫话》
署名非厂

俯瞰鼓楼大街（赫达·莫理循拍摄于 20 世纪 40 年代）

这年头

我有位朋友，他是卖“黏糕”的。他的黏糕是自买黏米，自己磨面，自己调制，所以他制出的东西，又洁净，又黏，因此人都欢迎用他的东西，他的生意也就不太坏。端节的后一天，我会见了他，他手提着黄雀笼，执着蒲葵扇，在街上闲蹓。我问：“这节生意好?”他很干脆地说：“好什么?！就和连日的天时一样，热起来使人夜不能寝，晨起又冷得穿夹袄。我往年至少要卖两包米的粽子，舒舒服服，安安稳稳地过端阳节。今年我本也觉得有些不妙，所以我才预备一包米，只有靠住‘熟主顾’来照顾，不想我这些熟主顾，他们都为经济压迫，竟自也紧缩起来，应节的粽子，消灾祛毒的粽子，紧缩得只买三两个去点缀，因此这煮熟了的粽子，倒剩了一大半不曾卖出。您说这是什么年头？就这样下去，我大概也要去拉人力车!”我说：“给谁乘呢?”他也笑了。

1936年6月27日
《实报·漫墨》
署名闲人

酒后看戏

非厂不才，所为文颇不蒙大人先生唾弃，以为孺子之可教，辄从而加以赐阅，加以斧削，加以指教，甚而不肯直接呼之使来，加以耳提面命，而间接示意于友朋，加以警告。此在报屁股上写短文，十余年来所足为快慰而自豪者也。自宋韩两先生发出马电，呼吁和平，蒋先生梗电[1]力避“内战”，此在国防前哨之我，以为洞庭之波可静，衡岳之云顿开。于是约至好数人，在寒斋大吃其白干酒以示欢祝。三杯入腹，不禁将满腹牢愁，一时为酒涌出，滔滔然话剌剌乃不能休，最后出其“断然”手段，而付之一叹。时杨小楼、郝寿臣正演其好戏——《战宛城》，刘砚亭则演应节戏《战长沙》。数人乃相约聆杨剧。比至，《战长沙》方开始调兵遣将，我辈以饮酒过多，心热头痛，顾视欠清，只觉锣鼓喧阗，迷蒙模糊。方始知酒后看戏，盖别有风味也。

1936 年 6 月 30 日
上海《大公报·非厂漫话》
署名非厂

---

[1] 梗电：旧指二十三日发出的电报。

明朗?

自南疆放鞭，丰台跑马，此间的情形，似乎比通电、关城还要紧迫些。而沙漠王的“那个”，尤使所谓穷酸的人们关心。以为外患如此紧迫，而内忧迄在那里跑驴，这非促成提早实现作亡国奴不可！丘九太爷们，考试的考试，放假的放假，清冷了游泳池、电影院。至于太阳西下，电炬乍红，西服短裤，半臂内衣，手挽着她在街上闲蹓的丘九太爷们，这大概是暂时无意离去这座古城，而优游地度他们这甜蜜的生活。但是在警察老爷们看着，这大概不会发传单，开什么大会。基于以上的情形，娱乐场、饭馆、澡堂、市场、书铺……都在那里闲坐着，随便谈谈天津的辅币，丰台的抓毒和街上卖私货的叫喊声嘶，都成了阴郁的状态，而有待于什么“明朗”?!

1936年7月8日
上海《大公报·非厂漫话》
署名非厂

烧煤球

日前大雨，平西八里庄，平北沙河，点滴未见，农夫无不叫苦。“麦秋”既已歉收，秋禾复仰首望望皇天，俯首视干旱后土，雨露之偏枯，一至于此，无怪人事之不均也！“煤球”五十斤才大铜元四十一枚，母妻子女四口，为人役月入十五元，不折不扣不衍期。赁西平房两间，晨晒，惟早起。升小煤炉，俟红，煮水两壶供盥沐泡茶。乘火力未歇，蒸早餐。火渐微，又煮一壶水供午茶。添煤，俟将红，以铁钹盖之，俾延时不息。午后四时开其钹，火续续然，渐旺。煮米饭，焖扁豆，煮水供饮。度今日非星期六，为役者不得归。视其炉煤尚畅盛，倾其煤于地，以冷水注息，备明日复用。如是用煤球，每月尚须占十五元中之六七角也。而大人先生每月厨房由秽土车倾出者，实足供此数家之用，且谁复肯为煤球而如是之麻烦者。

1936年7月9日
《实报·漫墨》
署名闲人

煤场送煤球的伙计

北平灰尘

北平这地方，毕竟是好地方。节令到这时候，而气温并不高，正午庭院也不过七十多度，清晨如果穿一件杭纺裤，还觉得冷津津的。至于建设方面，也逐渐地改良和兴筑，更不用说那巍峨灿烂的宫阙，碧澄澄的太液池和俨同外国的东交民巷！据最近的调查，月来空闲的房间渐少，而较为洁净的旅馆，大部分都住满了客人，去路虽不明，来踪由平浦、平汉来的，格外多。以这么好的地方，为什么沦为国防最前线？这真是令人痛心的事！据一位乍由汉口来的朋友说："此地除掉灰尘太重，什么都是好的。"这话的确不错。不过以我这久住在北平，虽在当年红光飞机结队来游览的时候（塘协前二三日），我也要与城俱殉。那么，这点灰尘，我希望它永远在我的头上吹着。

1936 年 7 月 10 日

上海《大公报·非厂漫话》

署名非厂

飞机与坦克车

在我们贵国的小说里，时常看到“一道金光，驾云而去”，“一跺脚，驾起趁脚风随后追赶”。至于孙悟空的斤斗云，神行太保的甲马，那更是展眼腾空，瞬息千里。我们居在故乡，丰台的外兵，曾在昨天（八日）驾着大坦克车四辆，小坦克车三辆，大汽车九辆，由丰台经过南苑，在下午二时，进入广安门，来故乡游行。他们的游踪，是由广安门大街至先农坛，出永定门不久，又入永定门，折回广安门大街，又出广安门。这大概是游兴未阑，不久又入广安门，直至前门大街，今天还要继续游行。我们因为是“友”军，不过像木鸡似的呆呆望着他们。而同时南疆的爱国飞士，通电到平，八九架飞机，一道金光驾云飞来，异动的人们，只可惜没有人会驾趁脚风，不能腾空把它们抓回来。唉，我们站在国防前线，遭受着这样的出进自由，读了通电，似乎使我们稍得着一点安慰！

1936 年 7 月 12 日
上海《大公报·非厂漫话》
署名非厂

跟主

“跟主”者，妇人贫不能为生，出为人佣，俗谓之“跟主”。谓所跟曰“宅门”，阔宅第则曰大宅门。北平女佣向别为二，概以双跗为别，缠足者谓之“蛮装”，天足者则谓之“旗装”。世家大族在昔鲜用三十岁以下者，今则年过四十，往往斥其倔强，不肯用，而“上炕”者尤有别。凡精于“跟主”者，初到宅，向“试工”三日，主人询住址，即故言距此辽远，如主人居西单牌楼，则故谓家住朝阳门外某里某门牌。询年岁，度主人所喜，活动言之。人好洁，此二三日必勤必洁。审主人所嗜，必投其好，此跟主者认为喜跟主之所为。其不喜见故反之，或称某役不能，某作不工。友人佣一妇，近十五年，初来未及三十龄，始终如一，视家人无殊。友尝举家远行，此妇居守无差误。当塘协前红光飞机游览平空时，友复避嚣翠微山，亦此妇谨守门户。今此妇已娶媳，子迎归，友家如失主妇，可谓难得。

1936年7月13日
《实报·漫墨》
署名闲人

过夏

日前与黄宾虹先生饮于市楼，先生谓“在北平过夏，可谓幸福”。时傅沅叔前辈在座，谓“北平不特夏日好，冬日尤好，以气候论，远非各地所及”。同座者和之，而其转语，则不免一致其唏嘘！吾尝考北平过夏过冬之上中下三阶段，今请略言夏与下。凡下层社会所居多古屋，庭院皆宏敞有树木，一院七八家，日出为人役，以市其血与汗。庭院虽七八家各具煤火，只晨炊晚饭炉火畅旺，余歇息。日间妇孺即树下铺芦席，事补缀，间作午睡。入夜转凉，夜蒸热年才不及十日，约在大暑节前后。为工役，自午迄未向休止，谓之“歇晌”。即墙阴树下曲肱而睡，睡醒则大碗热茶数碗，鲜饮冷水者。饮冷水惟三伏，所饮拒自来水，井泉才汲出未落地者，谓祛暑。饮白干酒，食大蒜瓣，汗虽涔涔，淌不已，而暑气尽涤也。

1936年7月13日
上海《大公报·非厂漫话》
署名非厂

《三藏经》

那座大破落户（故宫），家主既没有底账，经大盗小偷……仙子我们跑到那里去，像王先生似的“看看”，什么好画都没有了！古物陈列所，虽南运的东西不曾转来，但是未运的东西，却还大模大样地在那里陈列着，而尤其是福氏古物馆的东西，反倒公认为已经安全地带（金陵大学）搬运回这座孤城落日的古城里，这种气概，真值得我这大书而特书的！《三藏经》[1]的版本，宋刻之后，历了元朝，到明初才据宋版又刻。清雍正间，因为版本已坏，又据明本重雕，共用铁梨木长二尺，宽尺四寸，厚五寸，七万八千二百余块，经过了十年，到了乾隆才把经刻成，版因为庋藏的关系，是两面刻的，不然，就要用两个七万八千二百多块了。这版一向藏在武英殿的后面，后来才移到柏林寺[2]的，但是除了奉旨恭印，是不能随便印的。似这种伟大的工程，现在倒还伴着这古城，给我们壮胆量！

1936年7月19日

《实报·漫墨》

署名闲人

[1] 《三藏经》即《大藏经》，其内容主要是由经、律、论三部分组成，故称《三藏经》。

[2] 柏林寺：位于北京雍和宫大街戏楼胡同。建于元至正七年（1347），寺内保存的《龙藏》经版，是中国释藏中现存的惟一木刻经版。

眼福

我尝谓北平一隅，如果居住到三年五载，至少总可以“开眼”，至于所开的眼福如何，则全恃居者能不能耐着性子去等！在居住四十年间，可以看到“保清灭洋”拳匪的杏黄旗和大红衣裤，左手掌着迷魂帕，右手擎着红灯的女拳匪。而同时联军入京，两宫西狩，“大德国顺民”的白旗，随着东倒西歪的死尸，在街巷上陈列着。而大总统要做皇帝，大典筹备得辉煌矞丽，议员老爷们出入韩家潭四圣庙，辫子兵放炮，曹三爷关门，北京城改号，各衙门楼空，这都是治北平掌故的文献足征。至于学生饮弹，故宫盗宝，飞机下蛋，开炮关城，尤其中之小焉者耳！自北大营号炮一声，三省不守，长城相继塌陷，避暑山庄不复为我所有，于是眼福打开，巨型机轧轧之声，习以为常，恬不为怪。一九三六式的唐克车[1]，也于暑热中薄游故都，供吾人观赏之用：这不能不说是各地所无的眼福！

1936年7月19日
上海《大公报·非厂漫话》
署名非厂

---

[1] “唐克车”即坦克车。

水涸

北平，向为谣言之产生地。迩来谣言已失其重心，其产量乃随日月而低降。自王先生来此看看之前，而南疆动荡，谣言大有熏风南来之概。王先生既看看之后，昆明湖上又增不少游人，而苦旱不雨，适与山洪暴发，永定河水位陡增，咸成为畸形状态。我好钓鱼，环北平之护城河，鱼最鲜美，每当夕阳在山，携渔具，即苇草深处投饵，遥望翠微山，红光漫天，反映山巅丹崖若火，一若亦不堪夏季之酷热者。今年旱，不见甘霖，河水浅涸，鱼径数罟，瘠而小，钓久久才得一二尾，非再养之二三年，不能下酒。太液池为禁地，垂钓须纳资，纳资且不能任意钓，钓得较巨者，尤须纳之太液池管者。惟以池水来源不畅旺，水亦不深。此若令王先生看看，当亦无办法也。

1936 年 7 月 20 日

上海《大公报·非厂漫话》

署名非厂

毒窟

“白面房子”者，毒窟也。其为威，视清时“黄带子”（宗室）为尤受地方官警优容。吸“白面”者皆中国人，作毒窟牙爪，为虎之伥者，亦皆中国人。中国人之所以为中国人，吾乃不忍言之，言之心滋戚也。电门铃之按钮，木制者买价才一角钱，日中失去，积三钮，入“房子”作价五分，易“白面”一小包，暂过瘾。街门，庞然大物也，黄松制，宽尺有六，失其一于午睡正浓时，报警，警无如何。不二句钟，有人自“房子”执三指宽白纸条来，云：“欲赎此，持五角钱来，不则半开门，无悔。”再报警，警翻责失者不小心门户，致失门，谊自取赎。小儿在门前玩耍，忽失踪，北平向无绑票者，举家惶急，则来自“房子”者又持纸条叩门，谓：“有人以此子押二十元，我以小儿哭之急，不忍，特为送信，速取赎，无犹疑！”失者习知警无力预此事，恳送信者说项，结果以十五元赎归。是皆瘾士之所为，可为痛恨者也。

1936 年 7 月 21 日
上海《大公报·非厂漫话》
署名非厂

壮举

故宫诸物，自入民国，仅点查一次，所查点亦不过几件桌椅，几张字画，初无详册。自皇帝出宫，迄大盗小偷之后，偶自神武门入，除巍峨瑰丽之古建筑，与夫花梨紫檀桌椅几案外，所余只青葱草木，与蔚蓝天色，同伴此古城，耸立于“战区”“伪组织”之前而已！古物陈列所虽南去诸物，依然蜷伏于暑蒸潮湿之地，而三殿所未曾南游者，尚有几件足为过瘾。武英殿福氏诸物，且有自所谓安全地带（金大）移来者，此其壮举，颇为人所钦佩。自唐克车两游古城之后，蠖行之迹，马路上乃留有深刻之印象，虽人民不免俯瞰辙迹，触目惊心，而古物陈列所竟敢于此际，辟其西偏殿，供一般研究古物者，得按所定规章，请求取出所欲研究之物，在此详细研究，是又孤城落日中不可不记者也。

1936年7月22日
上海《大公报·非厂漫话》
署名非厂

矛盾

北平连日的天气，确已好转，虽不曾有甘霖，而吹一阵旱风，响几声闷雷，而确有一阵两阵过山雨，俾人们暂得一点风凉。这种劲儿，只有这座古城才有，只有能安心地住在这古城的人们，才有这幸福，领略这种味道。北平有句俗谚："冷在三九，热在中伏。"现在正是初伏的天气，爽朗多风，在天气上除掉觉得干旱一点，大概暂不至有什么困难。不过香港、广州的电报，弄得人头晕目眩，仿佛像患"虎列拉"[1]一样——上吐下泻，绞作一团。至于缪培南枪决后而又通电，某某太太姨太小姐少爷少奶奶携细软来港，而此间代表又否认……虽在这好转的天气，也觉得兄弟阋墙，损失国力，是互相矛盾着。

1936年7月23日
上海《大公报·非厂漫话》
署名非厂

---

[1] "虎列拉"：急性传染病霍乱（Cholera）的旧称。

还是北平好

北平这地方，无论从哪方面看，都是好的。天津卫那个地方，虽平津并称，但是比起北平来，真有天渊之别。有人说："这话是不对的。哪天您如果去天津，直可以不用去住旅馆，您把所应办的事办完了，大可以逛趟中原游艺场，那么，眼睛所未见的奇形怪状，至少总有些射入您的眼里。天如果太热，您不妨找一个您所乐意的屋顶，风儿总是飕飕地吹着。天津的澡堂，是在夜里三点钟开始营业的。您屋顶乘凉，觉得倦了，您尽可上澡堂一睡，一直可以睡到九十点钟，您再去办您的事。那么，这一夜的旅馆费，岂不可以省下？您如果在性的方面觉得'那个'的话，那么在日租界里无所不有，并且那里的澡堂，您只出一元钱，即可以一间房男女同浴，而您'那个'的问题，也解决了，又省了旅馆钱，岂不比北平好？"我说惟北平不可以那样，所以北平是真好！

如果进山玩水，要觅诗材的话，那么，逛的山水多了，愈觉得古人的诗，古人的画，是得大自然灵淑之气，句句笔笔，都有来历，有意境。我是喜欢研究宋朝画的。我到了雁荡山，觉得宋朝死板板地勾勒，涂上些重浊的颜色，真是不足以表见自然界的伟大和绚烂。而看到南边独头的水仙，石边的兰草，知道赵子固的白描，确是从李龙眠得笔法，非此法不足以写出的。到了南京，日间往"美展"去工作，晚间给朋友画几幅画，南边为产纸之区，但是偌大的首都，竟找不出可用的纸来！弄了两管紫毫笔，还是北平作的。友人劝我到南京住。我觉得任何也比不上北平好，而尤其是在我这求学上！

1936年7月26日
《实报·漫墨》
署名闲人

打群架

两方约集多人，各徒手或持械约地决斗，俗谓之“打群架”。北平庚子兵燹前，随处随时有之，辛丑而后，警局立，此风渐戢。尔者，又有所谓“打群架”者，殆各项复古，独此岂宜阙如也欤！犹忆吾曾见打群架者，一方为邸第之“车班轿夫”，一方为“黄带子”与“库丁”，双方各约集数十人。先约：手搏无持械，正午会于南下洼之瑶台。至期，双方咸集。首由所谓说客者居间，历可一时，调停已不可，于是数十人各狂詈，詈愈力，至不可耐，一人先，人乃搏作一团，历时才“一袋烟时”，胜负见。说客又居间，又历可一时，决裂，又继之搏击，负者遂鸟兽散。越数日，又约集，又居间，又斗，负者胜，居间者调停始已。“一袋烟”者，昔日计时之语也。当殴战后，仁人怵于死伤之枕藉，与夫杀人利器之日进无已也，颇主为复古之战，两国只各推一人为选手，当众搏击以决雌雄者，其为术诚至仁矣。然则尔日之“打架”，宁不谓之复古也耶？夫所谓“车班轿夫”也者，邸第所佣之抬轿夫与车之随员也。“黄带子”也者，带作杏黄色，示其为清宗室也。“库丁”，则库银缎腊等之下役，其力足以左右下级社会，皆其时势与力之不可辱者，然恃强凌弱之举，则耻不屑为。

1935年7月31日

《北平晨报·闲谈》

署名闲人

卢沟晓月

自唐克车两游古城之后，“琼岛春阴”已蒙鉴赏，而“卢沟晓月”，尤为燕京八景之一，当此浑河（即永定河）水涨，漪澜与皓魄交辉，此虽在我们久困古城者，脑海中尚不免有吴秀才两战卢沟桥，而况他人。可怜卢沟桥、长辛店一带居民，正在好梦方浓，忽由梦中为隆隆之枪炮声惊醒，初以为浑河水涨，河务局鸣炮枪护，继以为南粤收复，鸣枪庆祝，比月落日出，门缝窥觑，不禁一块石头落地，原来卢沟踏月，兴阑试放烟火耳。好在卢沟晓月，任人欣赏，而天际荫翳，尚未朗明，人已见惯，事非非常，而又何况烟云过眼，浮生若梦，一切宜付诸达观也乎？

1936 年 8 月 6 日
上海《大公报·非厂漫话》
署名非厂

官家艺术

曾记某岁有拆梁之事，书之以见官家艺术。向例：建筑土木，皆须事先拟具图说，呈报官家审核察验，发给执照，方可兴工。北平有类似于王麻子、汪麻子、旺麻子者，于远处为扩充营业计，鸠工建屋设立分号。事先按例拟具图说呈报，发照兴工，比落成，时尚未兴掷瓶剪彩之礼，复呈官家，请覆查。比查，前前后后、上上下下、左图右说，审视有顷，遽指巨梁，谓此未列图说，不合，宜拆除法办。房屋无梁，不能立柱，此旧屋改制，旧所具，未入图说，故指不合，再四说，不可，非立拆除不可。铺东非如王麻子之穷，手眼亦匪细，非如平民之令拆除，不敢不遵，然事至此，前台人乃不知后台如何勾脸扎靠。比锣鼓动，照常开市，梁乃无不合，所不合特五百元无法落账耳！是可见昔日之官家艺术。

1936年8月8日
《实报·漫墨》
署名闲人

男女分泳的结果

中南海公园游泳池，自奉官家命令：自本月三日每周一、三、五上午为女子游泳时间，余为男子游泳时间。施行后，长期票、家庭团体票，均感男女分泳不便，纷纷退票，观众及游泳者亦锐减。有人警告该池，谓："现当男女平等，大选且然，何况游泳？顾在时间上，何以女子仅许可在每周一、三、五上午游泳，而可贵之星期六、星期日，与夫星期二、四日全日，星期一、三、五之下午独为男子所占？天下不平之事孰逾于此，岂非重男轻女！"该池既奉官家命令，接此警告，虽自八月八日起，改为每日上午为女子游泳时间，下午为男子游泳时间。而同时在捧官家的人们说："自当局勒令该池实行男女分泳后，长期的游泳者，均纷纷退票，观众也大为减少。这种现象真使人莫名其妙。游泳是为健身的，这更证明当局这次处置的得当！"（这是原文）但我在一个下午去看，还有几个黄头发、碧眼的姑娘在那里游泳！

1936年8月13日
上海《大公报·非厂漫话》
署名非厂

大同府的锅釜

这几日天气变得特别快，稍隔一夜，居然凉爽得不得了。天，真使人莫测呀！大同府那地方，很有许多特产，它那里的铜壶，薄薄的铜胎，葵黄的颜色，容水量特别大，而体重甚轻。它那里的铜锅，也有同样的美，砂釜用来煨牛肉，更是美不可言。这些东西，都是我家所有而欢迎着使用的东西。天如果是永永地保持着这凉爽，不冷也不热，那我用铜锅煨小鸡，砂釜煮牛肉，铜壶煮甘泉，泡上些茶叶末，奉我的老亲，使她老人家度此残年。但是现在的变换，恐怕比“六月雪”那样反常还要厉害。按常理也不能永永保持着不热不凉，而又何况是……所以我对于这铜壶、铜锅、砂釜，很想多存他几件，将来一定比炒榛子、关东烟，还要珍贵！

1936 年 8 月 15 日
《实报·漫墨》
署名闲人

多碰钉子

世运会我国选手这次“泄气丢人”，本来在意计之中，这只有责备主持其事的，事前太欠筹备，太没有组织，并不仅在这些位选手的技术上的种种。大概我们贵国人，非到钉子碰到南墙上，把头颅撞个大窟窿，流了满面的血，敷上许多刀创药，在日夜里喊痛的当口，才觉得誓要发愤雪耻，誓要不顾一切地埋首苦干。等到事过境迁，血也不流了，脓也出了，创口也平复了，虽他那副尊容上还存在着那块瘢痕，但是早已把发愤雪耻、埋首苦干……全抛入九霄云外，而又沓沓泄泄地生存着。越王勾践的卧薪尝胆，正是表现着沓泄健忘的心理。我们贵国什么事都是如此，不仅是世运这次碰钉子，就以世运论，大约这种钉子，至少要碰他三五回，瘢痕上又揭了瘢痕，又流了血，又日夜里喊痛，或者几十年后，不至于预赛落选。

1936年8月19日
《实报·漫墨》
署名闲人

金钱之力？

盱衡大局，虽仍未可乐观，而连日阴雨，已足为亢旱之忧。至于是否由不旱而潦，而阴雨为灾，而山洪暴发而几成泽国，则全恃抢险工程金钱之力，然则大局亦仍独不然，本来金钱之力至伟，旋乾转坤，化敌为友，仇为恩，干戈为玉帛，今请言无金钱而役力为食者。锦什坊街有某成衣铺，成衣铺制衣，其不甚关技术而工繁重者，向由贫妇为之，谓之“缭边”，每件计价二三十枚，工不精不用也。有少妇某，为此成衣铺“缭边”。妇美，工精而速，其父不能养，恃十指养姑赡家用。工三四日，得价一元，无倦容，无怨色。某成衣铺谓予：“此妇处兹世，独肯恃十指为生，不为金钱所动，甘于贫，求之今世盖寡。且每次取衣送衣，虽粗服必洁必整。所为工精而速，从无衍斯，故乐以佳制与之。”予闻之而惊，顾何以士大夫又视金钱如彼也！

1936年8月20日
《实报·漫墨》
署名闲人

行对行

“行对行”很有一种黑暗手段。有甲家澡堂，欲出倒于乙，磋商甚久，乙故不决。在某日之下午四时，突告甲，谓如约立字，定于某处出中人签订。约既成，限即日下午十时交接。时已近八时，甲尚与乙商酌，而乙已预派人前往接收。限旧有人工于本日十二时前全部离开。自谓此办法不可谓不密。比接收完，旧人去，而火道已塞断，井中已抛入两头枕之谷糠及巨大之木。于是修火道，淘井污，三日工不能竣。此“行对行”之辣手段也。吾在报社任编辑，工人与校对若不协，其彼此开玩笑，真有不可思议者，而校对每不敢开罪于工人。“一校”剔除错误后，“再校”已错者虽改正，而未错者又错矣。“三校”即又错者又正之，视无讹误，比付印则又错矣。致校对疲于奔命而莫可奈何。同行是冤家，意盖指此。(昨日《画展又见活跃》一文，原稿不误，刊出竟误“徐君”为“徐儿”，我只有向徐君抱歉！拙稿用复写纸可证。)

昨日《漫墨》，徐君燕孙句中“君”字误排，合行更正，并向徐于两先生道歉，希为亮鉴！

1936年8月22日
《实报·漫墨》
署名闲人

用字不妥

忙人先生遗我书，谓“所述某妇人‘缭边’一事，缭当作縠,《书费誓》‘善縠乃甲胄’”，诚然，可谓一字师。犹忆王晋卿前辈在日，曾谓我：“汝文似可造，用字多欠精密。”意盖指我喜用俗字，欠古雅也。不意忙人先生于百忙中有此闲情，肯竟示我，敢不拜受。有少妇某，系出大族，曾三嫁三离，而友之者翻日众，所为友非昔为处长、经理，即曾充咨议代表，而年事在五旬者之下者寥寥。妇处于其间，皆使其各如其意，虽斑白者之间，不免于猜忌，而妇坦然无物我彼此之分，壹其视。以故咸乐就之，愿出其请律师分家产、纳子妇、嫁少女之余资，为之争献香粉、衫履、沙发、铜床、镜屏、蚊帐、电灯、坐桶、草纸之属。虽明知拉车小王壮健雄武为妇所优遇，而老年人心与力违，顾不能挥之使妇不用。每遇小王，则惟频摇其斑白之首，示不屑于与接而已。此文若令晋卿前辈见之，当更责我。

1936年8月26日
《实报·漫墨》
署名闲人

太平？！

中元节日北海公园特别闹热。本来当此河清海晏，天下太平，胡人既不敢南下而牧马，士又何苦弯弓而报怨，那么中元观灯，似乎不可无此点缀，借以鼓舞升平。是日午前，当局诸公在天王殿追悼阵亡将士，此不能不说较有意义。下午放河灯燃烟火，则一变午前沉痛悲壮的空气，而为红男绿女皓发童颜与夫贩夫走卒小绺野鸡游观之所。真是偌大的北海公园，虹样的长廊，人挤得摩肩接踵，水泄不通。那几处可以坐落喝一杯甜甜蜜蜜，吃一盘小小窝窝头的地方，久已人满为患，后至者每多向隅。身入其间，看看人们的面上，揣摩人们的心理，大概把什么事都忘掉，恨不得挥鲁阳之戈，把那片残阳快快地赶了下去，而希望着河灯烟火一时演出来。比及烟火河灯正来得起劲，忽然霹雳一声，据说是暴徒的纷扰，人们经过了这二三小时的扰乱，才觉得此地不大太平！

1936年9月7日
上海《大公报·非厂漫话》
署名非厂

枯竭

夏秋来的亢旱，虽在前日受了台风的光顾，而得了一场风雨，以资挹注，但是对于大局，仍是枯竭的，不见得怎样滋润。本来在这既穷而且多病的地方，绝不是一场台风的照顾，而显出什么繁荣。虽则义务戏而至于卖满加凳，星期五的夜戏，上星期六即买不着前排。但这是病态，是狂热，并不是什么合理的现象。我们听到黄河暴涨，永定河不定，那么，天气如果再冷一点，这地方一定更枯竭得不得了。好在李白的诗兴，已不必“踢翻鹦鹉洲”，在西南方或者不至于流血。那么除掉忙着再多造就些要人，再忙着弄弄大选，在那万分无聊，偶尔替这枯竭而又多灾多难的地方，想想办法，或者也许是事理之常。因为这地方复杂已到了万分，办着固难，而一任其枯竭，则又未免可惜。

1936年9月8日
《实报·漫墨》
署名闲人

宦海沐浴

在昔以为吃花酒、抽大烟、住局、赌钱、捧戏子，是没出息的事，而现在却不然，差不多谋差事，求情托以及军国大政，都借着这种场合，所以如果是不在这上头用点功夫，那么，只好蹲在家里仰屋兴嗟。我有一位高足，他镀银之后，很有些抱负，但是关在家里一年，没得事做。有位明公指点他，他果然聪明，一隅三反地干起来，才渐渐地被大人们重视。因为打牌替和了三番，居然局长大人充起来，一溜烟的汽车，躺在里面终日价忙。他那位太太，太不高明，不能迎合老爷之意，被老爷解决，而新太太两位，我觉得只有神出鬼入，而竟已上台，环肥燕瘦，各具体态。这样在过去的五六年中，不知如何，我这位高足失了事，大概是仅以身免的跑去北平，找到我，本来他仪表非俗，又加上镀银，自然很够官家的式样，不意竟像落汤鸡一般的，相对痛哭。好在他那位旧太太还不念旧恶，他忏悔得只有痛恨。

1936年9月17日
《实报·漫墨》
署名闲人

刑法

自从新刑法兴起来，所最受利益的，要算奸夫淫妇、巧取豪夺……这些人们。这话虽不免有些偏激，但是身被九条命案的人，他到现在已经三年，还从从容容地在那里上诉。日前在大风堂谈天，主人说："有一位候补老爷，被他那管家给敬了一个嘴巴，老爷气得不得了，送他到有司衙门，衙门把原告传来堂讯，按新刑法只科管家以罚金二元。这位老爷当堂也摸出两块大洋，向公案桌一放，挨近身向有司大老爷脸上敬了两个嘴巴。有司虽怒，但援例而莫可奈何。又粤东有某甲，妻与乙通，被甲双双抓将官里去，比审问，二人皆出于情愿，和奸罪极轻，当堂开释。甲默无一言，下堂急向衙门后院跑去，官役执讯，甲大声喊：'我去找官太太和奸去！'"此二事皆传为笑柄，不可以不书。

1936年9月18日
《实报·漫墨》
署名闲人

可以观剧

友人某君喜听戏，剧场中最近三十年，某君言之尤详。日昨过我，言剧场事剌剌不能休，一若不自知节关之迫与夫严霜之将届者，予颇不能奈，唯唯而已。友觉，正告我："君勿徒然，戏剧之中人，有甚于小说。人无不知关壮缪与岳武穆者，人且知武穆之为武穆，且有至艰于关壮缪。若秦桧，若贾似道，若潘洪诸人，人且欲得之而甘心。诸如此类之忠义奸邪，人得于小说者究不得之于戏剧之中人之深。今人非不知节关之紧迫，与夫严霜之逼人。徒以心灵上稍得一种最低之安慰，不得已方始涉足剧场，借以观剧中人之抬手动脚之为忠为奸耳，夫复害！"吾聆言，觉大可以观剧也，特为志之。

1936年9月29日
《实报·漫墨》
署名闲人

无线电

我老母在春间患病，小孩子们凑钱买了架无线电匣子，这匣子直到现在还没坏，我因之才得获聆所谓“国乐”也者。自梅博士来唱戏，这种匣子据说装安得更多，这是坐在家里可以听博士戏，又不用去挨挤买票，更不用去托人买前七排，这真是过戏瘾的好工具。不过我想有这种好工具，正可利用它做一种知识上的灌输，或者政治、法律上的一种宣传。似不宜任那些低级趣味，如同大鼓书这一类的“宝玉探病”“王二姐思夫”……也利用它大唱起来。可是现在的事实告诉我，却正与我这理想相反。早晨唱过了《关王庙赠金》，午间又唱起《乌龙院》的阎大姐和张三郎，下午又接着唱《翠屏山》带“风流焰口”，而“大奖专家”“眼镜大王”“抓髻赵”“大白菽”等等，这只有使我闭了电门，不许孩子听。

1936 年 9 月 30 日
《实报·漫墨》
署名闲人

足疾可以已愈矣

客有自称善治脚病者来寒斋。时予正苦闷，读梁任公所集宋词楹帖。亟延客人。客年二十许，戴美式灰呢帽，故凸其顶。衣阴丹士林长衫，足蹬礼服呢千层底鞋。予长揖，客还以抱拳。饷以香烟，客狂吸。叩客何所自来，自言："阅《实报》得悉患脚症，家蓄秘方药，专诚为闲人治脚。闲人为名流，获此疾当良苦，特不自揣，不远定兴县而来，下榻于大磨盘院某公寓。径赴实报馆，探询居址，蒙馆中开示，遂来此。"予大惊，以为末疾致劳自定兴来，心感不知将何以为报。因详询所居在定兴城内外？何所职业？来平除为予治脚外，是否尚有他事？前者咸唯唯，后者乃独曰专为治予疾而来。予益惶恐。时予足疾已愈，径告之，客颇不怿。比客去，予以其言不类定兴语，鞋底且无黄土泥，乃径往大磨盘院访之，竟未觅得该公寓，因书此志感。

1936 年 10 月 16 日
《实报·漫墨》
署名闲人

靠天吃饭

自半日半夜的大风，吹得穷人身上战抖，心里盘算如何弄棉袄御，而天气忽转为朗晴。但是冷的味道，却只会一天一天地加浓，不过使人们得以缓一缓这口气，而再开始怎样对付这严冬。这大概捏着两把汗，咨嗟太息而没有办法的，总该不至于人数太少！我有位朋友，他是走过东西各国的。在那天大风里会着他，我和他谈起以上的话来，他说："这不足为异，各国的大都会，到现在也是一样因失业而号寒啼饥的，吾国那更不能例外。"我听了这话，很不高兴，或者他说的是真的，或是有激而然。他又说："当他来的当儿，很听一个小贩模样的人和一人走着说：这一天风，我不能做生意，我家也只好喝西北风。你想这种靠天吃饭的人，在这种时代，怎么不啼饥号寒？"

1936 年 10 月 18 日
《实报·漫墨》
署名闲人

洗脚药方

日前患脚症，除过承来自定兴之吕君贵三（前忘书姓字），我已为文志其感谢外，计一月来所得国医药方，有十种之多，且有远自开封、太原、天津寄我者。末疾致劳各方读者关切，感且不朽矣。我不通医，我现在整理一部分洗药方，是我所试者，计方有四：（一）大腹皮五钱，空莲壳三钱，艾叶三钱，地骨皮五钱，苏薄荷三钱，赤芍三钱，藕节二钱，葱棍五个。（二）赤石脂一两研末，黄柏四钱，甘草二钱，白芥子去油研四钱，卜（薄）荷一钱，防风二钱，川栋子研三钱，槟榔片一钱。（三）干生地，白芷，蒺藜，羌活，透骨草，全当归，防风，荆芥，草乌，地肤子，祁艾叶，川乌，川椒，乳香，粉甘草，以上各三钱。（四）牛膝二钱，透骨草四钱，川乌三钱，当归二钱，连翘三钱，艾子四钱，川椒四钱，茜草二钱，草乌三钱，苍耳子四钱，荆芥三钱。以上四方，我挨次试过，遂愈，因抄录布之，以供参考，兼志谢忱。

1936 年 10 月 19 日
《实报·漫墨》
署名闲人

霜降迫到了头上

可怕的“霜降”，已迫到头上来。我们除对于食的问题，是抵抗这严肃的霜降的内部工作。那么防寒的工作，在这种深怀疑虑的空气里，至少也要有一个相当的防备。万不至于像过去的那一年，马马虎虎的使那严霜那样的逼人。这是当前一班穷朋友所应当打算过冬的。“拉车人多坐者少”，虽是这座古城的一种现象，但是卖卖精神气力，谋个暂时的过冬，或不至于太没办法。而另一面在救济方面的政治家、慈善家，在今年也特别努力。本来这山穷水尽的穷朋友，我一方面在同情着，而在设计救济的老爷先生们，我也非常钦佩他们今年的特别努力。我曾在“霜降”之前，打听打听各方面，觉得不至于太悲观。

1936 年 10 月 23 日
《实报·漫墨》
署名闲人

伺候人者言

“伺候人真不容易，尤其是现代的小家庭。当老妈子的，本来是和太太接近，但你绝不可因为太太对于老爷那样，而你也从而对于老爷有些马虎或倦怠。你总还是当老爷在家之日，而要有些不即不离地伺候着，那么，自不会招老爷生气，太太不愿意。你如果对于老爷殷勤些，自然太太就有些不高兴，你如果对于老爷有些倦于伺候，或是怵于伺候，这不但是老爷不高兴，太太也有些不痛快。那么，你如果处处尊重太太的意思，而为太太所乐意地伺候老爷，这虽不能太招老爷喜欢，而太太方面总会不成问题的。夫如是，你这伺候人的责任尽了，你还不至于落了什么批评而可以苟安着伺候人。”这是一个老妈子对我讲的伺候人之道。我觉得她的话很有些时事的眼光，不妨把它记下来。

1936 年 10 月 24 日
《实报·漫墨》
署名闲人

看红叶

日昨友人约我赴西山看红叶，日期定的是二十六日。我因为这日期的干支不宜出行，而且我也不像诗人那样的有清兴。我觉得自这一天起，起码十天，莫若关在电影院里去打盹，轧轧的机声，漆黑的空气，倒觉暂且避一避。但是影院一天只开两三场，究属不妙，不如跑趟广和楼，听他几出大武戏，还要坐近文场，使他们敲得锣鼓，震得两耳有些发聋，那才是好。但是这些戏场，都没有早场，还是不大妥当。最后想：莫若钻到棺材里去，把棺材弄几个小洞，暂在里面睡他十天，并且告知我那儿子，外面有什么事，不要告知我。但这种办法，我还怕我有些知觉，有些失眠，有些不能合眼。

1936年10月25日
《实报·漫墨》
署名闲人

请掌柜的少赚点

我昨天到东城有事回来，乘三路电车时有三位乘客并坐着，看那穿装打扮，似乎是朱门中的供奔走的。我坐在对面很无聊，因而听得他们谈着："这次他赚了五万。"说到他字，似乎是伸出三个手指。"我们买了三万多洋面，脑袋很高兴。姜掌柜这次合股，他们前后分到四万多。"说到此，很高兴。另一位指着他二人说："那么，您二位也沾润了不少？该请客了！"以后我因为到了站，大有即此已足，无须再事窃听，欣然跳下车。近来的米面涨价，本来不太简单。那么，有掌柜和人们勾结，做起投机事业，不一定没有这回事。我不敢说为民请命，我只望掌柜不要勾结而少赚一点，则人民受赐多多了！

1936年10月30日
《实报·漫墨》
署名闲人

不足责

有人说："时局太那个，大人们不高兴做公债，正可利用北地亢旱，秋麦不能下种，做此面粉投机买卖，自然千妥万妥。假如你要是挣下几百万家私，那你也难保要利用这时机，买进几万袋面粉，发一注小财。比如这些日白菜太贱了，你如果趁此做一下生意，我想两元八的面粉要赚四角，那么，一元百斤的白菜，只赚二角，其为利不更大吗？推而至于煤，或是太太所用的草纸，一样也可以投机。因为财是有钱人发的，只怕是没钱；有钱，无论干什么投机，都不会不赚的，你又何必大惊小怪！这种事很平常。"我听了这篇妙论，我实未免少见多怪。虽说有钱的大人不足责，但是卖了一天血汗，嚼窝窝头的人们，还也逃不了被人在算计着！

1936年10月31日
《实报·漫墨》
署名闲人

请可怜这赤贫者

环平市赤贫的人，在今年激增的数目，可以说是非大人先生所能想象而得的。而正在和赤贫的深渊挣扎着，几乎也要堕下的去，尚不知有多少。假定就这样下去，我想用不着待到三冬，这些位被压榨，被压迫，靠天吃饭，不去作恶为非的赤贫者，一定还要激增若干倍。我不希望大人先生一样和我知道穷人这般清楚，我希望大人先生，请您们慈悲为怀，善念为本，拿出一些吃烟饮酒……剩余的钱来，以现在大人先生之多，当然也有个成数。那么，《实报》这次主办的赤贫救济运动，正式要请您们推己饥己溺之心，请您们可怜这赤贫的苦同胞。（详章请向本社接洽）

1936年11月9日
《实报·漫墨》
署名闲人

赤子

这些位安分守己的赤贫者，他们只会靠天吃饭，天旱到这样——三秋无雨——他们除掉抬头望望青天，低头看看赤地，发出一口低微的长叹，眼望着坐汽车的人们，只好白出出神，什么谋生的门路都不会，都不懂得去找，而只是低头吃苦，什么人间地狱，什么牛马生活，都肯去挣扎着对付活着。这种穷苦同胞，正是古先圣王所谥为“赤子”，是替大人先生们最肯卖其苦气力的。他们所缺欠的是知识，是迎合大人先生所必要的知识。因此他们不惜典妻卖子，买日为活。他们虽在和穷神奋斗而是个失败者，但是他们这种失败，不仅是因为他们个人，而是因为种种关系，致他们于赤贫的。好在大人先生谁不扶危济困？那么，《实报》这次救济运动，一定不会没成绩的。

1936年11月10日
《实报·漫墨》
署名闲人

登高一呼

据一位天文学者对我说："今冬的严寒，恐怕比过去——去冬今春还来得厉害。"他这话是有学理的根据的，当然可靠。北平有句俗话：凡是瘟疫流行死亡特多的时候，总说是"收人"。意思是上天用这瘟疫……去收取命中该死的人。今年天灾人祸，已弄得穷人加增了多少倍，倘或就此下去，不必严冬的程度增加，也可以再加多几倍的穷人。难道上天的意思，真是来"收人"么？现在报界同人，在十五、十六两日为穷人演戏筹赈，这种义烈的举动，是值得人们称赞的。这里面的角色很齐全，对于戏的研究很深刻。我除了替穷人暗喜，以为这次演戏，虽属杯水车薪，但是登高一呼，对于当前的救济运动，或者可以感动到老爷太太心里，而肯一援手?!

1936年11月11日
《实报·漫墨》
署名闲人

鸟还会知道么？

在往年这时候，总有许多候鸟来到这里，供人们玩赏，如“黄鸟”“细嘴”“蜡嘴”“交嘴”等等。今年大有鸟飞绝人踪灭的景象，难道这些鸟类也知道这时候有些不对，人们除了救贫慰劳，什么都没有心肠么？昨天遇见一位精于养鸟的朋友，他说：“庚子洋兵进城那一年，到了十月，那些位抢当铺发洋财的人们，很想在这时养几笼黄鸟，架几只蜡嘴。但是那一年这些东西，不一定是因为两宫西狩，而竟自飞不到这里来，所以弋人也弄不得一只。今年不一定是闹洋兵，更不比庚子那一年，但是这种鸟，确似相约不来，那么，北方的亢旱，不来就食，也或者是一种原因。”然而这鸟还会知道什么？

1936年11月24日
《实报·漫墨》
署名闲人

卖冻儿

身上披着旧报纸、麻包片的穷朋友，越是大风雪，越喊得厉害，这种叫作“卖冻儿”。有的吞服着少量的砒霜，有的喝下了鸽粪酒，他们要在这冰寒中，卖着冻儿过这三冬。你如果施给他们棉裤袄，他们一样的换酒吃，因为他们穿了这些御寒的东西，他们就像失掉了收入力一样，这是北平社会里面的一种人。但是他们的秘密，确乎很少有人知道。有一种人，他们穿着可以御寒的衣服，而且也没有什么特殊的嗜好，只是命运不好，人口又多，睁开两眼，竖起脊梁，而只是没有办法，坐待挨饿，这种滋味，最为难受。因为这种人，既没有卖冻儿的那种能力，而又顾全着颜面，所以他们肚皮里装进去的东西，倒没有卖冻儿的丰富。

1936年12月10日
《实报·漫墨》
署名闲人

『打落』

前所谈之绑票，乃得之客，客被绑，经月被“打落”。“打落”者，在官军号称曰救肉票，在匪则以食之无肉，弃之可惜，借官军权作误绑之结束耳。当客之尚未被“打落”也，侪于客合老稚四五人，匪即挟其“油水稠”之票以逸。频行，正告客：“传语官军，迫急且撕票！”客又言：“匪犹有规律，惟守票匪则擅作威福，下情乃不能上达，一任其蹂躏。匪持纸笔迫作家书，书已，且须为之朗诵讲解，匪又细审，又窃窃议，然后持函去。比去，则必迁票他所，监守乃愈严，心愈惴惴然恐。盖经时愈久，迫乃愈甚也。事已半月，匪已渐知无油水，则渐相习，可攀谈，所得乃如此。盖匪之绑票，志惟在乎说，说之为匪所要挟，投鼠忌器耳。”吁，亦残酷也已！

1936年12月24日
《实报·漫墨》
署名闲人

窦老二的英雄不传

连日朋友们见面，一张口便是安全与否的一句话，至于天气的寒燠，面粉的涨落，铜元的贵贱，煤斤的有无，禁毒的紧弛……似乎都在这一个问句之后，唏嘘之余，才谈上去。这种劲儿，真使人有说不出的烦恼。昨天有位朋友提议："今天杨小楼唱《长坂坡》，我们与其瞎烦闷会子，何不跑到吉祥园，听听他那'使主母受惊，云之罪也！'看看那位赵四将军的做派，不是很吉祥的么?"我说不大妥，不是小楼的戏我不爱听，确是在这时看赵云单骑救主，似乎迟些，还不如不听的好，譬如前些日子他唱《连环套》，我觉得很满意，虽有人说郝老板差一点，但是侯喜瑞和周瑞安的那出，也不见得太高明。因为生龙活虎的窦老二，他那种骤然悔悟的劲儿，倒是黄三来得凶，却不失为英雄本色！

1936年12月26日
《实报·漫墨》
署名闲人

只向下看

这可怕的中华民国二十五年，就算是马马虎虎地过去了。这以后似乎就可以这样太平下去？我想我以后要弄一副眼镜，这眼镜只能看见下面，越是下层，越要它看得清楚。至于在我以上的一切一切大经大法，自戴上这特制的眼镜，最好，什么也看不着，就是看，也须再模糊些，而要像在云雾里，就这样养成我这眼睛，除掉能向下看之外，总不会再向上翻眼看。我既有上述的计划，我遍访这平市的眼科专家，眼镜老铺，但是他们答复我："只向下看，还可以办得到，若是不能上看，那只有在眼镜的上半部，把它用退光磨去，成一个半透明的弧形，这样只有下看，上看便模糊了。不过，这太不好，眼球有发生变化的危险。倒不如根本就不向上看的好。"

1937年1月4日
《实报·漫墨》
署名闲人

穷途岁暮

“西边的情形，究竟如何?”这是人们在欢欣庆祝不太起劲之余，而常常在怀疑脑子里，占据了大部分的问句。至于洋面的涨不涨，“毒犯”的毙不毙，都不是什么顶要紧的事。不过，我们认定什么都是谣言，而见怪不怪，其怪自败的话，那么，我们仍然可以看看戏，搓搓麻将，吃吃喝喝，玩玩乐乐，随便过他一天说一天。如果您要是戴起我上次说的那副眼镜，而只能很清楚地瞧瞧下层——人间地狱的下层，那一种惨状，那一种困苦颠连，号寒啼饥，不生不死，真又使您这怀疑的脑子里，陡地又起了贫富不均，阔的又未免太阔，穷的何以又如此之穷?！现在冷得更厉害了，穷得更没办法了，老爷太太们，您们何妨拿出些看戏打牌的余钱，救济救济这穷途岁暮下层的老百姓！

1937年1月9日
《实报·漫墨》
署名闲人

只会穷喊

“我是穷人”，所以我对于北京穷人的滋味，我也尝得惯的，而知道当这天寒岁暮的时候，越发得不生不死，而是活该人们这样！但我不是像人家有什么主义，而故意这么呼喊。我实觉得这些位善良的老百姓，已穷得不生不死，这总比不上阔人们养着一条狗，一只猫，但是这些善良的老百姓，他们这样穷苦，是不是因为他们太善良了，太不科学而强盗化了……所致？或是在别的方面，而大有致之如此的！这真是一件治近代史的，要仔细地考虑考虑。不过，我只会在这特别包厢里来喊，来呼号，而我并没有力量，我也仍然对付着混两顿苦饭，而一样居在地狱里。因此，戚友请我帮助，请我谋饭吃，我实在心与力违，爱莫能助，您们请想：我如果阔起来，或是认识阔人，我还会这么穷喊么?!

1937年1月10日
《实报·漫墨》
署名闲人

白虹贯日

“那葫芦里，卖的是什么药?”这真是当前的一个哑谜。在那旧式的、不科学的、神话的、不值一笑的那些地道野老，老先生们很慨叹地说:“前些日的‘白虹贯日’和火烧西单商场[1]，狂风无雪，哎呀，这是主何吉兆！岂不令人不寒而栗!”最后，他们总是引征许多历史上的陈迹，而自圆其说。不过，现在这曲曲弯弯、模模糊糊的事情，似乎不像陈桥兵变、黄袍加身和三四本《连环套》那样简单。因为那些是直线的，是不艺术的、不科学的。所以要用这些位野老们的历史眼光，而猜破了当前的哑谜，不特适用，而且是很不经济的。但是这些位热情的野老们，总喜欢用这些“白虹贯日，吉兆凶兆”来说，那我只好戴起上边看不清楚的特制眼镜，而向他们唱个无礼喏！

1937年1月12日
《实报·漫墨》
署名闲人

[1] 1937年1月10日西单商场大火，损失160万元，为北平市30年来之大火灾。

跳火坑

“西单商场这次大火，是近年来平市最惨痛的事。当着消防队正在拼命拆断火道，鉴于西北风正向东南吹着，似乎在西北面已隔断了火道，不会波及。不过这无情的风向，它竟觉得烧得还不大痛快，于是这风姨马上又自东南方卷回来，于是新商场也烧起来，致弄得没办法。”这是曾参加拼命救火的人说的，而不胜其惋惜。不过，在前年有位建筑的朋友对我说：“这座商场，不但是简陋，而且甚为危险。不想这大众托命的商场，竟自不如苇棚！”他说了许多道理，许多专门名词，我也曾在那年的《北平晨报》上，把他认为危险而竟蒙官家批准建筑，写了一篇文字，题目是《跳火坑》。只以我这题目，人们认为有些和已死某要人开玩笑，所以我的话，也就等于放屁！

1937 年 1 月 13 日
《实报·漫墨》
署名闲人

民间疾苦

有人说："西单商场大火，而你只写了一篇《跳火坑》，似乎对于在那里被灾的小贩，尚未尽量地把他们的苦痛写出来。"这话诚然。不过，我在这里写东西，我本不想把这些民间疾苦写出来，为点缀升平之累。假如有许多歌舞升平的事，而被我知道其中的一件，那我很快乐地写出来，我心里也痛快，人看了更痛快。无知这一类的事，总不被我知道，我所知道的，却是那些民间疾苦，这不用说读者看了不痛快，就是我这写的人，也不痛快。现在我先举出一个例子来。西单被焚的小商摊，很有些他们把连倒那块地方的钱，都算在被焚的货物上去，结果竟被焚了五百元，报告出来请救济，而救济的目标，却只是价值二百元，您说这苦处向谁来说！（一个小书摊，倒那块地方，有花到五百元的。）

1937年1月19日
《实报·漫墨》
署名闲人

不朽事业

自《实报》发起济贫运动，成绩之佳，为功至不可没。我虽贸然干了一回画展，但是大部分成绩，还是主角张大千先生，我不过附庸风雅罢了！最近《实报》又特对于文贫想救济一下，这是我最同情的一件盛事。不过，我想北平这穿长衫的穷朋友，是需要急赈，而这种急赈，似乎并不是《实报》的物质的力量所能办得到。因为《实报》终日喊，请人们解囊，所征集的物质上的救济品，乃是微乎其微，而并没有多大的力量。以我这呐喊的闲人，我很大胆地要喊喊我们贤明的长官，请您们做一种不朽的事业，雇一雇北平的文贫，给您们写一写经，抄一抄《四库全书》。这种东西，将来是不朽的；这种工作，将来也是不朽的，而文贫一时普沾了雨露，岂不甚善！

1937年1月25日
《实报·漫墨》
署名闲人

于非闇（右）与张大千合影（家属提供）

救济文贫

仍勉强地穿着长衫的所谓文贫，在这种时代，本来早应当饿死，甚而至于应用毒气毒毙，或是对他们开一排机关枪，请他们无须乎在这世上，也不见得怎样地可惜。不过，那已经中毒太深的吸“白面”犯，都不忍马上把他们枪毙，那么，这许多文贫，若一任他们就这样不生不死，也未免可惜；听说在上位者，对于这些位文贫，已早在矜全救济之列。他们既不吸毒，有些能力可以被使用，而且这里边也免不掉很有些人才，埋没着，困厄着。我想提倡一件不朽的事业，一方面收容这些人，一方面工作出一件不朽的工作，这笔费用，只要大家凑凑，集腋成裘，也尽够了。

1937年1月26日
《实报·漫墨》
署名闲人

所谓文贫

“文贫”这个名词，我看着既不舒服，我用着也觉得牵强。我稍微用历史的眼光看一看，觉得这名词，虽在使用上不过三五年，而这里的“文贫”，却不是这三五年造成的，大概自北“京”而北“平”了，政治失去了中心，在那个时候，这“文贫”才陡地骤增了数目，日积月累而至于现在，其间死走逃亡还不知有多少，这些位孑遗，他们总算长寿，方始活到现在，而方才生活搁浅。“谁实使之？孰令致之？”确实应有人尸其咎。而救济之责，惟望我们贤明的长官，当地的士绅，共同起来，替这些位安分守己，坐以待毙的“文贫”，为他们筹商一生路。这种功德做起来，那么，昔贤所谓“己饿己溺”，真不能专美于前了！

1937年1月29日
《实报·漫墨》
署名闲人

瑞雪

这春节，这怕人的春节，在今天已愈迫愈紧地来到头上。虽这雪降得有些意思，但是稍嫌迟了些，而苦了街头的小贩。他们不但是用典质来的钱做本，趸了些应节的“年货”，而且希望由这里揩些油水来。这雪一下得迟，迫近了他们要揩油的当日降雪，自然他们有些着慌，而不免于恨天怨地。这大概不用说揩油，能保住了本钱，真算是天大的喜事。我仅就这些小贩一方面来说，似未免近于片面。且说“瑞雪兆丰年”，西安方面，即已如彼，此间太平，又复如此，那么，来春的好，来春要特别好，那正是我们地方的大福气，这雪不能专就小贩一方面而言。

1937年2月10日
《实报·漫墨》
署名闲人

得了点教训

我向来在北平“字号铺”买东西，对于找回的钱，从来没有数过，“点过”。因为我是“老北京”，对于北平商业中出入钱的手续和商业道德，都很信任他们。最近是不是“人心不古”？——这话本不科学，但是有下述的一段屁事。有一天晚间，我走到辟才胡同以北一家新开书店，广大的玻璃窗，满陈列着杂志。我本订有《美术生活》杂志，不过在最近的一期里，有我一张画，我因要多买他一期。等我掏出一元法币，他们找我五角时，那位青年的店员，似乎很鬼祟地在那里挑选角票，我因为他很不怕麻烦地挑选排列，倒引起我的怀疑。等到把五张一角的票子拿出来，摆成了扇面形，使人一见即知其为五角。但是压在底下的第四张，却被我发现只有半张，我马上剔出来，他倒向我笑一笑，立给我换了，而并不寻觅那半边。我于是才恍然他那不惮烦地布置着。我倒得到一点教训。

1937年3月14日
《实报·漫墨》
署名闲人

鲜药

昨天有位老师叔，他到我家里来，他说，他的小姐病了，请我给看看药方。这药有十多贴，书法既好，文字亦通畅。我不懂医，我更不知药性，因此，我只安慰安慰老师叔就罢了。不过，在这里很有些可以怀疑的地方，中国药是野生的多，人工培植的少，因此川陕云贵的草药，正和雁荡山采石斛，长白山采人参一样。我看了这十多贴药方，差不多十味药中，倒有九味用鲜的。这鲜的当然不是山中所采，而是人工培植。似我这命小福薄的人，我觉得“洞子”里煴出来的黄瓜扁豆，总不如这时候一大枚一条黄瓜，两大枚一斤扁豆，来得香，来得有味。那么，人工培植的药，在药性方面，有没有变化，这是我顶怀疑的。不过这一贴鲜药，开价三四元，或十多元，阔人一定认为是名医，治大病。

1937 年 5 月 29 日
《实报·漫墨》
署名闲人

听说是

月前在西苑集中军训的时候，有位长官，很木讷而刚毅地告诉学生，他说："将来你们总看得见我们杀敌！"似乎是解释一部分的怀疑，这是听曾参加军训典礼说的。卢沟桥炮响之后，连长传下开往卢沟桥的命令，一群"弟兄们"，都是大喝一声，摩拳擦掌，欢欣鼓舞地挺着胸，大踏着步，赶赴指定的地点，这是一个受伤的"弟兄"和我说的。"摸"是战术上一个专名词，在黑夜里匍伏着前进，背着大砍刀，蹑足潜踪地摸向敌人。他们还化起装来，头顶着绿草，身披着高粱叶，就这样在黄昏，在中夜，在拂晓，为争一个桥洞，七进七出地在争夺，而终于"拿"过来。这种奋不顾身的劲儿，是听逃出战区的老百姓说的。

1937年7月21日
《大公报·非厂漫话》
署名于非厂

发辫

我在今年春天，看某剧团表演光绪中叶的几位贵胄，它在描写某贵胄动作，总是把发辫拖到前面，这真是笑话。也许这笑话，是由外国人在庚子后摄得几张照片，传至欧洲，以为笑柄而误用的。据我所知，把发辫拖到前面，只有流氓土棍，虾兵蟹将，至于贵介公子，从不得拖到前面的。在那个时候，上流人的发辫，是分成三股，自领上二指编起，“辫花”不得松，也不得紧，下面有三股辫穗。分成四股，自后发根编起，“辫花”紧凑，下面续入“疾捻”（紧硬丝绳），这种发辫，是“四股三编”的蝎子尾巴式，流氓土棍、番子捕库之类的装饰，常拖到前面。还有分成三股，在领下三指才编的，这叫作“大松辫”，兵勇轿夫……利于盘头的。至于打“锅圈”，留“孩发”，光绪末叶才盛行。

1937 年 7 月 8 日
《实报·漫墨》
署名闲人

卢沟桥石狮

卢沟桥之事，说是“失踪”，说是“放枪”，于是咚咚放起了机枪大炮来攻城。在我们处在国防前线的人们，对于这次的事变，似乎久在意计之中，不过在看所表演的方式罢了。这幕开演，人们自上到下，都是静观着，一点不乱。卢沟桥的石狮，雕琢得那么精妙，虽在历次军阀内讧，都很客气地不忍伤着它——除了赶驴的磕烟袋之外。这次经无情的炮火，把这些石狮给弄毁了很多，这虽在燕京八景上——“卢沟晓月”受了损失，但是为守土而牺牲，为自卫而抵抗的精神，将永远地建筑在这玲珑剔透的卢沟桥上，这种伟大的纪念，是我们现仍坐守危城的人们，所要写给南中的同胞们看的。

1937 年 7 月 19 日
上海《大公报·非厂漫墨》
署名于非厂

非厂漫墨

于非厂

盧溝橋石獅

盧溝橋之事，說是「失踪」，說是「放槍」，於是咪哆放起了機槍大砲來攻城。在我們處在國防前線的人們，對於這次的事變，似乎久在意許之中，不過在看所表演的方式罷了。這幕開演，人們自上到下，都是靜觀着，一點不亂。盧溝橋的石獅，雕琢得那麼精妙，雖在歷次軍閥內鬨，都很客氣的不忍傷着牠——除了趕驢的磕烟袋之外。這次經無情的砲火，把這些石獅給弄毀了很多，這雖在燕京八景上——盧溝曉月受了損失，但是爲守土而犧牲，爲自衛而抵抗的精神，將永遠的建築在這玲瓏剔透的盧溝橋上，這種偉大的紀念，是我們現仍死守危城的人們，所要寫給南中的同胞們看的。

《非厂漫墨 · 卢沟桥石狮》

关城后

当那缓和而忽增加兵力，环攻小小的肥城——宛平县城。故都是紧闭着九门，隆隆的炮声，轧轧的飞机，都不足以扰乱故都人们的镇静，这种镇静沉着，似乎是我们住在国防前线被历次的事故给训练出来的——更不用吹是北方的特质。街市上仍然在熙熙攘攘地闹热，这种闹热，是悲愤沉在心里，浮在面上。彼此的问询，总是不问我方死伤的若干，而是问怎样慰劳我们忠勇的将士。“河北就是我们的坟墓”，现在竟把这话缩得切近，缩得“卢沟桥就是我们的坟墓”。城门关闭得紧紧的，八点钟断绝了行人，但是绝少惊惶，更无挤车站，强买票，登车逃难这些现象了。

1937年7月24日
上海《大公报·非厂漫墨》
署名于非厂

有闲阶级

遛鸟

筒子河之鹞鸣，先农坛之鹰啸，一则借水为音，一则假木成声，此北平养鸟者所视为纶音[1]，各思使其所养鸟能效其声也。当秋冬之日，未明即起，其匆遽若趁火车然，提其鸟，趋而奔，俄顷四五里。至其地，与先来者问讯，若鸟已鸣，则懊丧，未则大慰。肃然拱立，不敢声，引领望，若大旱之望云霓然。比鸣，则高举其鸟使静听，屏息不敢痰嗽。若此际遇鸟来者发大声，则沮丧且咒詈[2]之。有时自晨至午不鸣，腹辘辘作雷鸣，废然返，且步且回顾，犹冀鸟或有鸣也。饭后亦如之，直至夕阳既下，晚烟已出，始归。

---

[1] 纶音（lún yīn）：指帝王的诏书旨意。此借代标准。

[2] 咒詈（zhòu lì）：咒骂。

哈巴狗

哈巴狗者，腿欲其短，嘴欲其方，身材欲其小，毛色系乎天，形态权在人也。养此者，不必尽详狗谱（清室有十三谱，狗马鹰鸽等，其原皆自赵宋，法详而备，为清室秘籍之一），得子狗，弥月后，晨起以手抟[1]其唇，揉之。迄午，饲羊肝和米饭，盛以瓷碟，使勿恣食，抟如故。抟之法有卧有立，互行之，抟之间，略使行步。既午，饲食三四次，每次一二舀。又月，抟尤力，节食视前加密。凡睡，使圆躬卧，勿使伸。如是者可百日，狗之形渐具，则日以舌舐其目。不使饮，狗渴，则吮以唾，狗舌与人舌交，声唼唼然。历十个月，狗成，人快然以为足，抟揉、舐吮、节食、飧唾终狗身，无倦容，无懈意，日夜与狗共起卧焉。

---

[1] 抟（tuán）：揉弄。

梧桐鸟

梧桐鸟者，喜食桐子，故名；又谓之“蜡嘴”，一以其喙色若黄蜡也。此鸟善接弹丸，养者，以手承之，抛一小弹，衔之飞，又力掷以大弹，则接之而落。若是行之，以弹兜掷，高入云，恣笑乐也。自鸟贩市新捕者，身材欲小，喙欲大；喙色弥老而弥黄，则择其浅黄而有黑斑者。承以架，架鸟木制，两头环雕以龙，爪则五，龙目嵌火齐，目视明珠，珠嵌鸟目内。以丝制项索，索之端扣以钩。钩钢制，其系绳处有转环，剔透玲珑，巧乃夺天，尚方造办处制也。侵晨起，举鸟出城沿河行，七八里，入茶肆，人饮茶，鸟亦饮水。水盛以葫芦，洁泉也。坐一句钟，入城，至广场，脱皮袍，腰系带，手冻呈紫筋，以事训练。近午，倦归，饭后，不待饮茶，又趋茶肆。茶肆每舍近而求远，便遛鸟也。约三句钟，又趣[1]广场，又脱衣，又训。自十月迄正月，皆如之，以为乐也。过此，则日遛午晒晚喂，无可玩，而爱者日日饲惟谨焉。

---

[1] 趣：疾也，快步趋之。

在茶肆歇脚的遛鸟者

吃茶

吃茶，惟有闲阶级有此清福也。凌晨起，漱口不及盥，出门趋澡堂，出二大枚铜元即池堂洗脸，汤热堂温，面赭然红，名之曰烫暖。披衣出，赴市，即卖豆浆或杏仁茶、面茶、豆腐脑者，立而食饮，腹已有物，不空空也，名之曰调卤。以十枚市小叶茶一包，怀而入茶馆，在最短之冬日，迟不过八句钟。时客先后至，互寒暄，即怀出茶包，倾其半入盖碗，曲一肱，以素巾垫其肘，左手揉胡核或铁球，声琅琅然，右手以象牙或元瓷碎片作碟，倾双熏茉莉鼻烟，部属定，游目左右视，随以手捻烟狂吸，目眯然又周视，然后谈声纵焉。所谈不出里巷，然其远亦若目击日内瓦松顾二代表之争辩然。至十一时，腹已雷鸣，则收其烟碟、素巾，先后出茶馆。饮白干酒，食不能精，晚以当肉焉。午睡，约二时，又趋茶肆，出其半包茶叶，又饮，又谈，又先后散。相传其中有异人，盖不数数遇也。

听书

饭不可不吃，书亦不可不听也。《安良传》之马玉龙，《永庆升平》之山东马，《水浒传》之潘金莲，《包公案》之山西雁……入书馆，即长条大木桌，桌之制多唐宋所遗；长条大板凳，宽才五寸，臀着之仅半，辄前后俯仰；茶壶多同光瓷，往往缺唇伤柄，则以锡铸成；壶之内黟然黑，若三代鼎彝之“黑漆古”然。屋不甚高大，壁间张竹版所书若飞白之“精气神”大横批。煤炱满壁，近座处白垩为黑且有光，客之首与背即之然也。两点钟开书，诵《西江月》一二首，然后追述昨日所谈，从而马玉龙、混江龙、马成龙如此如彼，口讲指画，手舞足蹈，滔滔然若决江河，“醒木”一拍，则戛然止。当其说也，听者咸屏息，臀与凳相压抗，不适，则以臀先后之；及拍，始稍稍移其臀，略舒其气焉。如是者迄六时止，余馨满口，绕梁日夜，翌日又坐此长条板凳焉。

棋楼手谈

“手谈”，棋楼也。晨起，盥漱毕，安步出街门，即奶茶铺吃茶，坐而憩，随与奶茶之友谈，可一句钟，又安步行，四五里不等。归而看《群强报》，饭熟，饮白干酒，食毕，有煎茶有否者，视其所习。午睡，起净颜面，又安步出，指棋楼。棋枰[1]、茶具不甚精，颇洁。有先角者，娴其技则掉首不之顾，不娴则注视不稍瞬。请对局，略一抝谦，丁丁然子声动矣。若国手，则环拱侍立，围三匝，风雨不可透，则蚁之赴膻，蝇之逐臭然，虽至体倦、足疲、颈僵、目涨不忍散。夕阳在山，油灯已上，胜者腹已辘辘，败者则热汗涔涔，相与一揖而散，安步归，其闲逸，大有“小儿辈遂已破贼”之概。

---

[1] 棋枰：棋盘。

养指甲

慨自欧风东渐，天丧“斯文”，长爪堪搔，于焉以息。然而握斑管，调素琴，撩琵琶，剥栗子，素手纤纤，衬以玉爪，缀玉轩[1]之兰花手势，不是过也。养指甲者，第指甲之质为二品：曰竹，曰水。竹爪柔，水爪刚，养之者欲其柔，往往咎天之生我刚。修指有道，端欲圆，则以阔刃，内欲凹而薄，则以半月刃，皆特制。养爪有囊，金银制，剔透绝工巧，明人有用玳瑁制者，尤妙。俚曰套，言其用也。套以对计，左右手各对，十爪非全养，惟小指与无名唯然。晨起，先以温水倾茶盂，纳其爪，煨之，俟已柔，自尖端向指卷之，附于指，煨热散，爪不堪柔，则不复能伸，如是者尽四指，皆屈，然后盥漱、饮茶、净

[1] 缀玉轩即梅兰芳最早使用轩名之一，取典宋代词人姜白石《疏影》“苔枝缀玉”。

须、梳发、食点心。度不再用其手，又倾温水入盂，又煨，俟冷而直，纳囊中。养尤精者，长二寸许，晶莹若琉璃然。凡有所事，必先顾其爪，惧有伤。睡之先，又温水煨，使卷，纳套中，蚊蚋肆虐，不敢抗也。凤仙汁红，平添风趣，拈花搦管，或亦可观，而今已矣，惜哉！惜哉！

斗鸡

斗鸡，逸事也；与走狗为俪。今则鸡之斗已无人顾，而所以为走狗者众矣。德胜门内有广场，凹而深，占地数十亩，曰斗鸡坑，五陵少年斗鸡所也。鸡之养自其雏，喙厚，腿毛，爪巨，睛突者入选。春尽，饲黍，恣其食，伏中，饲尤力。秋尽尤然，皆禁饮，笼之曝。时鸡形已具，食后以手握其胸，舒其两腿，自股际向爪掠之，数满十，易手又掠，满十，两手握，自高向下力掷，使蹲立，如是者每晨百次，午百次，夕又百次，谓之“弹腿”，又曰“蹲钢”，所以健其腿爪也。食之先，两手坚握使勿动，置米谷于其前使望，眼将穿，手稍纵，鸡则力喙二三粒，又坚握，又稍纵，又喙二三粒，如是者尽一食，谓之“把食”，所以强其喙也。晨、午、夕，皆然。把食、蹲钢之后，覆以鸡罩，人息而鸡亦息，一年之鸡皆如此，尚未可斗。翌年夏，鸡成，重九斤余，红睛彪彪，长颈巨喙，坚肌大足，赳赳然有不可一世之概，引吭长鸣，声彻霄汉。于是乎笼而赴斗，十九乃不能胜，盖鸡必三年始强也。

房中术

房中术，隋以后已散之民间，得者视为秘，道家术也。其术何以必修？修之后又如何益？姑阙之，言其修习之道。日夜子午卯酉，盘膝坐，端然。两手十指交，居势下。胸挺，颈直，眉低，目垂，天君泰然；不涉念想，注其意使气自丹田呼出，使气为丹田吸入，一呼一吸，一出一入，皆以丹田为之枢。如是者子午卯酉修之各半时许，数月或十数月后，觉微震，有热气起自丹田，以意导之使升，修愈勤，则其升愈速。如是者又若干日月，然后其气可直达顶囟。又修，又不知经若干日月，其气自顶囟而下及背及尾闾，而还诸丹田，是为一周天，修至此方足语于房中术也，修至此方修所谓房中术也。坐之式同前，子与卯则左手握其势，午与酉易右手，意念惟纯，致其气贯诸势。气自丹田升，贯顶通背，入诸势以养，修之久，势与气如响应，术成，终其身不敢少弛也，噫，亦劳矣。

走狗

狗之不可不走，有驱之者；而狗尽能为走狗也，方且弃材视之，悲夫。驱之为走狗者，狗之生才期月，相其口，巨；相其目，有神；相其足，前劲而后健。炙剪剪其耳，含其尾横啮，存只一节（骨节）去其筋，以养。未三月，绊其项，日系。半年，狗形成，易巨绊，蓝绒绳长丈许。晨起，沿街市行，狗走，故曳之不使前，狗力走，曳之愈力。晨行十余里，归饲之，人亦食息。逾午，又曳之行，愈使不得前，狗则愈力走，又十余里，狗倦人疲，始入息。如是者又半年，狗以曳故，前足强，后足亦健，纵其绳，狗走如矢，獾与兔不相逃也。满二年，狗走已善，夜牵之入僻巷，伺猫，篱边墙角，猫之啸月呼雌者，不虞狗来之不速。狗既捕猫，视其啮痕浅深，啮浅则犹有不忍也。人欲捕猫，以棘刺环其颈，使啮，狗触刺，畏痛而不啮者，弃材也。不畏，啮且深至骨，人色然喜，曰："真吾之走狗矣；以之而杀獾兔且有余。"而狗以得主人喜，频摇其尾也。

净口百灵

吾所书有闲阶级，要惟闲者或曾经闲者能领略之。其不闲，或中日高车驷马者，则多以所书为向壁虚构。闲人之所以为闲，无乃太冤乎？今请午前七时起床，七时又半至通衢，见有逴逴然左手提鸟笼，右手执竹夹，每见电车过，探其夹入鸟笼，拨打震摇，俾笼中鸟不得闻铃声之当当，飞走疾驰，若将浼[1]焉。其惶骇逃逸之状，若陆战队在靶子路为十九路军追逐者然，是则养"净口百灵"鸟者也。百灵鸟善鸣，清冽若鼓簧，善学歌，歌以阙计，如"瓦雀噪林""春燕闹云""黄鹰啸月""喜鹊唤晴"……在养"净口"者，除数十阙外，不得使学一声，如有，则斥之曰"脏"。养"净口"者，相与聚于一茶肆，每晨，咸来使习练，迄晨八时，即提之遄归，置大缸中，上覆以盖，不使闻外声。家居，凡有声足以乱其鸟使脏者，皆严禁，以故家阒然[2]乃无声，终日然，日日然，岁岁然也。

[1] 浼（měi）：污染。

[2] 阒（qù）然：幽静之状。

养鸟人

翩翩美少年

顶黑皮苏格兰式帽，齐至眉。着物华葛羊皮袍，细而长，领硬而高，承其颏。青绸锦裤，以玉色带结其口，带结作蝴蝶状。登青绒坤式毡鞋，或内联陞元青缎棉鞋。衬以浅豆青短围巾。胯间插旱烟管，年事在二十左右，敷脂粉，往往发奇香。自视，一翩翩美少年也，每遇街窗玻璃，则时时顾其影。晨起梳洗绝精，或与友会于家，或二黄票房，摹几句梅氏腔，喊几段余家调，自以为已得个中三昧。午饭后，往往赴庙集，护国、隆福、白塔诸寺之茶社，乃为彼辈谈腔调品头论足之所。当其赴庙集前，又复擦牙涤面梳发调香，及其既至，又复掸鞋拂发舒袖正冠。坐之久，怀中出小镜，捻粉纸又涂泽。遇可追逐者，则随之周三匝不为疲。面已白而唇尚欠红，似不为美，则时以齿轻啮其唇，以济之。晚餐后，又出，又与友唱皮黄，午夜且不归。

烫澡

烫澡，有瘾也，不烫，则其瘾不过，夫惟一烫，快然可以高卧矣。饭后市一缗钱小叶茶，赴澡堂，堂伙必以某爷呼之，不曰某先生，所以示欢迎。某爷必笑颔，随递以茶包，堂伙必择壶之最小而洁者，又故入清水即其前涤，茶入半包，摘茉莉花出，杯覆之，沏水，然后捻花入壶。时烫者已脱其二毛剪碴青市布皮袍，自怀出鼻烟壶、蝈蝈、葫芦等置几上，徐徐褫衣袴，直指大池塘，即热汤而洗。其皮肤至泽润，足指且无浮尘。入浴而称之曰洗，本不确切，彼之意本不在涤其旧染之污，不过借此热汤，一烫其体，赫然以为舒适耳。迨乎汗出如蒸，肤炙欲裂，然后出浴，饮浓茶，高卧一觉，比醒，日将暮矣。如或一日有间，堂伙必惊询："爷何以昨日未烫？"则必搔臀抚臂曰："瘾死我也。"

二爷

钟已指十句有半。仆低询使女："二爷起也未?"曰："已醒。"仆急检齐日报予使女。十一句有半。二爷趿鞋掩水烟袋恂恂入小书房，房已整洁。仆又向使女索报，已零乱，略整，不敢紊其次，盖二爷已在被中略于九门口、石门寨间一寓目也。二爷坐沙发，游目视所市苏州山茶花。使女将牛乳、糕点盒置几上，仆已备漱盂、毛巾伺。二爷捻报又略寓目，神情已不属。食饮毕，室中略散步，如有思，类觅句然，所以定出门之南车也。钟已一句，仆度二爷已稍闲，微启："某古玩铺老刘来，某皮店老张某玉行老六……"二爷微颔，仆出，指外客厅，老刘等已跂然望，比入，则曰："二爷已起。"众咸笑慰。二爷来，众包围，老刘急出宋徽宗粉鹰、赵松雪马，云是新自故邸得，真稀世珍也。二爷精鉴赏，指马，曰非白麻纸，款书亦不精。鹰之粉太浮，"天下一人"之押尤不对。老刘懊丧退，老张继之，捧玄狐马褂请鉴，二泽龙江绸团花面，道咸制也。二爷执其边横吹之，革之色欠白，量欠轻，则横撑之曰染。老六继出翠玉约指，晶莹透润，翠乃欲滴，二爷端详久，老六怀中出显微镜，上之二爷使映，果无水泡，二爷方问价，价尚未定，二爷遽执入内，许久出，以千二百元定局，盖为偿二姨太宿诺也。钟已二句，仆进，请二爷早膳，二爷入，晨事毕。

“回二爷，大森银号电话。”仆拱俟复。时二爷烹故宫红茶，手玩翠约指。睨仆，曰：“四点去。”仆退。二爷曰：“来！”仆趋侍，见二爷已易衣，知将出，则趋出齐车，回又侍，顾目屡内顾若有盼。二爷已整冠，仕女喘息至，仆始不复顾。女启二爷回宅饭不，二爷随摇首，随顾两盆腊梅花指仆曰：“可将水溉。”登车，诣隆福寺。花厂经理望见二爷来，早伺，合厂目有视、口有呼皆为二爷，二爷不暇颔首，亟视牡丹花。经理故蹙额曰：“今年太寒，气节晚，花皆未上市，此数盆晨间才运到，专为献之二爷者。”二爷问值，则连曰：“不贵不贵，二爷用，每朵仅一元，他客则否。”二爷视瑞香，经理则曰：“此非日货，日货贱，顾不敢办，此两盆为故家物，极可珍。”二爷不复耐，曰：“送去。”花厂皆大喜。诣银号，于时某九爷、某六爷等咸在，相与议天下国家事，遇机密，则低声附耳曰：“鼻子如何如何，胡子如何如何。”二爷亦附和，一若非敌寇，乃军阀相消长然，凡要人向不称姓字，所谓鼻子与胡，即指某某要人焉。议未终，相聚为叶子戏，某九爷伸拇指，指环翠扳指，与二爷之钻戒光相映，直至七时余始息。

叶子戏止，相与议食。二爷食必丰泽园，九爷独主东兴楼。议久不决，六爷折其衷，偕往坤角老四家吃“打卤面”。老四闻电话，客尚两三滞未走，老四故腹痛，愁眉苦目无欢，默然卧。客夙知老四有月经痛，以为真，相将退，老四苦笑挣扎起，连呼“对不住”，伛偻送出门，客才去，则昂然入，自喜，一面令干娘备“打卤面”，令仆向丰泽园要煮野鸡，向东兴楼要素脍糟蛋，老四则细匀铅黄，浓施香露，正顾影间，呜呜车鸣，而二、九、六爷皆至矣。老四年二十，擅房中术，初识九爷，遭惨败，九爷视为畏途，辄托修道以避。二爷入，久久亦不敌。六爷工内媚，兼藏房中辅弼具，卒能抵抗强敌，为同人光。饭罢，二爷以二十元与干娘，干娘目老四，老四时倚六爷作软语，二爷视钟已十句，欲行，九、六知二爷忙，老四则曰：“明早会。”二爷登车，车直向宅行，二爷顿其足詈跟车者，跟车悟，耳语司机，反其辕左指，盖每逢星期四、六，二爷得居外室也。

乳媪小语仆妇：“太太命泡红茶，永顺送柠檬未？”妇止微颔，不敢声。二爷年逾四旬，仅有此宁馨儿，所以独为大太太所许，每周得外宿两夜，妇惧惊公子也。车止，太太妆已毕，亟抱公子俟。二爷入，他不暇顾，即前调公子，则大乐。乳媪、仆妇、听差、跟车咸屏息视。所谓太太也者，当前窃嗅，知二爷微醺，亟剥蜜柑置高足冰盘以进，二爷捻一瓣，坐，始游目瞩。佣人退，乳媪抱公子留。二爷爱古玩，所用茶杯式尤古，入红茶作琥珀光。二爷自“九一八”后，体觉不支，每日习太极拳，拳师来，则尚未起，起则有时头痛，有时与拳师谈走马，拳师安于月俸无或差，必准时来应卯。太太谓：“二爷，明晨师至，应致脩脯。”二爷则自怀中出十元票十张，另五元者五张，太太默喻。二爷躞蹀[1]室中，浏览陈设，仆妇进，安置卧具，乳媪则呵呵公子入另室。二爷自政局变，以为中国不可救，遂决然不复吸鸦片，不复作挟邪游，人每以此多二爷。二爷入公子室，乳媪横卧乳公子，二爷则探

[1] 躞蹀（xiè dié）：指小步行走貌。

手抚摩，乐融融。乳媪目斜睨，耳伺太太拖鞋声，有时笑，乃不复敢格格。时稍久，则太太必来，视公子睡也未。钟十二句，与太太入卧室，乳媪二句且不入睡。有时公子夜哭，二爷辄披衣趋视，抚之备至。太太矫首伺，不敢起视，必俟二爷来，始慰。

祈财神

财，人所喜也；顾其权操之神。操之神，乃可以祈而得，于是乎正月初二之财神座前，遂有空巷往祈，终日不得闲，而妓女与银行老板，允为祈财之代表也。外此者，其视妓与银行老板如何不可知，而其求财之源源，容有甚于妓与银行老板者。往者高车骏足，挟健仆，呼啸而至，跪神前默祷，必诚必敬，祷未已，蓦惊神座侧花姊妹，乃力敛其容，匍伏，惟斜睨双趺，暗数凤头鞋嵌几许明珠，未及兴，心旌已摇摇矣。今者御培克小汽车，挟姨太虔往，诚敬视前弥加，祷尤絮絮，凡所愿望，莫不祈之神，为神乃有范围广漠、应付维艰之感。祈既毕，略憩，驰归而卧，往往惫极直入夜，今日乃不暇往贺年，今日乃不暇见来客。有来贺年者，仆辄应“老爷财神庙拈香，犹未起也”。

票友遛早

晨曦未上，已起，急盥漱，匆匆出门，诣城门，时城关，甫启，趋出，直指护城河边，步行里许，随行随喊“咿”“唔”“啊”。声由低而高，细而巨，拖音且其长。河沿距城皆粪场，曝粪作黑褐色，臭四溢，喊者不因之而停。里有半，至大垛口，面城墙而喊，愈厉。自出家门至此，曰“遛”，睡卧一夜，三焦火盛，经此一遛火乃平，嗓音乃亮。面墙喊而唱，唱不必分段，择其尤难者习之。《乌盆计》之叫花子腔（反西皮“可怜我”句之长腔），《捉放曹》之探丧家调（散西皮“染黄沙”句之拖调）等，而尤注重在念。所谓念，如大引子之“羽扇纶巾”（《失街亭》），长白口之“本宫四郎”（《探母》）……必至力竭声嘶，始缓步入城。诣茶馆，与友谈戏剧，询腔调，求词句，讲身段，饥肠辘辘，近午方归。其入城而不诣茶馆者，则家中琴师已待，略喘息，琴师操弦，高唱入云，为之“吊嗓”，此票友上半日之生活也。

养蝈蝈

煴蝈蝈笼怀中，唧唧呭呭，虽隆冬不辍。秋深，捕雌纳瓮中，瓮底铺沙土，雌产卵其中，经二旬，润以水，置暖室曝之。子虫生，谨饲，虫蜕化，已辨雌雄，舂雌饲。虫将壮硕，再蜕，虫鸣器具，饲尤谨。雌为食有不及，则饲以“玉米虫”，迄能鸣止。笼虫以壶卢[1]，壶卢盖尚象齿，虬龟次之。盖之雕以内廷造办处为贵，乐善堂制尤佳，次京制，广东制者棱方，最下。壶卢尚内廷制，私家则首推“三河刘”，而安德海“宝善堂制”四字款者，尤珍同镶宝。饲虫者起须早，步须健，晨起怀之，步行七八里，必体温略汗始已。午饭后，以浓茶涤壶卢，养蝈蝈者尤须就窗前日光曝，养者则鉴赏监护之。可一句钟，纳诸怀又行，指茶馆，茶馆有定向，来者多怀虫人，既入，相与寒暄，

[1] 壶卢，即葫芦。

遽出虫使鸣，相与赛。鸣之声以宏壮而大为尚，其清脆而高者不之贵。声可以人力变，使宏大，就鸣器蘸药点，声即转巨若鸿钟，点尤精者声尤大。举室啾啾唧唧，直若置身山边水涯、月照清松、丹枫弄影时也。晚饭后，又鸣，入夜，则以棉絮包之，不宜复纳被中。

蝈蝈之色，有绿，有黑，有草白。绿之色有浓翠，黑之色有老嫩，惟草白之色，浓不得类黑，浅不得透绿，筋脉坚壮，赤足红腹乃为上乘。午曝在鉴赏，鉴赏不得道，熟视乃无睹。当其自壶卢倾出，洛日光中，虫受日，双须翘然而舞，左右上下，徐疾荡漾，若公孙大娘舞剑器，使人荣辱都消。翘一足，斜倚，昂一肢，口钳轻啮，由端及末，由左及右，六足遍，曲肱而卧以迎日，日及身遍，然后啾啾焉鸣。须之舞加频，鸣之声愈烈，鉴赏者往往目痴口燥、耳聋项强、神疲体倦而尚须顾及猫子之扑杀，童子之惊怯也。养之道，惟在保其须，须有伤，举不足贵；然须固易伤，因而养者辛勤之所粹，胥在乎须。

北京白干

北京白干有官私，官以店酒为上，店酒盛以瓮，半埋地中，经三伏，乃愈芳洌。嗜饮者，餐不必佳，且不必多，更不必有。乌木小短箸，细而精，平齐置几上。三寸白瓷碟，一盛花生仁，一盛酱萝卜条，仿乾隆彩花喇叭口瓷杯，云白铜斩花酒壶，列于前，旁置《群强报》一张，叠其股，膝上铺白方巾，折叠四角齐全。一手擎杯，一手置膝上，目微瞑，口翕，气舒然而弛，呷酒已下咽，所以领略余芬。有闲，剥一枚花生仁，翘中指以下三指，以拇食指之长甲钳花生仁，徐徐纳诸口。当其剥浮皮时，就仁之中缝横裂之，去其子芽，析为二片，然后入口。细嚼，擎杯呷一口，既咽，口开舌努，气微哈，目又瞑，口又微翕，手则整理剥皮子芽置其旁。且微吟，每饮不逾二两，尽花生仁十余枚，酱萝卜条三五块而足，而自饮迄醉，往往起已达午焉。

读书

龙泉窑牺耳尊，斜插一枝花碧桃。元康二年砖，凿为水盛，皖产草兰两三花，以雨花台纹石子养之，古色古香，映晴窗直与“大金花”洋烟[1]争雄长。主人手盘黄玉玦，鸡翅木短足几，置暗龙粉定盖盂，胭脂水双耳杯中，尚有残茶半盏。曲肱枕几角，几边置八骏腰子圆斗彩鼻烟碟，碟旁一鼻烟壶，绘十八学士，薄乃映见盛半壶之烟。主人富藏书，多精椠。弦已断，誓不复娶，拥美婢两三人，供抱衾裯，烹茶，洗砚，理牙签而已。酒力醒，茶烟歇，手玉玦，力盘，拥《素女经》膝上默读，偶有所会，便轻捻鼻烟一小撮，合其目微吸，指之烟尽，目合愈紧，吸愈狂，烟之馨直贯髓，然后扬其目而哈，手随之而一欠身，睨婢，徐指双耳杯，婢则趋前倾余沥，入大瓷钵涤杯以进。婢尝相谓：最是主人读书时，往往三数时使人闷不得也。

[1] “大金花”洋烟：鼻烟的一种。

摩云散

在安有天窗之下，炉火熊熊，大灶旁置炒勺、刀砧之属，火上大铁釜，煮猪蹄两只，鸡头连颈及两膀，汤滚滚气自天窗出。坐者衣黑布袄，仅过膝，外罩青布皮坎肩，泽然有光类库缎。曲其肘踞榆木高板凳，擎马口铁制小鼻烟罐，罐非四百文之双熏烟，亦非易州梗（烟老梗产易州者）和海棠木瓜研以赝小金花。坐者禁烟酒，罐所盛为绿色之“摩云散”，清心明目葆太和也。菜市归来，刀俎工毕，釜汤未熟，坐此以舒其神。倾其罐于掌心，以拇食二指掀一撮，首微昂，向鼻自左而右横抹之，吸之声悠久而长，往往继之以嚏，则皮坎肩以至于灶台杯碟间，时有星星摩云散杂涕花斑斑若铺碎锦。正舒适间，老赵嬷掩至，向之一招手，于是刀勺之声，杂以吸烟嚏涕，老赵则擎盘细检，恐又如“葱花炒豆腐”，主人兀觉有异馨也。

临帖

倾愚得阁臭墨汁于端溪砚，据案执斑竹管，砚右以红木制为帖架，架上平舒韩敕《礼器碑》，胸中既已熟读包慎伯、康长素所为执笔临帖之说，傲然以书家自命。随视架碑，随就元书纸摹拟，尽数纸，以为得；又易《毛公鼎》，自以《毛公鼎》笔法类郑道昭，乃以《郑文公碑》阴法写之，加恢奇。当其方书也，以粉定窑小壶泡铁观音岩茶，捻加力克卷烟狂吸，脑中似忆翁苏斋[1]推礼器为汉分第一，又曾见何蝯叟[2]临《礼器碑》影印本，返视已作良不恶，便欣欣尽烟一卷茶一盂。《毛公鼎》苦于不尽可识，随书随检孙诒让、吴大澂等释文，则又不甚可

[1] 翁方纲（1733—1818），字正三，号覃溪，晚号苏斋，直隶大兴（今属北京）人，官至内阁学士。精金石考证，善鉴定碑帖。为清代“翁刘梁王”四大书法家之一。

[2] 何绍基（1799—1873），字子贞，号东洲，晚号蝯叟。湖南道州（今道县）人。清代诗人、学者、书法家。

读，加悬拟，慨然有从事小学，精研诂训之志。又数纸，易皇象《急就篇》，挑擏横捺，规规然又数纸。日所习无定法，有时南北碑，有时金文甲骨，十余年通各派书，自命不在清道人[1]下。由博反约，识者尚以为未能跻夫书之道焉。

[1] 李瑞清（1867—1920），字仲麟，号梅庵，晚号清道人。江西临川人。书画家、艺术教育家。

观戏

走入致美斋东院，顾木池中红尾大鲤，洋洋然煦沫而嬉。入东厢，即老榆板凳坐，点一品“烧烩爪尖”，白干两壶，“家常饼”要酥，“小碗馄饨”大碗盛，然后，调油醋于四碟小菜，独以腌白菜未加辣椒油，乃与堂倌大喊。食已，以柳木条剔其半脱之牙，怀两包蔻仁步行至西鸿记，以一角钱市半两茉莉花茶，安步登楼。楼位于青云阁上，灯耀如昼，即第二排坐，直对上场门。役为泡茶，手略摆，役会意，仅以水涤壶盏而去。身昂面仰，阖其目微吁，翘其足置短足几，膝因足股动，起伏随雪茄之烟痕荡漾。默计：热河虽已失地，顾无大妨；惟是十倍之房捐，究如何为取偿。弦音鼓响，充耳未闻，而王家二凤，缟素登场，魂兮归来，心神始聚。焦德海信口开河，莲花落鄙俗丑恶，笑逐颜开，反身招其手，役以汤壶至，拈一撮茉莉花茶泡之，以二指环勾雪茄烟，运拇指轻叩烟烬。一声报曲，神为之旺，鼓姬报以苦笑，跟包则自身后转出，低声请爷安，拈火柴，佝偻以进，为燃雪茄烟，退一步，罄折以俟。口衔烟，自怀出五元钞，递跟包，跟包鞠躬，目初未一顾，直视台上，台上又报以浅笑，心大乐。场中尚有荣剑尘之“风流焰口”[1]，不暇听，亟追踪鼓姬而去。

[1] 焰口是佛事的一种，亦称施食。用佛曲音调唱小曲的焰口，俗称“风流焰口”。

修脚

大帅审案，过瘾也；澡堂修脚，亦过瘾也。烫既毕，翘然卧短榻，小壶茶一饮三四盏，五香咸瓜子，随嗑随味其余馨。热汗已不复涔涔，欹睨堂伙，指其足曰“来!”。伙计会意，四顾，见为之修脚者尚不暇，则故向之喊曰“小活!”，声巨而长，若预挂号然。反身低陈“请候候”，随以《小小日报》[1]进。“小活”谓修脚，犹擦背拭体谓“热板”也。修脚者来前，遽执壶先为斟满，欠身斜欹递右足，舒其臂搭膝上，仍执报读。刀有囊，牛革制，平刃曰“起子”，“起子”有小大，则以大小别呼之。左手握足，四指居足上，拇指则在下，轻握且盈掬。右手执刀，刃向内，掌心向下，舒食指反钩刀末，运腕自足之小指逆削，臂与肘皆不得有微动。削甲既毕，易小起子，亦起小足指，执刀之法则又不

[1] 指的是1925年1月由宋心灯在北京创办的《小小》日报（后改《小小日报》），为综合性小报。

同。拇与食指执刀，中指以下三指则平伸，中指、无名指且抵足指上，运拇食二指若伸缩，术精者，腕与肘若死，不少动。锋入指甲之缝，浑然若不觉。缝之剔惟净，易铲刀，握其足使立，刀之运尤轻。铲刀宽而薄，执法加恢奇。刀平执，拇指下压，食指反而内扣，中指平伸而承之，运拇食二指，刀则出入横动，中指抵足，余二指翩然助姿态，横观之，若兰花乍放然。最是中指触掌心，心旷真说不出也。须时至少一句钟，有鸡眼者，往往轻剔慢挑历二时尚未蒇事，此之谓“大修”。烫澡者，多喜“找补”。“找补”云者，找前修之未净，补前修之不足也。“找补”在澡堂，向不收费，足每月一修，若随时“找补”之，则可延两个月。修脚术虽大同，而精粗美恶则至有别。脚有经甲修而感舒适，经乙修而否者，故必俟之，且专专俟之。“大修”过瘾不为足，时加“找补”以足之，亦犹之乎大帅有大审有随时审也。

会客

在铺有地衣，悬刘石庵、王梦楼楹联，钱稼轩、皇六子墨笔山水，排锦缎沙发，列罗汉紫檀床之大客厅中，已有前次长、局长、处长、科长、秘书长诸人座中闲话。役低禀，某省长到，主与客则笑相迎，抱拳呼某老。有未识者，主人为介，此为某科长，此为某秘书，非不呼字，字之音特低，惟此科长、秘书则宏而刺耳。省长略不谦逊，即罗汉床坐，众皆坐，乃相与谈。当省长之未至也，主客言热河事正酣，省长至，不敢续辞锋。省长好古董，主人问，某老近得珍品不？某老则言："有一砚，题曰松麟，下有印曰无爰斋藏，石绝佳，制作亦古，类宋砚，惟索值昂，际此，如何肯出重值市此物！"言下若有慨，某秘书乃亟进："时局遭此至如此，直令人……"语不能终，于是省长连吁，主客不复能默，滔滔然若决江河，辞之锋沛然莫之能御，自未迄酉不止。主客每值房星虚昂日，则轮流集宴，互做东主，有时且达旦。对于局中人，所称非雅号，即呼以老字，而所尊之老，其辞位又加于姓之下字之上，俨然与某老有别，如曰刘老石、王老梦、汤二虎……言之且津津，其意以为不足论也。

习琴

于隆福寺买二黄元板胡琴谱，仅一段“大过门”，于是熟读“合四上，尺工尺上四合……”大鳞蟒胡琴，担子不必有五节，蘸松香于竹鼓，隆然高。谱中有定弦法，指法，按其所指以定，身微俯，首侧，耳与胡琴之轴相磨，以定尺合，且不能准确。口读“合四上”，左手按弦，右手扯弓，浑浑然，闻者以其刺耳，喻之为“狗挠门”。数月后，略成声，则又易正板，又读，又拉，又数月通正板。西皮视二黄较难，起定弦，至成声，往往年余，其间又不知易胡琴多少也。唱者不必会一出，“昔日有个三大贤”，或“店主东带过了黄骠马”。拉者得意，唱者亦得意，最是唱片中有者，听既熟，随拉随有得也。遇票友，剧学已入门，虽力请为之拉胡琴，票友则蹙额，摇首，皱眉，顿足，期期以为不可，盖经其一拉，嗓往往不能再唱也。习之有年，拜一琴师，学“入头”“大小过板”“托腔”，然后学月琴海笛。三年艺成，在天桥戏棚拉一二出开场戏，日入四角钱，是尤此中之铮铮，艺或者可跻于成。若日与坤角传眉语，幸成盖亦仅焉。

茶楼中拉胡琴的年轻人

习武

烽火暂停，边氛小抑，大好河山，已渐变为青青之色。男儿执干戈卫社稷，晨曦甫上，而踢腿、打拳、弄棒诸功夫，习之已毕矣。午饭后入澡堂，剃光头，烫热澡，御山底方口皂鞋，青布单裤，外罩以薄棉套裤，套裤肥而长，裤脚扎以小丝带，惟紧，套裤则垂至鞋，若女篮球家所着之“灯笼裤”然。挺胸行健，摆长袖若舞风，目灼灼逼人。访友非国术馆，即天桥。每谈辄舒掌，往往挥之成风。谈义侠，有古烈士风，于乱臣、贼子、逃将、游勇，与夫反颜事仇，斗角钩心而无有利于人民家国者，义愤每欲手刳其人以为快。自科学杀人之术精，习拳棒者，乃以健身祛病、延年窒欲相号召，号召已历三十年，习者且不如昔日众。今既失地，号召者舌已敝，唇已焦，惟见老师之长拳短打内外兼工而已。

艺菊

艳阳映纸窗，窗下列浅盆十数，盆中植菊花芽，才寸许，若列畦，菊一芽，斜插小竹签，签书细楷“银鹤舞风”“赤金如来”“柳絮因风”诸名，旁注归德、洛阳等字，盖初冬自各地寄来培养者。花室凹而深，沿墙列盆盎，花已阑，气蒸土润尚有余馨。檐前堆制土若丘，南墙覆盆错置，累然高，玲珑剔透，望之如张壁衣。主人凌晨起，无所事，躬自培养，自托于隐逸之于陶潜。尝买书，得陶氏集可七八种，版本皆精。买画，得黄筌《丛菊图》，视为琼宝，秘不视人。边氛肆，蹙地失城，每奇痛，顾无如何，壹寄情于艺菊。主人有园林之胜，辟地数亩惟滋菊。菊之种，远自日鲜，遍国内，得种逾数千。好酒，往往把盏独赏，扃门不与人接。失朝阳，主人以书画托诸友，妻孥避地中州，日与园役饮酒灌花。尝谓薄宦二十年，自问无可愧对。艺菊，乐天也。何必入山，殉菊可耳。

念佛

佛之不可不念，视饭之不可不吃为尤重。初一、十五、十九、药王圣诞、菩萨生日、灶君诞辰、与夫十二忌、二十四祭等，吃素斋，烧高香，燃红烛，跪佛前默诵《大悲咒》《往生咒》《金刚经》等，九拜，拜起合十，必虔，又默诵佛号。午已后又如之，此晨昏之功课。遇朔望，香之烧加多，经咒之诵加长，手捻珠，诵咒百八十遍，诵经亦百八十遍。自奉俭，遇戚友尤廉，惟烧高香、写布施、印经咒、燃海灯、修庙、上供维谨，无所吝。日诵佛，“南无阿弥陀佛”不去口，戚友之来往以稀，得潜心壹志以与我佛近接，有时且置家事于不顾，委之人，初不闻问。佛之念尚未完，腹辘辘作雷鸣，口焦渴不得作食饮，脱食饮，乃大足以亵渎佛，虽屡遇而亦屡渴与饿之。惟以虔修之功，面红润作玫瑰之色，体不疲也。

观影

法学通论未及听完，疾自教室退出，入宿舍，退其阴丹士林旗袍，赵妈妈为捧面盆，速洗。就桌上揽镜，以番红涂两颧，罩以巴黎之粉。出黛笔，画眉细而弯，长入鬓。启小金盒，捻一指绯红唇膏，上下抹，由淡而浓。美国小短管眼墨，左手微按眼下皮，伸管自眼角横敷，翠泽欲滴。出小素笺，自额横涂，眸子与影值，欣欣自爱怜。洗手，由腕及臂，出小粉笺涂。蘸漆膏置指甲，胭脂红自视尚鲜艳，仅涂指漆，光可鉴。出高跟平金鞋，方欲着，骤见左足丝袜已为蓝墨水滴成联珠，微呼“该死”，意暗指为并坐同学抄笔记所污也。易袜着鞋，又洗手，又以小粉笺涂，又自顾其影而乐。赵妈妈退，遽由秘籍出素笺，置胸前，目上视微笑，笺由胸上至唇，连吻，素笺斑斑染口脂，几遍。易轻纨夹袍，罩以皮外衣，手皮篋纳印度绸小巾半打，又揽镜，无可指摘，御车直指电影院。时已开映，壁钟直指五点三刻，具笺人已向校中通电话，赵妈妈曰已来，而今始姗姗其来迟也。微笑，小语曰：“密斯忒□，对不住！”具笺人以蓦地来，暗中揽腕速之坐，向之温存。灯复明，始扭项视银幕，则已休息矣。

太太出门

年事已四旬有余，体胖，御青绸夹旗袍，两乳峰随呼吸微颤动。手《群强报》，目注钓鱼台奸杀案。王妈自后以篦梳短发。篦以套计，日必尽一套，然后以嵌钻石之发绾束发，发末微有不齐，则为剪去三五茎。王妈手为梳，口亦不闲，时与太太话。有时窃窥，见太太目注戏报，心窃喜，若太太只阅小说，则今日饭后必打牌；打牌负，唠叨使气，伺应维勤而动辄咎。最是听戏看电影，落得偷半日闲，与门房张老四得谈天，或是托账房王先生代为与爱儿写手谕。钟指下午二时，太太梳洗毕，画眉泽目如韶年，易乌绒袍，贯翠镯，询王妈，老爷正会客，一声“搭车”风驰去。太太治家严有度，婢仆咸有专司，不得紊。婢仆送至门，老四阴牵王妈衣，使权落后，王妈回眸报浅笑，立街门闲眺，刘升窃喊“下来了”，老爷与客已出中门，王妈不及避，身微侧，疾退入内院。老爷自眼镜框上睨之，知太太已出门也。

斗『梭子符』

一间小屋，临窗棋盘土炕，燃三号煤油灯，置炕心短足桌上，以紫红色包茶末之纸，就中心扯一圆洞，覆玻璃灯泡上，纸着灯泡焦灼呈褐痕。炕中坐三人，桌上覆以小方巾，色灰黑，汗痕斑斑代桌衣，梁山叶子牌摊其上，三人相与斗“梭子符”。时春雪敲窗，屋中小红炉余火犹温，三人则各思以其术赢得夜半奔驰之费。博非巨，每人以六十枚为限，胜者则出茶叶代价十枚，煤油亦十枚。脱无胜负，则三人共之，约在先，不能悔也。舒指，指纹杂汗渍与尘，每拈一叶，舌一伸，舒指抵舌蘸其唾。每有冀，久久不获如所期，则蘸唾愈浓，口谩骂，目张，筋暴努，势汹汹。如其冀而求，则冁然[1]喜，伸手捻半支残烟狂吸，以舒其疲。地下坐妇人，时目其夫若有祈，有时以茶进，侧其目视灯壶油，或默数其夫负几许。阴自念，脱全数负，匪特“车份”不能缴，明日晨炊又告断也。

[1] 冁然（chǎn rán）：开怀大笑的样子。

春日放风筝

时钟指三时有半，院中风斗琅琅作激鸣。春风料峭，自窗窥风斗，默计风势重，宜少耐。杂役张二则自重门之缝窃窥，不得，则低首疾趋故入厨，瞟其目视窗，凝神侧耳备呼唤。入厨，厨役煮米饭方熟，谄笑即前舀滚汤而饮，厨役睁视无一言。笑对厨，欲有谈，闻唤张二疾驰去。入中庭，垂手面窗，主人则曰：今日风较大，取大风筝试放。张二即趋东花厅，检八尺“排子”蝉与钟二具而出。主人春中喜风筝，风筝式样尤精奇，随风力小大而有大小软硬诸种。今日风大，惟“排子”堪放。排子长八尺，以苇茎苦竹为骨，敷以高丽笺。形如蝉，傅色图绘则如之。形如钟，色泽纹理，若出土之三代器。系以丝绳，扎以绦琴，相与至广场，迎风而纵，曳绳而驰，渐起渐纵，琴遇风，央央然鸣，主人则口张气喘手痴体惫仰视而乐也。放既起，牵绳至宅，先以绳轴投墙内，张二攀登屋，力牵绳，引之入院。直至仆妇入厨传“开饭”，主人方入屋，而张二则缓缓引其绳使下，往往灯火已明，而犹蹀躞院中理纷丝也。

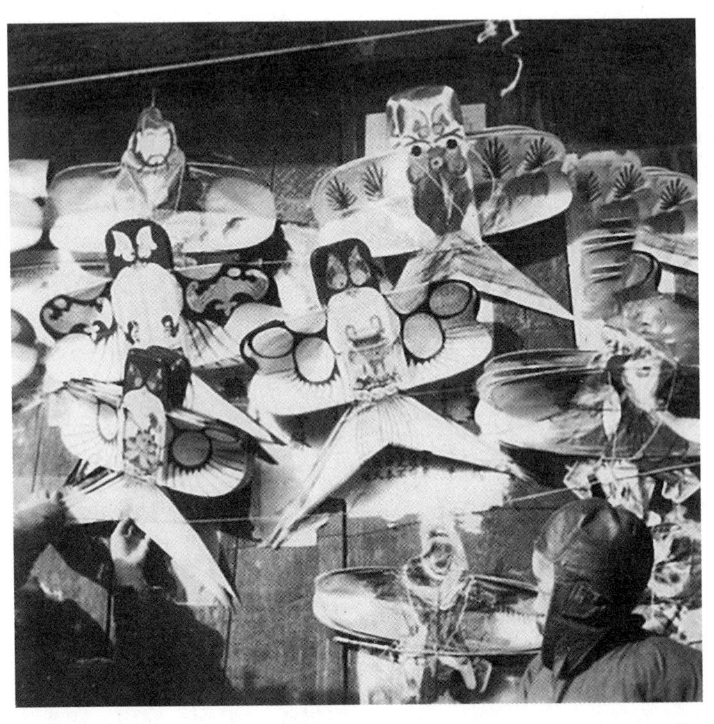

街头风筝摊

吃春饼

暮春之月吃春饼，春饼非可立办也。闲人于本星期四，乃获吃艺术家之夫人手调春饼，口福也，不可不记。闲人六时半起，为洒扫庭除灌花生火诸杂役，然后漱口净面食早点提篮入市皆毕，钟指九时，驱车诣华北学院上课。十一时半，至艺术家赵君居庐，君夫人颇讶闲人来之早。吾笑谢，意谓召我吃春饼，自当破工夫早些来也。春饼之烙只两合，薄如纸，松软不韧。下酒物鳜鱼一尾，味鲜美。烹青虾一碟及粉皮诸物，均无市味。春饼之菜有香肠、酱肘、熏肉、驴肉之属，皆市间物，惟经君夫人之手细切为丝，无少紊，故适口也。炒春韭，春韭有所谓“野鸡脖”者，色深碧而红，叶梢娇艳呈橘子黄，味最美。此外菠菜、豆芽菜、青豆粉等不下十余品，皆夫人一手调之。天渐暖，厨房气已燥，夫人御青绸棉袍，领扣已解，向围炉煎炒时，重劳夫人受热也。按吃春饼菜既众多，又须精细而洁，而众菜无后先，齐上，其温热各品须相等，是非精于烹调者莫办。食毕，夫人笑指温热如何，闲人惟敬佩有夙而已。钟指一时半，又至华北学院上课，三时半来报社，写此已五时又半，肚皮又空矣。

稷园丁香

“一春无事为花忙”，香山、南口之桃，大觉寺、妙峰山之杏，大觉寺、碧云寺之玉兰，万寿山之辛夷海棠，已磨穿“内联陞”千层底元青缎鞋。在崇效寺“紫姚黄”尚未绽蕊之前，只好以稷园丁香过瘾。稷园丁香年龄短，所阅沧桑不多，充其量仅足以饱经民国换变。非如静寂禅床前一株紫丁香为寿历三百载而尚向人作微笑也。顾稷园丁香虽不奇古，而满坑满谷，独以多胜，为此暮烟笼罩之古城生色不少。“燕子花开石首来”，黄花鱼既已果腹,《大公报》送至，展视其标金狂跌，大豆高涨，摇首示不然，易哔叽夹袍，礼服呢马褂，拄杖出，仆另以小衣包交车夫，车夫素习，凡交衣包必稷园，直趋不少犹疑。盖主人欲在公园“泡”，携衣包防寒燠也。比至，折而东，沿走廊而北，经来今雨轩，轩役足恭含笑逆，略颔首，直至社稷坛，南望丁香，含苞将放，神为之旺。经长美轩，遇局长、科长、课长、长班等，乃相与坐而“泡”。主人尝谓：独在公园“泡”，所以供我见、供我赏、供我笑乐谈语者，直疑非人间艳福；为花忙尚其余事。日影将匿，缓步登土丘，丁香之香，私与所领略脂粉芳馨较高下也。

姨太太

大帅罚局长长跪，为公也；太太罚老爷长跪，亦为公也。何言乎尔？当老爷无官一身轻也。奴婢伺应，营居庐，买古玩，与钱庄、银号、公司、堆栈诸老板相盘桓，衣食考究维精密。每至灯红夜静，四顾糟糠，心中若不宁贴。太太窥其意，坚壁清野，微示意，老爷窃喜，亦恣所欲，太太于是打牌吸鸦片，往往午夜且不归。凡此皆本文之前半段，无关宏旨者也。仆来禀，某二爷来，老爷喜，会面突然问所请，二爷故缓语寒暄，有间，方低语：顷有好货，处女，美秀，年十八，曾在某小学毕业，只以货高，看价车资绍介费在内都五元。老爷每闻一语，面喜纹皱，语已且不开。老爷问：可否以相片来？二爷笑谓：几曾有以相片看姨太者，若然，则绍介车资诸费，彼辈将呜呼得！于是老爷与二爷指曲巷，朝南破板门，二爷前，入院连呼王老太在未，东厢王老太出迓，含笑逆入，室一楹，木板床悬洋布伞花帐，水缸、菜锅、刀砧堆其左，临墙八仙桌，墙上贴灶王神像，桌中堆香炉之属据其半。天微暄，室中有奇味，往往自床下出，二爷且不耐，趣王老太接好货来看。王老太则故踌躇，示路远钱缺不欲行，老爷急出一元俾早自来见。王老太行，枯坐一句钟，一见未足，三、四见始定局，人钱两交，而姨太太入门矣。老爷令仆从打扫两厢，太太则必令姨太同一室，相持十数日不能决，太太无示妥协意，僵持，老爷为所屈，卒如太太意。太太每谓人：老爷娶姨太，不得专享。故曰亦为公也。

钓鱼

晨兴，取三截小竹竿，横插短足小板凳，向肩头横担，左手提小布口袋，内盛钓丝、鱼饵之属。步出城关，择向阳处水稍浅者置板凳。出钓丝系竿头，维牢。另以小葫芦纳小黄米，系钩上，向逆计可以得鱼之水面指之。葫芦有水上浮，其口际则预悬一锤，故口得下倾，米直落河底。取葫芦入囊，自囊出蚯蚓，红而肥，取一节入钩。稍息，燃淡巴菰目视河，待下米处有动静也未。朝暾甫上，阳光自河面照眼，目茫茫皱眉缩目以俟。下米处，已见小泡自河底升，阴自念，鱼果诱致，则接其竿直指其处而下。浮子端然坠河中，寂不少动，神凝气聚，手握竿伺。少动，疾擎之，不得，饵已为吞半脱，易饵又入，凝目伺。自念擎或太速，鱼未及全吞，故不得。浮子大动，疾擎，用力骤而巨，钩与丝竟缠树梢上，久久始下，则饵已为鱼吞去矣。伺之久，疾徐皆不得鱼，又易地，又下米，又钓又伺又不得。已近午，腹不可耐，废然返。

市物

阿宝与大雄，由其母制豆汁泡米饭，浓稠而热，大雄舒其肥嫩之手捧碗，碗灼手痛而哭，阿宝小语止勿哭，哭恐惊爷好梦，遭呵斥。日近午，姊弟腹已果，母则摭拾子女馂余，出辣子椒向火炉灼，和豆汁而食。阴自念：阿爷脱长此潦倒，将何堪！每日两餐已大难，顾两角钱烟泡又何出？默计，微敲其箸，目视小儿女，泪已与豆汁合，不自觉。阿宝即前抱其母，“娘！”每饭哭，脱为爷见，又斥责。娘告我：饭哭腹生虫。今屡哭，奈何！母抚其发，泪续续且不绝。“阿宝，阿宝！”母哭止，阿宝亦惊，知爷醒。母已备暖水盥漱之具，爷起，趿其鞋出，抱大雄，抚阿宝，爱之备至，每日不皆如此，若有起床烟则燃。榻前置《小实报》，烧两口烟，斜躺读打油诗，闭目思，易枕，烟又两口，如有思。日影既斜，谋定，盘膝坐榻缘，衔卷烟，静听若有待。门前小鼓频敲，呼阿宝，阿宝久经训练，喻其意，出门呼敲鼓，直入堂，指迎门八仙桌，索三元，二元局定。钱到手，阿宝、大雄如雀跃，各握两铜元市糖果。夫与妻则议填桌位空，市面买烟，爷则泰然卧榻上。母令阿宝市物，临行嘱阿宝，多买煤油来，今夜汝爷又高兴也。

当家

七点半开门之后，青布棉袍当一元二角，赎出灰布大夹袍，尚找余三角四分六，于是喊票：油破棉袄一件一元二。甫毕，一人貉子大衣，灰鼠斗篷，貂皮马褂一包，二当家（副理）急延至内柜，弄茶献烟，接待其人不敢援仆例。叩其主，攀谈，低声令学徒速趣当家（经理）来，有好货。又谈，目频视窗外。当家家居，平时七点起床，指奶酪谱，饮奶一碗，灼二个奶油烧饼，拄杖缓步行，维稳。三四里，度食已略消，入澡堂而烫，至十时始来肆。时"二班饭"（每饭分两班轮次食）正待安排，即八仙桌捻鼻烟狂吸，以待阔家持物来鉴定，以阔家起床多在九时前后也。仆不耐，欲行，二当家则故宕之，屡易人看，屡磋商价，屡请烟茶。仆已不能俟，则二当家暗与仆约，每元愿酬一分洋，仆不复去，当家热汗犹湿喘息至，略一看卒以二百五十元定。仆去，当家深责副理，谓此些些，何足惊乃公，恣定之可耳。怒极，嘱徒通电话与某某当家，约午后打小牌，吃致美斋，晚间听荣剑尘《风波亭》。副理欠身禀：今日吃黄花鱼，当家始由鼻孔中哼一声，若含微笑。

畜红花鱼

龙睛鱼、望天鱼、鸭蛋鱼、绒球鱼，分别部居，不相杂厕，头号盆并列盈庭，日未出，主人已随鱼儿转动矣。主人畜红花鱼数尾，自谓为天下冠，同好视之，亦咸叹弗如。产卵期近，主人倍忙，无日无时不监护之，脱入夜而两目能强之不复合者，则衣不解带，几欲暗中摸索。主人非有钱，二子月入得六十元，奉主人才半，有欠薪才得二十元，故二子时撺掇[1]卖鱼，时主人不能割爱也。主人已丧偶，居屋以二楹归长媳，次尚鳏，与主人同居。主人起，看鱼，下虫饵，扫庭除，担水，水缸巨，日必满，鱼盆日蓄水，故水每日担必十桶始足用。担毕，七时余，二子皆起，媳亦起，子出，主人又看鱼。另盆束藻放鱼使产卵，盆旁置三足高脚凳，坐观，媳为泡浓茶，随饮随观鱼。饭后，倚壁假寐，嘱媳：一句钟不醒，连呼勿忘，否则鱼不易新泉，将殆。遇烈风，蹙眉莫如何；风已，吸盆底秽，冲水面垢，往往汗流浃背不能休。子生，得二红花，一红脊鳍，全白；一红睛红尾。治愈勤，辄曰：此二子鱼，不枉我终日辛勤也。

---

[1] 撺掇（cuān duo）：在一旁鼓动人做某事。

日行

起不必过早，只八点钟。洗漱毕，烧饼油果佐白水冲鸡蛋两个，腹已果，不饮茶，安步出城关，沿长河经紫竹院略息。时苇已脱葱，柳将吐絮，面西山，望见玉泉高塔，映日倍明。山后蔚蓝空际，时走白云，空蒙反射翠微山，明暗瞬息而变。又西行，至白石桥，即桥头野茶棚而坐，以瓦壶泡茶，茶杯江西粉定已有裂痕。茶棚即土井舀水，水甘冽。壶以经历久，阅人多，其内茶油已满，光若漆，入新茶味乃绝浓。饮间，有先后至者，则皆不事寒暄，谈颇契。十时余，皆退，经五塔寺，谈而归。饭后又行，不必远，往往二三里，即入茶肆，与茶友谈，四时余，即“大酒缸”饮两角酒（两杯也，其烫酒之铜器若牛角形然）。一碟豆腐丝拌白菜，一碟花生米，付酒菜钱共二十枚而归。如是，每日行之无或间，故天君泰然，心广体胖，得养也。

放鸽子

晨六时起，启鸽子棚，群鸽飞庭院，遗矢满地。驱入棚，执帚扫庭除。选鸽出棚，系鸽铃，胡哨一声鸽飞起，央央然作晨钟，四邻枕畔咸诅咒。飞已，鸽落屋瓦喔喔鸣，换水添食入室，执漱盂蘸胡盐粉刷牙，净面后，乘家人尚未起，伺邻鸽飞，出其群横袭之，邻鸽反攻，各退，无所得。又伺，两群遇，另邻以奇兵要截之，鸽之群被包围，沉着迎战，预布新阵地而退。此役失"老虎帽"一，"乌头"一，懊悔已极，掇长足凳坐庭中，望天冀漏网。邻鸽又起，谋反攻，出精鸽以进，无所得，扰攘尽半日始已。饭顷，逆计今日庙集，"逢五白塔寺"，携钱之鸽市，自午迄未始见获者姗姗来，不敢直前买，买曰赎，获者视奇货，价昂；预与鸽贩约，指使代买，鸽贩会意，冒报五角钱，以二元五赎归。"老虎帽"失其雌，方喔喔啼，比归，"老虎帽"庆团圞，相见悲喜。又放鸽，迄六时止，饲惟谨，日日如是焉。

弹鸟

春末夏初，斑鸠正肥，挟弓弹鸟，此亦五陵少年乐事也。弓有二：一则同射箭之弓，弦为竹制，中有弹兜，抟泥丸入扣，舒左臂，伸食指为标星指鸟；曲右臂，环拇食二指扣弹兜横曳之，指既定，遽放，弹出鸟应声落。技尤工者，鸟飞，度可及，无用瞄准，以弓横击之，无不应弦落，此曰弹弓。一则曰弩，弓架曲柄上，柄前曲铜条为长方栏，中横一线，线贯黍粒小珠，弩机之后有表尺，牛角为之，中凿针眼小孔。左手执前柄，直指鸟，右手拢机贴目旁，自孔窥珠指鸟，无不中。此弩亦须精熟，其珠为之星。天有阴晴，时有燥湿，弓之胎骨用竹敷膘披麻嵌角，故有硬软；星则随其软硬而上下之，绝确。饭后无所事，挟弓囊弹沿河干行，四野无人，惟闻鸟喧，蹑足潜身，窥而弹之。戛然坠河对岸，望洋之嗟，有时徒供野老拾鸠大嚼，辄道声晦气也。四尺半铁管，径才四分，抟泥为丸，纳诸口，以铁管指鸟，吹而弹之，鸟落无有失，为之吹筒。弹柳莺稻雀最宜，晕坠后不至死，以弹为泥制，非坚也。

棋局

五月黄梅，闷人欲死，危城坐守，虽有几希活动之望，要不如以酒浇愁，楸坪[1]自遣，置理乱于不闻之为得。早餐抻条面，拈鲜洁蒜头大嚼，纳头午睡，比醒，院中犹淅沥有声。擎伞，步出家门，在邻肆闲坐，肆中门可罗雀，掌柜正苦寂寞，欢然斟一盏热茶，出其汉烟之管狂吸，“城中人已稀；银贵钱贱无主顾，如何是好”。相与唏嘘。有间，曰：“下一盘。”于是“长城为界，两国交哄”之纸棋盘，铺于柜台之端，掌柜高踞柜内，客坐柜栏之外，红棋黑子谦主客，跳马上相势互掣，马和炮打到孤城，窝心车失却分布，么么小卒，初以无所能而未加之意，半边人马，竟以士相缺而坐失机宜。此一局斗角钩心，各舒机杼，肆中徒伙，惶惶然沏茶灌水、烧火造饭，若甚忙迫也者。街心细雨未停，往来者则驻足观局，或代扼腕，或为顿足，或已见危机而当局者患视短，或代谋补救，而失计者不能听。棋局未终，惨笑递其红子与客曰：“城下之盟，以待明日，当雪此耻也。”

[1] 楸坪：以楸材制成的棋盘。后亦指棋局。

玩鹰

“松子”灵，“细胸”巧，“鹞子”翻身“踩子”脚。此故都玩小鹰者之语也。鹰之小者为“松子”，俏丽才五寸许；大者为“鹞子”，其大亦不及八寸，余在二者间。即鸟市买生鹰，罩以鹰帽，俾无所见。饮菜汁水，涤其肠胃，汰其野性。上灯后，去其帽，即街市之灯烛辉煌者遛之，过午夜，始睡。晨起，架而遛，又饲如前，又遛，然后以麻丝缠精羊肉一块饲，鹰则直吞而下。时已暮，即灯前举之，勿使睡。午夜，人与鹰俱困，始各睡。此谓之“熬”，饥肠辘辘，一唯人命是听也。凌晨起，所吞缠麻之肉不消化，鹰逆呕而出。系鹰两足之绳曰绊，人腕缠长丝扣荆条环内者，曰棒丝。此时以棒丝击绊，另以瓦雀拔取两翼之翎横纵之，鹰饿已甚，陡见雀，疾攫之。人在此第一次使捕雀，所捕务令鹰食，坚其信也。鹰攫雀，人则自爪际掀雀首之毛，以指甲裂其首而脑露，鹰俯食，甘甚；人又为裂脯肉至尽。入夏，瓦雀哺雏忙甚，随在觅食。玩鹰者则蹑足潜踪，沿街巷伺，既捕其母，其雄犹啾啾而詈，而其雏则嗷嗷失母毙也。惨已哉！

麻二爷

有麻二爷者，倜傥不羁，风流自喜，擅古文辞，诗尤清越类宋人。好游，间写山水，超逸类姜实节[1]。性好色，顾不肯近接女人。客游沪杭久，每至夕阳西下，辄厕身繁华之场，静观女子之颦笑行步坐起静动以为好。日不获观，往往神不怡，饭不饱。目眈眈追逐女子，既逆之来，复送之去，以故人无不知有麻二爷者。二爷来故都，在“九一八”之后，无所事，日惟于公园等处饱其眼嗜，虽头上飞机轧轧，二爷未尝一绝迹于公园也。二爷尝谓：“女人可观赏而不可近，近则徒增苦恼。”二爷夫人长二爷五岁，二爷壹其色，故二爷夫人尤爱二爷，一惟命。而二爷所谓“近而苦恼”，虽夙知二爷者，不明其所谓，而迹其行，二爷惟目视女人，自远而近，由近而远，无有他。二爷有手杖，杖端嵌小望远镜，目逆而送之后，辄自杖镜潜窥，友纵谈，二爷若无闻，人习知其如此，不之异。二爷谓“稷园观赏，惟女人行步最

[1] 姜实节（1647—1709），字学在，号鹤涧。莱阳（今属山东）人，寄寓苏州。工诗善画，著有《焚余草》。

佳，衬以古柏，映以朱垣，袅娜多姿，使人心荡。北海荡舟，女子力的表现，则非稷园所有。而男子之追逐，女子之迎拒，其间美乃不啻，能使人神舒体畅心旷目怿也。往者在北戴河观游泳，今平市横添一池，亦尚可过瘾”云云，呜呼，此其所以为二爷欤?

街谈

刺肤欲裂之日光，势如火伞，院中石榴花，丹红照眼，令人目眩。午睡起，手蒲葵扇，御蓝纺小衫，肩头鲫鱼口已补一长方之绸，色翠然而深，米色茧绸裤，迎风振舞，直指城门，门洞凉沁而风，挺胸当之曰：快哉此风也。步出城，以扇蔽日款款行，可三四里，道旁关帝庙前列巨槐，若张盖，以巨石砌台，台左右以砖石砌为凳，泽以青灰，以坐者众，灰泽而光若漆。时有先至者，已两三人，袒胸露乳，傲然坐，即前颔其首，坐者臀微欠，示意。脱纺衫，出自家中包来小叶茶，台主即以山西所产砂壶来，为泡讫，置盏而去。此地为三岔路口，路左右麦已割，有驱牛植晚玉米者，有提篮栽所谓“麦茬白菽”者，顾之而乐。茶已好，浅斟，向左右坐者举以示，意谓诸君曷饮此，坐者则又欠其臀，首与身略俯，示勿客气。坐者年皆半百上，所知奇多，每谈往往举百数十年前之野史稗官，以古非今，其词多感慨系之。谈入港，攘臂拍案，慷慨激昂，义气薄眉宇，有若燕市之屠狗者。而唏嘘喟叹，悲从中来，则又如楚囚之对泣焉。一见背上肩一红漆腰圆之筒上覆长方形之红漆盖者来，则谈已倦，即其筒中市猪头之肉，向台主买白干酒、腌花生米，饮讫而归，已晚餐时矣。

茶摊

日之阳，杨柳浓荫下，苇席长五尺余，每席蔽坡堤之高下阴之浓疏而展布于地，间有碧苔青草，花生之皮，残余之玉米棒，远望若铺地锦。树干之荫，以煤油桶改制为火炉，马口黑铁之壶，沸沸然，炉灰水汽，时溅于桌上白瓷茶壶玻璃茶罐。席上袒胸露乳，跣足赤背，或坐，或卧，或闲跳，或手把老玉米而啃。此所谓“雨来散”纳凉之茶摊也。每当停午，远近来者，直至日已衔山始散。渴有茶，有汽水，有豆汁，有新汲凉水。饿有烧饼，有新出锅之老玉米，有熏鱼、猪头肉，有腌炸五香花生仁，白干高粱烧，则六枚一杯。椒盐煮豆腐，则二枚两块。六郎庄老黄豆，剪其萁，盐水煮之，一大枚一小碟。秧已死，尚未成熟，而不得不卖之生西瓜，刀切半月，一大枚一大块。置身其间，身心俱冷，不知有汉，无论魏晋也。

自在红

自在红，小鸟也，体视雀而小，声宏而音清越，其音若“自在红”，故俗以“自在红”呼之。入伏，换毛羽，饲料加珍馐，俾得养。午饭后，提笼携竹竿，冒烈日步出城，即茔墓密林，昂首觅鸣蝉，视其所在，自囊中出小盒，盒储胶，蘸胶竹竿上，自下而上，效螳螂之捕蝉。方其竿胶已上，未及即蝉，而风吹枝动，叶粘竿头，则蝉唧然长鸣，一飞已逝，则热汗涔涔，下其竿，摘去粘叶，又昂首觅，又粘也。沿林木行，可五六里，非茫无所指，止于预计之野茶馆。白布小汗衫，米色茧绸裤，往往淋漓尽致。坐而息，退去汗衫曝，解裤带，执其裤当风而舞。所捕蝉，以杨树之大叶包裹之，若献俘然，顾其鸟而告慰。饮讫，息足，提其竿又粘，步而归，晚餐已熟，喝两碗绿豆水饭，泰然滋以为乐也。出捕蝉，拔其翼，以剪刀立劈之，平置诸笼，蝉腿尚蠕然而动。蝉惟雄鸣，雌肉肥而厚，饲鸟贵雌，日尽五六蝉不为多。又有鸟曰“自来黑”者，与自在红同，亦食蝉，其音有若“吃吃喝喝”，亦为养鸟所珍焉。

茶馆

马聚源青纱小凉帽，衬以珊瑚红结。白夏布汗衫，肩膊补缀成垂头云。蓝川绸长脚裤，扎以湖色绸飘带。马尾鬃织为腰带，其上系以旧玉蝉，水银沁黑光如漆；元青缎斤斗褡裢，一面盛官窑“五霸强”鼻烟壶，一面则郎窑尊片磨成海棠花式之鼻烟碟，另以玻璃之管，内盛白色“日快散”，不恒用，取其名足以慰快也。手执烧猪皮白玉嘴旱烟管，烟荷包则为缂丝五福捧寿之纹。摇虬角柄芝麻雕羽扇。举其足则全盛青缎双梁鞋，方其步，扭其屁股，捻其斑白之须，白夏布长衫，则折叠平搭臂上。下午三时后，自澡堂烫而出，沿街巷西荫缓步诣茶馆，至则人咸呼之为某老爷。茶馆之如此装束者，已有数人在，其尤崇者，则为某公爷，盖起码皆在“夸兰达”[1]上也。或手谈，或廋辞[2]，

---

[1] 夸兰为满语“营盘”之意，达为“头领”之意。夸兰达为兵营众武官举选之为首者，汉语则为“兵营之长官”。

[2] 廋辞（sōu cí），隐语。

或车马炮直渡黄河，或士相失中原播越，城下之盟，若辈直视如“棋输子尚在”也。业茶馆者，对此老爷尤喜其引吭而歌，若张二奎[1]之《打侄上坟》，程长庚之《探母回令》，黄润甫之《审七长亭》，谭鑫培之《当锏卖马》，往往豁齿粘唇，似牛似马，怏然自以为是。诸老爷又从而捧之，于是闲话伶官，每及像姑堂子[2]，茶馆掌柜烹茶博士，往往倾耳而听，弛然忘倦。七时而后，沽酒市脯归，明日不必又易衣往也。

[1] 张二奎（1814—约1860），字子英。京剧老生演员，与程长庚、余三胜齐名，号称京剧三鼎甲。

[2] 像姑堂子：童伶旦角居所。

《有闲阶级》注疏

昨日所刊《有闲阶级》，确为现代事，且此硕果，亦仅能在西城新街口、东城北新桥茶馆见之。他处概少有也。

此辈老爷们，其家境亦不尽为富有，中人之产，则大都皆然。其为行，非如燕市之屠狗，悲歌慷慨，以自放于廛市间。而其迂拘谨守，只知有我，则又大都皆然。

此辈群居，喜谈琐屑，四五月大雨，彼则能举同治某年光绪某年皆如此，而因此雨晚秧西瓜已坏，接秧菊花正肥……言之尤凿凿可信。

对于人，交际只白干酒，有时砂锅居吃半桌猪肠肉，则必为其令公子犒媒妁也。居恒多郁郁，最是见露腿短发与长裤短衫之青年男女，往往不屑有论议，目逆而送而报以太息出之曰："哎!"

北海钓鱼

漪澜堂外，荷塘万碧中，间有三数粉红花，因风向人颔首。游艇三五，荡舟者年轻玉立，载其母而游。极西，近小西天，孤舟一人，戴草笠，持小竿觅鱼而钓。御舟轻而稳，持竿准确，鱼食草，咋咋嘤嘤，随其声，逐其迹，投饵而钩，不少爽。鱼有小大，小者声薄而迹微，大则迹巨声宏而有续，择而钓，每举竿，往十一二两重金鳞鲫，不为奇也。园有约：钓鱼六小时，票券五角钱，得鱼逾八寸，重或一斤，皆不得携之出。每查票，且灼灼若捕嫌疑犯，出园门，检票视詈惟严。钓者知其然，入门不购票，而预储渔竿于园中，借人舟持竿而钓，自晨至暮始已，查票者惟于岸际望之，莫如之何。得数尾，或即茶肆烹食，或储藏之。钓倦出园，则以一两角钱觅人分携，或径包而出，或纳入茶肆圆笼中，检票者以未持钓竿，不为意也。而又何况来钓者园中人皆尊呼之为某爷某爷，纵知其然，亦不敢问。其酷暑熏蒸，携竿往钓，不知园中故事，不谙“截草”钓法，安浮子，坐五龙亭前垂丝，久久才得寸许之鱼。而查票之员，间时或且一二至，神疲目眩，体惫心弛，废然而返。比及园门，乃以误遗票券，致为门者所窘，是非荣辱交萃于钓鱼之处，岂不太冤乎？

捕蟋蟀

蟋蟀，匪可人力求也，而独欲以人力捕之，非好之深者不为功。捕蟋蟀有罩，罩以发细铜丝织为胡椒文。掘蟋蟀有锸，锸以废鸭嘴枪头，柄以苦檀短杆。探蟋蟀有针，针以铁竿草嵌野猫须，长尺又半。盛蟋蟀有筒，筒以苦竹茶浸维旧，两端塞败絮。怀有灯，山林过夜有布纳。裹糇粮，直入十三陵，风清月白，松涛鼓荡，稷然发芬馨。踞石坐，唧唧虫声，若燥弦急响，阔然远望，使人萧然忘物我。舍烦声，即洪沉而凝重者，植以标，又觅，又植标，如是者尽一夜。天甫明，择标之向阳者不再听，径掘。标植阴者又审听，汰其洪而不实凝而不重者，然后掘。蟋蟀有穴，视其出入，自侧入锸，略撼，中核要，雌必先跃出；勿惊回，俟其出，纵之，罩其穴，再撼；雄者出，精审，不能佳，弃之又可惜也，则纳篓中。篓以竹编为底，上缝以布如袋然，以绳系竹筒于其口，塞之。掘维频，纳之篓中亦维数，往往裹粮二三日不能得一“青麻”也。偶有得，无不色然喜，自谓此行足慰。未及深秋，已病其老，辄自解嘲曰：不过玩玩而已。

书法大家

去年迄今春曾写《有闲阶级》数十篇，皆一时所见之作，而其结果，我只落得朋友们道我善饮白干善吃小馆，究之我善饮善吃与否，又是一个问题也。今又隔数月，在此数月中，续有所得，不敢自秘，再与读者相见。

书法大家

以龟形“墨海”(砚名)磨“龙门”墨，声隆隆然。对面展《张公方碑》，目凝视，如有所会。左手执卷烟，不时吸。握香妃竹管，目视碑，手动，远望：只觉头频上下，手左右倾欹。少焉尽数纸，又易《张猛龙碑》，又凝视，头又上下，手又左右倾欹，又尽数纸。当其头上下左右也，目瞪唇合，蹙蹙然若不甚得意，倏忽，眉展口微吁，望之色然喜，于是目愈瞪，唇合愈紧，啮齿且有声，而头之上下，手之左右，频数而有力，盖其欣有得也。如是者尽汉与南北碑，凡石之泐，刀之锋口，皆能笔之，自以为书之道莫此高，不屑屑作书家，而自视若宜称书法大家焉。

押黄鸟

筒子河之山喜鹊，太和殿之鹞鹰，其鸣声既已跑穿两双破鞋，押入黄鸟之口，惟妙惟肖，而西便门外莲花池之“油葫芦”(视蟋蟀而大)能打十三四嘟噜者，尤不可不使之学习。于是凌晨起，披青布棉袍，玄青美式毡帽，前齐眉，后覆几及肩，提其笼疾步出。晓月乍敛，晨烟正浓，卖豆腐浆之老三，方始担其笼，自马路而过，直指其目的地。比至城关，菜贩斜坡大麻包，于空手车之沿枯坐，俟城门才开启。驻其足，摇荡其笼，示不耐，少焉司启钥者鸣其典，声琅琅然，进者出者骤动。觅地，疾步出，直奔莲花池，沿途闻虫声之呦呦，足顿止，轻蹑，屏其息，俾黄鸟涵泳其声。人有经过，虫声止，又行，又有声则又驻足，如是者直至日已上升，声息，始提笼归。鸟学虫声非一朝夕，人足之勤往往历数秋如一日夜。或有问，则曰：笼虫声不自然，远足所以锻躯体，两有益。

谈天

阴雨连朝，农人于捐税劫抢之余，就檐前雨声，筹划其播植春麦，望天空，作苦笑。而车夫小贩，叫苦连天，怨声满室，对雨不胜寒。于是张三、李四、马二嫂、王大娘，群集于矮屋，咨嗟叹息之余，为太平年之回忆，“小米粥一百六，重罗面二百四”，滔滔乃不能穷，话之若曾经太平，足为当前之安慰者，以力食，力无以为，至于谈天话故，不得已，非有闲也。晨兴，茶馆坐，午饭后，茶馆又坐，以为恒。值阴雨，闷损不可堪，张破伞，足胶皮鞋，短袄，加青布棉马褂，冒雨即茶馆，茶馆客仍满，所有客皆习以为恒，不来不过瘾，雨虽大，乃为不期而会。出小叶茶，曲肱拄长板桌，跃一足斜跨板凳，倾鼻烟狂吸，谈锋纵，雨声皆不闻，觉寒则袖手缩颈口讲而指不画。开口“白面贩”，顿口韩国人、燕子李三、牛肉老五，其归结，必低声小语于现代至不耐，于是太息之声与雨声相应答，萧萧然隐者也。灯乍红，窝头新黄，放枕眠，冀明日容或清明。

艺菊

冬日培嫩芽，沿窗曝日。比春，渐出房，芽稚而鲜嫩。瓦雀馋涎垂数尺，日侦伺，梦中闻雀噪，披衣起赶雀，俯视，则叶已伤，监护维谨。菊渐长，分植，历夏初，摘芽培肥灌水无停歇。入伏，雨挟泻而下若飞瀑，菊伤，护尤勤。阴雨兼旬未停，或连阴酣暑不雨，菊又病。当雨之未有停也，庭中积水，空中淋水，左手把伞，右手掇菊盆，斜欹，俾水泄，雨寒，牙战战有声，不觉苦。初秋，蒸热而不爽，兼阴云，菊生虫，抱嫩芽滋食息生长，市烟叶土，持匙就芽际遍撒，冀杀虫，虫顽强抗，不退，则左执盆盂，右执秃笔，就虫处横扫之，务尽。曝肥，奇味三日不得退，食不甘亦安之。三秋，菊已露色，小雨遭巨风，竟夜不止，晨起视，已多受寒者，则深恨夜寐之过酣也。

玩山喜鹊

夏日即郊墓浓林觅鹊巢，坐其下谛听，得啾啾之声。守之，觅村童子，予以钱，示所指使盘巨干而上。村童子习攀树，自八九岁而能，犹之“二闸”村童，个个为大游泳家也。比上，予以帙，使囊雏系腰而下，既得，往往三五数，或与村童剖半，或独得则多予钱，老鸟咋咋然狂啼，莫之顾。笼内纳败絮，卧雏，以鸡卵黄拌豆粉，雏鸣啾啾，无昼夜谨饲。渐长，卵黄豆粉佐以精羊肉，遗矢成堆，皑然白，淋漓满壁阶，不顾。已辨雌雄，汰雌留雄，项以索，捻数尺之绳，以檀木棍架，日遛。鸟驯熟，嘎嘎然鸣，展翼飞，灰尾白环作蝴蝶舞，顾之而乐。遇羊肉铺，以铜元二十枚市精肉，持归，出小刀砧，去脂剔筋横切之，纳瓷杯中，备饲。老妻捧白菜豆腐汤至，随掏烤窝头数片对之大嚼。哓哓然詈老妻切豆腐未能薄也。

打麻雀

自五十元一底两昼夜负四万元，以三万五千元之房偿所负，税房而居；车由汽而黄包，仆由四五男而只一女，而麻雀之戏自晨兼夜不停歇。背驼目涨，白眼红丝自眼角直侵双瞳子。朝八时校课，昏昏然乘车而去，迟且十分钟，挟书报，摊讲稿，口僵喉燥，睫数数合，强使起，两目木然不听命。课始毕，亟谋复所负，又凑局，挟书包直指其处，阖其目，陶然仰卧黄包车，鼾声作。头俯仰随路之坑坎为荡动，帽为风吹落不之觉。比抵其处，神旺，不暇寒暄，局成，燃淡巴菰狂吸，红中发财拍拍作裂竹之响。灯早红，腹辘辘作雷鸣，主者以四簋两汤饷，举箸大嚼，目直视，犹忆三翻牌而误打一张二万也。风卷残云食饭毕，捻小牙签随剔随入座，又十二圈，午夜，负两元有二角，思恢复，直至鸡鸣方罢，仍负二角钱，盖降为一元幺二，不为不过瘾也。

品茶

宜兴小泥壶，才鹅卵大，入广州，以金刚砂磨治，变其形，腻若脂玉。哥窑小盏洗，铺以棕皮，位壶于中，惧瓷与壶遇，磨伤壶也。红豆红小茶杯四，大才如牛眼小酒盏，承以均窑洗。以红泥小火炉燃无烟炭，汲清泉，纳紫砂壶中，就火煮，俟沸，另以沸水洗壶杯，惟净惟热。闽中岩茶冠天下，“大红袍”一种，芳冽视“铁观音”尤胜。茶贵野生，生于土者尤不如生于石隙。人工培，花熏，味质俗。且同一“大红袍”，早采者味淡，晚采者味甘，最是偶见一丛，不可攀登，役猿猴而采者，味尤永。日同一茶，其泉不甘芳，不佳，其火不炭炙者不佳。且同一茶，其壶不细润，不岁久，不恒泡茶，不常把玩者，味亦不厚。惟其然，故旧泥壶珍若珠玉。水既沸，壶中已满置茶叶，泡水，水满而溢，覆其盖，就盖上又注沸水，又以沸水烫杯，目注壶，视酒盖下注之水已干，茶熟，浅斟，以两指举杯，就鼻间嗅其芬芳。

此时气宜屏，天君宜泰然，不宜有急言遽色，不宜作遐想，念惟有茶香。嗅不可久，仅由鼻尖一过即入口，口不可大张，两唇阔，目微眯，以杯就两唇之际而入，徐徐吸，然后以舌舐上颚肉而咋之，声凄然，气舒体畅，芳香直沁心脾。此一泡，香已出，味未浓，又泡又注水于盖俟干，又饮。此次目合唇闭，头摇体仰，凄然而延有长韵，最美。

养鸽子

我喜鸽，养之十余年，虽不必如张曲江之飞奴，而著其族类，详其食饮动止，垂数万言，梓行于世，亦足以自豪。今世运昌明，非如曩日之可以玩日愒岁，弃而不弄者，盖十余年矣！今所传，传啃烤白薯之养鸽者。

于院之西南隅以苇为栅，以洋烛箱为窠，养十余头，长嘴平头黑质白章者居泰半。晨兴，启其窠，群鸽喔喔，睡者为之醒。昂首伺邻群，晨寒衣薄，身战战不忍屋取暖，邻群起，疾择驯熟者横袭之，出不意，虏归，未及房复逸，又驱鸽起，遇邻群呼应，未三匝，急收，幸虏其“点子”，房檐上，以食诱，不顾，出强弩，指嗉一击而中，嗉为穿，丝纫得不死，心泰然宁，快然出□铜板市烤白薯，对之大嚼，觉甘芳不觉横被禁不许卖。自晨迄午如是，自午迄暮又如是，不能常得。当有失，得失相偿，不亏本，弄有滋有味也。而房主人则频以鸽损屋瓦，鸽扰清梦，下逐客令焉。

1932年11月23日—1934年12月11日

《北平晨报·有闲阶级》

署名闲人

于非闇拟黄要叔《金盆玉鸽图》（1941 年）

痛 痛 集

漫談

新的晨　東風

華萼樓隨筆（一）

于非厂

这部东西，是我在去年“八一五”后写的。我知道抗战的苦，不减于沦陷的苦，但是我的老母她太老了，且又病废，儿子只我一个在眼前，那我只好牺牲一切，随她老人家一齐沦陷了。

胜利到来，我却不曾死，而她老人家却浮厝在天仙庵。先茔被平，坟墓全失，合葬更谈不到，痛恨终天，只不过徒唤奈何。

胜利已逾一年，老妻竟又先我而去，我的痛正无已时，真所谓痛上加痛了。

我这部东西，却不是述八年经历，自诉其痛苦，确是因朋友要我写东西，而我实在写不出，只好用它来塞责的。

1946年9月13日
闲人记

痛痛集

于非厂

母病

被捕

三等首長

敬禮

于非闇《痛痛集》专栏文章（《一四七画报》1946 年）

母病

“七七”那年，先母正七十岁，她是因为三舍弟在“五四运动”受伤致死而得精神病的。她老人家的病，遇有喜怒忧惊惧是要犯的。事变之后，日寇向我住的胡同要“花姑娘”，她老人家病更来得厉害。我们对门又发生日寇围攻一位用手枪还击的同胞，我们房上也爬上来执枪的日寇，她老人家惊惧痛愤，病更加重。我自宪兵队归来，老人家半身不遂，动转需人，但精神病却好了。那时我住在宫门口头条三十八号。

被捕

二十七年三月二十日，我被人五花大绑地捆了走，装上大卡车，先到大院胡同，我在车上捆着，未下车，又捆到煤渣胡同。那些捆我的，都是东北口音，或者是旅大的人，他们对于我，却只有冷笑，冷酷到没有什么表情。等到日寇来“审”，“这是法庭，不得说谎，不得反抗”。跟着就问：“你说?”这是一位高高身量的旅大口音译给我的。我只得问：“要我说什么?”这一句却太不内行，原来这问句就是反抗，拳打足踢，挨了顿洋揍。后来才知是文字狱，《华北日报》(《闲人之言》)、上海《大公报》(《非厂漫话》)、《实报》(《漫墨》)里边有我写的《大刀》(《实报》)、《车中之言》(《华北日报》)和《白面房子》(上海《大公报》)等等抗日文字。我痛定思痛，越发愧对我的老母，她屡次教训我，她说：“这生涯是无保障的呀!”

敬礼

日寇入城后，凡是出入城门的人们，步行的要脱帽鞠躬，骑车的、坐车的，全要下车步行，脱帽鞠躬，受严重的检查。这还不够，由内门洞步到外门洞，仍要受到同样的检查，行同样的敬礼，如果不知道脱帽（乡民），或是鞠躬不够度数（起码九十度），轻者挨打，重者挨刺刀。我看见阜成门一位提鸟笼的同胞，头顶鸟笼，向城墙长跪。原来这位同胞，在这种时候，他还每晨出城去遛鸟，致遭到日寇的疑义，几乎命丧刺刀之下，才长跪墙根，受了多少活罪。

北平市民观看日伪张贴南京陷落宣传品（1937 年，日本记者拍摄）

三等首长

华北伪当局的首长，日寇把他们分成三等。愿意干而又听话的，是第一等。在这等里，任凭他去富贵，去广置房产。愿干而不听话的是二等，这只能令其贵为首长，而却不令他大发财。但这两等，日寇玩之并不感觉扎手，日寇最感扎手的，是他既不愿干，又不听话，而日寇又不能不用他，这是三等。

腿子

“腿子”云者，是称为敌人作鹰犬，专门残害老百姓的，原来叫“狗腿”，因为他们比敌人明白中国人的习惯，所以他们帮助敌人来残害老百姓，比敌人还凶狠，而且他们多半是旅大的口音，所以老百姓恨他们狗彘不如，把“狗”字给取消，而简称“腿子”。据说：这些“腿子”，是由伪满训练出来，以残害东北同胞成绩优良的入选，他们美其名曰“宣抚班”，或是“翻译官”。他们总是称自己是“大金州人”。他们具有流利的日语，残酷的手段。他们当着日敌，对于老百姓还说上几句中国话，他们单独地对中国人，却是说半句中国话，半句日语，有时“大大的”“有老西”“开路的有”，说上一大篇。沦陷区的人，把他们恨入骨髓，在农村时常有活埋他们的事。

户籍老爷

北平沦陷后，来了一位警察官长，就职之日，当众宣称："我叫某某，我是汉奸，有愿意随我当汉奸的，照常工作，否则请退出。"这位首长太聪明了，当时竟把敌人"唬住"，并未把"腿子"掺进去。后来这位首长高升了，首长以下，按上顾问，各区里掺入"腿子"。但这并不是直接商民的。直接商民的是户籍老爷和城门检查老爷。有几位高明的分署长，他把担任城门检查的都换上了年老有经验的老太爷，当着敌军宪，虽做得像煞有介事，其实他已检着违禁品。他或推他一掌，或伪骂一句，轻轻地倒放过了。年轻不晓事的，他不明白"同是中国人"，曾出了不少的乱子。至于户籍老爷，自从三十年秋施行了"居住证"之后，老爷们的势力太大了。北平这地方，老百姓受他们害的，不知有多少。他们是运动来的，管理户籍"最肥的缺"是这一段，有旅馆，有土药店，有大商铺，他们不但是全家用度都要在这一段，而且逛窑子轧姘头，吃酒赌钱等，都要从这一段里弄出来。买商民在物质上损失些，卖他个不刁难，容易过去，还没什么。惟独他把你的户籍簿随便给画上记号×，那么你这一家就倒霉了，认为你是可疑的住户，“是间谍”，不时检查，永不得安生。

检查

“检查！检查!”白天在通衢上开始了，说句日本话，车也不下就过去了！尤其是和眼的敌妇女，她们只坐在车子上一鞠躬。我们贵国人，无论是汽车、马车、人力车、脚踏车、推车，或步行，都要下车步行走过去，脱帽鞠躬，恭受检查。汽车要搬开车垫，马车要打开坐厢，人力车要拿起车垫，打开车厢，脚踏车要张开车兜，推车要放开筐篓，人要任其摸索，看到检查，才知道在铁蹄下失了国籍之苦。但这并不严重，因为真的防其检查，前站先锋早已通知过了。

最难忍的是夜间跳墙入户来检查，这除了告密等等不算外，若是开罪于户籍老爷，户籍簿上弄上了记号，那起码是夜间四五点钟，敌警宪开始光顾，跳墙入院，先遭殃的是狗，然后把人喊起，盘诘搜检，翻箱倒箧。我老母病倒床上，都要架起来，翻翻她床下，气得我母亲骂老爷:“是不是中国人!”检查结果，一无所获，我们却损失几件首饰，临行还令按上斗箕，“并无骚扰等情”。至于天津封锁租界时，那种野蛮作风的检查，虽食其肉而寝其皮，犹不足以解恨。我有一次因为朋友重托赴英租界，我袖了二十元伪币，很轻松地通过了。看到了一位少妇，一位十四五岁的少女，都脱得精赤条条的在桥边跪着，敌军宪在戏弄着，那少女大概是更为义烈些，突地站起来，跑到桥边，似欲由栅空向河里跳，结果被拖住了。我因为停留这一刹那，还挨了一东洋脚。

在西单夜查行人的军警（1938 年，日本记者拍摄）

『兴亚去』

自沦陷后，中国文字变成了怪诞难明，比直译的欧文还来得那个。我们人读了，不但是可恨，而且可怜，兹把这时的妙文，抄一段在下面：为期事务在进行上之尖锐化，更使一元化机构之运用圆滑，而□□断然之机构改革，故其前途之发展殊甚期待。这一大套，哩哩啦啦，既非中文，亦非日语，这直比拉车的对日寇所说“大大的有”“你的没有，我的有”，还来得费解。但是这些执笔为文的，却要故弄这一套，所以人们对这些语文叫它“兴亚语文”。这和逛日本窑子而说“兴亚去”是同样的讽刺。

饿死公务员

北平沦陷之后，伪政委会所属各机关，和市政府所属各公务员，薪俸是一向低微的，比起日寇主持之某会、某社的车夫、听差还不如。这里边除了和商民直接发生关系的，如统税、财政、禁烟、社会、警察各局可以略微向商民想法之外，这些位科股长以下的小公务员、雇员，有的跑跑小市（早晨），有的蹬趟三轮，有的跑跑宣武门（晚市），自从伪联银发行了五百元票，票上印着有天坛的花纹。市面所通行的伪一元票，票面印着孔子像的，遂无人重视，用它来打发乞丐都感觉着不好花用，摩登的姑娘们，用它来叠个彩结缀在小辫上。那时有个歌词被人们传颂着，歌曰："孔子拜天坛，五百当一元。涨死囤积者，饿坏公务员。"可是那时的窝头面才卖五十元伪币一斤！

花姑娘

日寇入城，沿街巷觅“花姑娘”，以逞其兽态。东单某巷有孕妇，为寇轮奸，当时就流产死了。宣内牛肉湾，某□嫁女归宁，这位新娘子穿戴得还那么漂亮，可巧日寇正寻“花姑娘”不着，正正遇上，这位新娘子遂大倒其霉。有某甲者，遂在西单南大街绒线胡同西口外以北路东一座楼房里，聘了些供外侨、外兵泄欲的野鸡，开了个俱乐部，因为她们受过相当训练，应付裕如，渐渐地这俱乐部变成“御指定”了。最初每一次一元钱，后来涨到十元钱，她们的成绩是，日寇找“花姑娘”的逐渐少下来，长安街、西单南北大街、府右街……私立医院日寇打六〇六、九一四的加多了。后因物价高涨（大概是吃混合面的时候），她们报酬增到每次二十元，她们努力为着生活，每日有挣到两千元的（日夜合计），但她们除扣净剩才一千二百元，而是要身经百次。（此数字是三十三年十月某报纸发表的，我很佩服这个记者的勇气！）

防疫

三十二年夏，华北日酋忽然发表防疫，据说是发现了真的虎烈拉。于是宣武、正阳、崇文三门断绝了交通，各外城门每门设了卡子，用大缸、大木桶，盛满了防疫水，凡是入城的食品等物，尤其菜蔬都要向防疫水里消毒，同时城门行人道上都铺上破芦席或破麻袋，上面洒上防疫水，出入城门的人，都要把鞋子踏在芦席、麻袋上去消毒。因为前三门（正阳、宣武、崇文）交通断绝，人们自内城向外城通电话，或自外城向内城通电话，都要特别花钱或打关照。在这个期间，不必是虎烈拉，就是发现腹泻的病症，因而死亡的，报到各区的卫生局所属事务所，由所方通知日寇，来死者家中检查，检查之后，这街巷先断绝了交通，用石灰在巷口画上白线拦上草绳，这一巷就倒霉了，不但是出入不便，还要每家消毒，不知几时才完。至于那位死者，是先用石灰把尸体包没了，然后盛起来，搭到焚化场，纵火一烧，完事大吉。像这样死的，不可胜计。有那年老或是因营养不足而死的，报到卫生局所属的事务所，事务所会同日医来到停尸待殓的室内，把已死的裤子退下来（有那尸已僵硬，衣裤脱不下来的，则用刀剪割裂），露出肛门，用玻璃管自肛门深入，取出的时候，若这粪是黏粪或稀粪，即硬指是虎疫，须焚化。当他们进门来检验时，自然是先看诊断书或是药方，死者的家属，若是聪明一点的，把那位会说日本话的引入另一个角落，和他开始讲讲价钱，说句同是中国人，说说诊断书上明明写着脑充血或是产后失调，或是心脏衰弱，然后再托他转达过去。他必故意地摇头皱眉，他做不得主。你再把送他的先行奉上，他自然呱唧呱唧地翻上一套，又指指诊断书，于是就是真得的是霍乱或赤痢，也马马虎虎地填上死亡表，准其抬埋了。如果你因为死者的悲哀，弄得若次昏迷、语无伦次，钱没得出，躬也鞠不深，那这位死者，虽是心脏病，也只好是虎疫了。

翻译

我尝分日寇翻译为三大类。受日寇充分的训练，如随军的翻译，宣抚班的翻译，使领馆的翻译，各机关学校随日军俱来的翻译。这种人有高丽，有旅大，有台湾，有东北，有冀东，他们大概都是受过相当训练，在伪满曾为日寇出过力的。面部向无表情，手段非常毒辣，这是第一类。虽未受日寇直接训练，或是生长旅大，或是伪满读书，日寇的手段和习性，知道很清楚，自称总是“大满洲国人”。他们专能发“翻译财”，这是第二类。在日本留学，通晓日寇的语言习尚，明白日寇的一贯作风的，这是第三类。这类具有民族思想，很能不惜冒着危险维护中国人。日寇所最信任的是第一类。第二类用非刑害人、毁灭全村，他们是拿残虐的轻重来换取日寇信任的久暂，而他们好借此发“翻译财”。不过此辈未受日寇直接训练，表情粗暴不如第一类之险狠，使人无从捉摸。所以他们失势的也多。

土药店

三十二年夏的防疫，据说是日酋为搬运大批的烟土赴华中。又说是日酋俨然是华北之王，借防疫这个大问题，报告敌军部，可以暂缓调往他处。究竟葫芦里边卖的是什么药，是颇费猜想的。不过北平那时确不曾有个发现虎疫的，还却是真的。自日寇推行毒化政策（我在二十六年写过一篇很详细的调查刊在上海《大公报》)，敌伪时期的古城，烟馆林立，大街小巷，到处都有土膏店。“设备雅静，伺应周到”以至“生熟各货，零整批发”等等的门前广告，又仿佛恢复了光绪时的景象。土药公会，是辉煌朱门，出入之人，比各督办的阔绰还来得够派头。那时的土药店或土膏店，在大街不如在小巷的生意兴隆，在小巷里，可以卖日军官、日商、日公务员，在大街，这些人都还有点顾忌，不如小巷，进了门，把军刀向床边一停，开了灯有女侍伺候着一烧一吸，即或碰到了较大一点的军官或文官，也不过在会意的微笑之下，各自过瘾。有时倒是因为争女侍，彼此弄得僵起来。至于高丽人，那更是出入随便了。朝鲜的志士我是佩服的，崇敬的，至于随着日寇专门代它来推行毒化政策，来残害我同胞，我觉得尤为可恨。而他们既不觉悟同受毒害，未毒化成中国人，他们已先被毒化，敌人的政策固然狠毒，而他们弄这些白面房子，自己害自己，也太可怜！

达母达弹

白塔寺对过隆泉澡堂有个伙计，定兴人。二十九年夏他请假回家，至村中，还未及向日军报户籍，可巧日军夜入村中搜索，伙计听到枪声，即跳墙而出，他惟恐日军见了他，未报户籍，全村将受害，所以他打算乘黑夜跳出墙来，在高粱地内趴一夜。不料他正在墙头欲往下跳，日军枪弹正打在他的脚上，他几滚滚入田里，才未被日军搜着。可是他的脚在弹打中时即炸裂了，后来在北平把足锯了去才好。据说是日军使用万国禁用的达母达弹所致。

村居

如果你这村子接近火车道，那么，全村的人要出钱培垫这段路，要出人守护电杆，守护路轨，要出力去掘路旁的沟，要砌路旁的碉堡。假如你这村子距铁路远的话，那这些麻烦虽免，白天要出钱供敌寇需索，供“腿子”敲诈，供县役压榨，供警察勒索，供保安队摊派。夜间还要防土匪蹂躏，预备抗日军烧茶煮饭（那抗日军真是秋毫无犯），斫电线，掘长壕，缝补鞋袜……村居的人，全是心惴惴地惟恐天一亮而抗日军不退，天啊！他们如是不退，或是不隐起来，做村长的天一亮非报日寇不可，若是不报，这一村的生命财产，全要被洗。报知日寇，又如何可以开罪于抗日军而自残同类。并且日寇住处，不是铁路线，就是城市，由村去报，需要秘密，需要步行，等走到应报的地点，日寇疾驰而来，抗日军已他去，弄个谎报不实，“腿子”先不答应。就是抗日军不去，两下交绥，村中也要被洗被焚，因为抗日军所用的火器，仅是步枪，间有机枪，而日寇往往先不前进，用炮乱轰，这一轰，十室九空了。最冤枉的是报告之后，日寇迟迟不敢骤来，等到调集了人马，远远地用炮一轰，这一村连狗都死了。至于收麦收粮的时候，翻译、县役、警察、日寇、合作社、县库、土匪……都纷纷来要，或是硬抢，或是用美名的“县库”“合作”……迫人民自送。沦陷时村居的苦，实比城市苦到万倍啊！

新时间

日寇入城后，施行所谓新时间，最滑稽的是电台“正午报时”，这时并不正午。初行时市民不惯，“腿子”遂利用这新时间来收表。无论是“临时检查”，是车站，是城门，是坐火车，是……他们专注意你的表，如果不按照“新时间”，马上打你几下，踢你几脚，“八哥轧路”骂你几句，然后再没收你的表。

新闻解说

北平伪电台，每晚必报告制造出来的新闻，新闻本不值一听，新闻之后，继之是“新闻解说”。这解说是有组织，有系统，有主义，有意义的宣传与批评，且不知有多少人曾受它的麻醉。日寇每“陷落”一地方，每举行一集会，日德意怎样团结，怎样共同步骤，伪满怎样开发，重庆方面怎样没落，南京方面怎样维新，怎样是正统……它们所搜集作为话题的资料和深刻的批评，与武田南阳所办的伪新民报《日日新》同一被人重视着。在略从事于新闻如我者，固然对之不值一笑，但一般意识薄弱的人，很受了不少它的影响，尤其是硬叫中国话为满洲话的那些位青年们！

及至太平洋战事爆发，“皇军”所向无敌，那时它们把诱惑性的解说，一变为骄傲性，尤其是取了新加坡，占了吕宋。及至阿兹岛碰了钉子，对于中国人又变了态度，要“兴亚”，要“同生共死”了。塞班岛“壮烈牺牲”，意大利降服，山本五十六死，诺曼底登陆，解说的话锋，随着战局的日趋暗淡，改变得手忙脚乱，谩骂各国元首，怨懑同盟友不义，挑拨国共纠纷，解说遂不能自圆其说。在这样可卑可笑之后，呼号着必胜的信念，必死的抵抗，特功的精神，捉襟见肘，不但可怜，而且可惨了。可惜这七年来的心血，那些宣传稿件，都随着降服而焚毁，作蝴蝶舞了。（它们整焚了两三天，我是在西长安街看到纸灰在天空飞舞的。）

献铜

三十一年冬，北平市由敌人成立了所谓“大东亚战争金属品献纳委员会”，向本市各户强征铜品。三十二年又征集，三十三年征集了两次，一次是在一月，一次是在七月。本市各户商店的铜栏杆铜牌匾，住址的铜门环，全在搜集之列。但是那时几位奉行的，却预先通知了商店，先行卸下，买些废铜来应卯。住户除了废铜，就是出几个钱了事，结果却是街上家中全见不着铜器了。德胜门晓市有一位存了多少年破烟筒、烂洋铁壶、碎罐头筒的小贩，把这些东西积成山了，遇到了这“献铜”机会，他都卖给献纳的用户，用户就用此可以交差。及至到了用主手里，“八哥轧路”乱喊一阵，却未曾得到了什么效果。聪明的中国人，只糊涂了那太接近敌人而妄想过官瘾图发财的几个。

『兴亚兴亚』

“兴亚亚不兴，共荣荣不成，同生生不得，必死死无穷。”这是所谓兴亚理念中的一首新作品。自“兴亚运动”发动以来，无处不用“兴亚”二字。北平人摆起龙门阵来，张口一句“兴亚”，闭口一句“兴亚”。譬如：报上把几个字加上犬旁，叫“兴亚字”。拿日本女人开心，叫“兴亚乐”。鞠躬够九十度，叫“兴亚礼”。混合面制成之窝窝头，叫“兴亚馍”。日寇患梅毒，叫“兴亚病”。国人嫖日本女人，叫“以特攻之精神，存必死之信念，毅然决然去‘兴亚’”。嫖完回来，叫“完成圣战”，目的已达，消耗对方，遂行转进（这些都是敌人战败后，所发表战报的词句）。问他嫖完日本女人趣味如何，则答“对方装备不完，斗志不坚，战力低下，在近代立体战下，溃不成军”（这些都是新闻解说上的词句）。有一次某社长与某社长相诋諆，连篇累牍，所争只是一件小事，人们称他们叫“兴亚骂”。直到某老将买了座山，盖起茔地招租，入了“兴亚坟”时期，这“兴亚梦”才由波茨坦醒转来！而我老母却不及见了。

1941年12月日本发动太平洋战争时，北京市民观看布告（日本记者摄于交民巷）

现粮市场

日寇政策甚多，以饥馑政策最为毒辣。华北各地，村中的收获，汇集到镇上，各镇的食粮，又汇集到县公库里，或伪合作社收去，或军部直接收去，尤其是麦和大米。城市的粮，由军部或某公司收买。所谓混合面，所谓杂谷，所谓豆饼粉，乃是日寇搜刮来，积了多少年，才以高价售给伪组织的。霉烂水湿，出门不管换。伪组织又都是些大外行，只弄得一塌糊涂。还算好，平西产米之地，归北平市管的，日寇还有些顾忌，不然的话，不知要饿死多少人了。无条件降服之前数月，日寇实有些自顾不暇，那时汉字号的朋友，干了个“现粮市场”，开张那天，这几位朋友赚的钱，几乎没把他们撑死，这是北平人有口皆碑的一件事！

乘火车

敌伪时期跑“单帮”，为苍头之利，在沦陷时本来是不得已的事。（得意的全和日本人勾着）可是那时的一列火车上，什么“乘警长”“查票车童”“检车段”，不但是在乘客身上想财物，并且披着老虎皮，欺凌侮辱老百姓，比日寇还凶狠。我沦陷在古城里，本不大出门，偏巧须上天津。我听说坐二等“急行”车比较少受侮辱（穿西服更好，可惜我没有），我买二等票后，幸免“一列例行”，入车之后，净是日本人，我实在有点那个，只好傍着三等车门坐下，面对着三等车。车过了黄土坡之后，所谓“乘警长”“查票车童”等来了，我拿了本日文的《主妇之友》（杂志名），我本不识日文，我只是欣赏着那里边印着的刺绣。照例这些“长”“童”过来查票，中国人都要起立脱帽，我见这一辆车里都是日本人，脱帽不起立，我也毅然地坐着，看杂志。“长”“童”等等，居然也查过去了。我却暗道了声惭愧，借这《主妇之友》的威力，未曾令我在敌人相形之下丢人。我看他们到了三等车上，好不威风！呼啦站了一大片，有一位瓜皮小帽未脱下，车童居然左右开弓打得这位乘客口中流血。在我坐的旁边，是一个日本少妇，和一个未满一岁的小孩，这小孩太可爱了，使我泯去了敌我，我不时在逗弄他。我去津是为朋友的重托，朋友的公债，在北平抽签还本，还本是法币，我把这法币带到天津，交给朋友的太太，但是天津车站这一关，确实不好过。我遂利用这少妇，这小孩，居然平平安安地顺着日本人所行的路线走出车站，很轻快地并未受到检查——这自然我要和她并肩，代她提一个网包。那时租界正封锁着，意大利是他们同盟，我花二十元的保镖费，乘意大利的车子才到英租界。

《霸王别姬》与《何日君再来》

日军入城后，中国警察当局，打算“繁荣”市面，特命梨园公会开办夜戏，地点是在新新戏院，大轴是《霸王别姬》。日酋寺内寿一入城，日本人又强办庆贺戏，地点是在怀仁堂，大轴也是《霸王别姬》。及至裕仁降服，夜戏停止，电台特约言慧珠夜间清唱，也是《霸王别姬》。八年里，日本人以别姬始，以别姬终，不能不说是巧合。日寇每宴饮，必邀妓女侑酒，他们喜欢令妓女唱《何日君再来》，后来日使馆曾下令禁唱这曲，但日寇仍然歌唱。不想长春遣送时，竟也唱这曲，岂非奇闻！

洋咒

有时在电影院，有时在临时检查，有时在访问你，有时在什么座谈会，有时在召集什么会什么社，会有敌人劈头问你："蒋委员长如何，你是不是仍在信仰?"如果你答不拥戴不信仰，借以希图表面上逃避他追问，小之揍你两耳光，大之会把你捉起来，他说你口不应心，是骗他，他还要追究你为什么不拥戴不信仰。假如你发于真诚，毅然决然地说："那是我们领袖，那是我们委员长，我誓死要拥戴他!"他们反倒笑了，默默点头，不会再问你。假如你稍微模棱一点，说他抗战之非，我们希望和平，那他马上拿出汪精卫来问你。会和你纠缠不清，什么"大东亚战争"的信念，"大东亚共荣圈的理念"，问你对这些如何如何。新民会的纲领，汪精卫的宣战布告，近卫文麿的宣言……你如果打算不在家内而要到街上或是坐车船的话，那你非把这些答词背得烂熟，不然的话，轻则挨揍，背时也会由此关起来。在那个时候，久在外面跑的人，都预备了相当的答词，来对付这些问句。可惜我不大常出门，这些答词随听随忘掉了。敌人管这叫心理测验，人们却管它叫“洋咒”。我那时与向寄萍、张文修夫妇，张半园，刘植源、高静安夫妇每日打小牌，我们的口号是“死在牌桌上”。我们的赌本是五块钱“逛花园”，我们轮流做着主人，我们只在消遣，这些“洋咒”，我们竟无法使用。

北平警察

在所谓敌伪时期的警察，他们最初维持治安是一根木棍，谓之不枪主义。后来发给枪支，那枪支老得和“套筒毛瑟”差不多，并且子弹只给五粒，还要加上封条，注明日月和号码。如果使用一粒的话，还须声叙理由，注销第几号子弹。那时的警察太好了，这时除了勒索等老爷们之外的话，无论敌人多么严厉地监视着他们检查，他们一样能把带禁物的爱国志士放过去，他们不是骂一句“快走”，就是踢一脚“浑人”，掩护着放过去。他们并不是因为某一次检查而打坏了一位警察，同是北平，一到东车站归入了警务段，那种凶顽，简直如同两国。

一四二〇部队

敌寇有所谓一四二〇部队，是不是整个一个“防谍”部，我不知道。我们人毁在这里或死在这里的，不知有多少。这家伙的总部在东珠市口，“黑泽”是这里的寇酋。（在黑泽以前或以后是谁最凶，我不记得。）我有位老友，他的小少爷被捕进去，我才注意到这地方，才知道这里尚有个熟人，可以向他打听这位小少爷。结果，这位朋友很好，知道了这位小少爷下落不明，据说是被释出了。这里边服务的人，日本人第一，但也在相互监防着。韩人第二，互相之间更严。中国人严的是受一二两种人监防。这里边的设备，应有尽有，什么过电、灌水、猛犬、绞台……甚于地狱。我今先说“过电”：“过电”有轻过重过之分，两间洋灰墙壁和地的空屋，在一面放着一个仿佛学校讲台式的小桌，桌后面有凳，墙上挂块小黑板。这是拷问时“问官”的座位。对面一条长板凳，面宽背厚腿粗，无疑的这是被问或是被刑者的地位。

问时是脱去衣服，这倒无论冬夏和小桌旁放着的小火炉烧铁钳一样。他们如果要用刑，无论你答什么，他一样地给你罪受。如果你见那小桌上放着似乎像无线电收音机，那你这场“过电”，无论如何是不会逃避的。不知这小小的匣子，结果了多少民族英雄、爱国志士。他们如果赐给你是轻一点的过电，那么只把两根电线，盘绕在你左右手的拇指上，那你只感觉周身抖战，骨节酸痛，心脏跳跃，肠胃反逆，眼花头昏，呕吐恶心……说不出的痛苦而已。他们若是把电线一交叉，一头盘绕在耳上，一头盘绕在小便上，那么只听那开关之钮“吧嗒”一声，你会头下脚上翻个斤斗，马上摔晕在地上，也有就此升天的。至于猛犬那更残酷了。若是在那小桌上放着块人的腿骨，这你放心，只是令你见识见识人怎样地喂狗。那块湿润润犹有余泽而连点踋骨之肉都没有的骨头，这正是死去不久的先烈遗骸。他使你鉴赏，你自然触目惊心，他又在讲使你见识，他把你领到最后进大空房里，在那大柱之上，还挂着一位先烈，腹破肠无，两条大腿只剩了白骨，而肩自躯干和两条上肢却还完好。这你该如何地惊心动魄了。但这还不够，他一个口笛，猛犬应声而至，他把系着这位先烈的那根绳再送下些，又是一个命令给犬，那犬马上猛扑上前，吃了起来……我实有些手战不愿再写了，而我们对于一四二〇这些刽子手，岂非宽大有些过火！

防空

阿兹岛完了，塞班岛也那个了，太平洋一天紧似一天，大陆上也相形见绌，中国飞机随时可以飞来看看。“飞机打火车头，真准确。不打中国人，中国人在看飞机。”“日本小鬼太没起色了，他们也跑到中国人群里来躲避。”这是中美空军开始轰击火车，坐火车的带回来的捷音，虽然他们在上不着村，下不着店的旷野间等了一夜火车头的清理调换工作，北平市里开始调整挖掘防空壕，日本恐慌得不得了，这大概是东京、长崎轰炸得一塌糊涂了。敌人的住宅、公共机关、商店等等，有的是用洋灰铁筋做成六尺直径的大圆筒，把它横埋在地下，做成出入口。有的简直和葬埋路毙的坑一样，掘下去尚不到三尺，上边并无覆盖，所以当时有人嘲以联云“见机而作，入土为安”，真是滑稽之至。但是，是日军挖掘的城墙，确是相当费工，相当坚实，城墙砖里的土，坚固异乎寻常，他们整做一年多的工作，才掘作现在所遗下的那些个洞。据说他们打算自东长安牌楼掘下地道（即现在牌楼南面那些未完工的东西），直通各城墙地道，东可通至东城外之“工业区”，西可通至“新市区”，前三门城墙下之洞，则预备贮汽油，存子弹，今则只有遗迹供人们赏鉴，也许是别人还在预备利用它吧！

北平的中国人，简直不怕空袭，这不一定是未尝过轰炸滋味，而实是信仰中美空军的准确，邻近日本军事机关的住户，都在设法迁避。有一次中国飞机来平扫射西郊飞机场，人们伫立而观，有立刻登上三层楼去看。敌人的飞机起飞不高，即被击落了，大家只是鼓掌，一个人拾到了我们空军抛下的空油桶，荣耀得夸示目击情形。自是之后，日机只早晚飞起来壮门面，自午前十时至下午三时，见不到日机。据说这是躲避中美空军。铁道两旁，筑起两面高墙，这也是为火车头避难之所。

分区停电

我录出这篇东西，是在十月二十六日下午七时半，昨天停电了四次，每次三十分。今天是自下午五时五十分停电，至七时二十分才不停，这也许是第一次。不想胜利一年之后，还会有这种现象，真是使人不要忘记了敌人之分区停电么？岂非痛上加痛！

当敌人入了作战衰颓时期，仗是屡拼死屡被打垮，北平这地方，开始在分区停电了。那时每盏电灯，有所谓“底度费”的，即是无论你用不用这盏灯，每月是要纳“底度费”的。油类在他们统治着，煤油买不到，香油太贵，人民在铁蹄之下，只好点豆油。羊油蜡买不到，洋蜡更贵而没有好的，高丽人弄些牛油蜡来，燃不到一个钟头，蜡却熔成一摊泥了。点豆油，居然有应运而生的油灯台，这台有的用钢瓦烧成，有的仿宋黑漆釉，高三寸余，上面有盛油的碗，下面有盛灰烬的盘，旁边还有手端的曲柄，有一种茶叶青色的，犹觉得古色古香，确乎形成了当时的黑暗。那时是只图他们赚钱，多停十分钟，也许可以多赚他十万八万的。本来在那个时候，是“只许州官放火，不许百姓点灯”的。而今国土重光之后，仍要点起灯台来——虽有煤油，岂非痛心的事！

空喊

当B29型机轰炸东京之后，日本人一面喊着“防空”，一面喊着“特攻”，在日寇主持下的报纸杂志，一面做着反英美宣传，一面喊着以日本为核心，加强敌忾心。下面这段“泄气”的妙文，也可以看出当时的沦陷区情形了。文曰:“敌美以杀日本人为通用语，执拗继续其顽强之反抗。这里所说的杀日本人，实际就是所说的杀亚细亚人。我们对于彼等，自是彻底地憎恶。以‘杀美国人’为通用语，要更加昂扬我们的敌忾心。直率说起来，中国人的敌忾心，实尚未足，憎敌之念，过分稀薄。其原因：第一是由于生活之安适，战心迟钝。第二是未直接受到战祸的土地较多。第三是缺乏必须和日本命运与共的观念，在此我们应该有所反省，在今日战死之觉悟下，中日携手，倾注全力于击灭我们憎恨的敌人，以期胜利。”这虽等于说梦话，但他也看出中国人之不与同仇，而他却无援手之力来对付中国人，只有空喊了。

洗濯水和蛆里取油

“穷东洋人”“穷日本人”，这是几十年前即被中国人称道的话。当民国三十四年一月里，日本在太平洋，在本土，都受到了致命的打击，他虽欲“昂扬战意”，而步步昂扬不起，他虽欲“一舰一机”而个个等于自杀。一面喊“一滴油，一滴血！”，一面想用种种方法，制取石油。在一月初发表了“从洗濯水里采取石油”，据说：“日本洗濯水科学协会所属科学研究所长横山鹿之助氏，最近完成了从洗濯水里采取石油的方法。其方法在洗濯废水里，放入石灰，使原有的胰子成分沉淀，做成石灰胰子，此石灰晒干后，能得到比重0.9的油，如再精制，更能得到挥发油、灯油等。计算在三万吨石灰胰子中，可取得六千吨原油。”日本人这种穷干法，也颇可佩服，可惜那个时候的胰子，碱的成分太多了！他们还有由蛆中取油的研究，据说：“蛆是一种脂肪特别多的东西，且可以在一斤鱼脏中，采取一斤的蛆。采取的方法是，将石灰类的东西掺入蛆中，抽出原油，再分原油，可得百分之三十轻油，百分之二十润滑油，百分之三十七重油。”这也是在杂志写出来的，不知是否成功。但他们能在穷中想办法，不愧穷日本。

日本女记者

在三十三年十二月间，日本“朝日新闻社”女记者恩田和子来北平，照例是举办座谈会。当时有位座而不谈的对我说：“这位女记者真够神气的。”她说：“这次来外国，看看各地日本军民的活跃情况。日本妇女在其本国，是完全生活在紧张的工作中。她们从早晨六点钟到军需工厂工作，到晚上才回家。我们认为此种精细的工厂工作，是最适宜于心细的女子的。还有，现在日本的母亲对于战争的观念，已异于往昔，她们的儿子战死，她们认为这不是一种个人的死亡，他的灵魂是与日本永存的。所以对于战死的儿子，一点也不会悲痛。”那时有一位似乎和她相熟，向她说了几句，使她眼圈也红润了，难为她忍，居然未曾滴下泪来。原来是吊唁她弟弟的死亡。

沦陷文章

前年冬天，还在敌人铁蹄之下，有人写了篇文字，刊在报上，做大胆的讽刺，虽然是“伪文学”，对于“伪”所以敢于如此的，实因伪组织弄那些苛捐杂税，在担负重压之下，委实受不了。这位“伪作者”我却佩服他，敢于写，敢于刊出。我能把它抄录下来，并送给它“沦陷文章”雅号，以表钦佩。

《特别筹捐策》

立国以财政为先，今经济困乏，是宜行种种搜括之计，以罗掘资财，多创新法，广立名目，于筹集款项之中，寓改良风俗之意，庶民间财用，取之无穷，谨疏条陈，用资采择。

(一)“老爷捐”——民国以来先生为上下通称，而民间仍间称上层阶级为“老爷”，是宜特设专条，凡称老爷者，须月捐若干，其称“太老爷”者倍之，称“大人”者再加一倍。

（二）“太太捐”——称老爷既须捐款，太太随老爷而尊，是宜一律照捐，其称“奶奶”者同，称“老太太”的加一倍，称“少奶奶”称“小姐”者减三分之一。

（三）“吃饭捐”——当此决战生活，每餐一碗，亦不至饿死，苟有吃一碗以上者，是浪费米粮，亟须捐之，以崇俭德，而重卫生。

（四）“纳妾捐”——国难时期，妻室已属累赘，况又置妾。是宜经重勒捐，以裕国用，其“姘头”“搭脚”“小房间”“女朋友”更宜倍之。

（五）“坐车捐”——人有两腿，本为奔走，今人出门，动辄乘车以示阔绰，是宜课以重税，以为有腿不走者戒。

（六）“用人捐”——既有手足，即须做事，乃自己图安，雇人代做，是宜课以用人捐，以为不勤者戒。

（七）“应酬捐”——当此危局，亲戚朋友，本不应往来，其有从尚虚文，应酬亲朋者，宜抽以应酬之捐。

（八）“杂食捐”——水果糖食花生点，均非必需之品，随便嚼吃，既费时间，又耗资材。亟宜就该项时价中抽百分之六十捐款，以济财用。

（九）“粪便捐”——粪便为至污奇秽之物，随时随地皆有，尤以夏秋为甚。其在家庭便溺夏及由粪夫收捐，在街衢者由专员收捐。其家有西式恭桶者捐倍之。

（十）“游玩捐”——人不知宝贵光阴而从事游玩，岂不可惜。凡每游玩一点钟，宜令纳捐若干。

（十一）“瞌睡捐”——假寐为打瞌睡，宜课以重捐，因入夜瞌睡，犹可说也，白天而打瞌睡，其懒惰可知，故宜课以重捐。

（十二）“陈设捐”——锅、灶、床、凳、厕，为居家所必需，若书画、花草、古玩等，皆宜上捐。

（十三）“吃茶捐”——开水一杯，足资解渴，若喝茶叶，应科以捐。

（十四）“荤菜捐”——清饭不妨略吃豆腐白菜，因素食最合卫生。其吃鱼肉荤腥者，皆宜科以重捐。

（十五）“吸烟捐”——吃饭图饱，着衣免寒，尚有词可说。吸烟并无益处，第其等次，白面最重，次大烟，次香烟，再次水烟，旱烟最低。

（十六）“绸衣捐”——夏则败麻，冬则败絮，披在身上，亦殊无妨，乃必欲专讲体面，穿着绸缎衣物者，应分别起捐。

（十七）“多子捐”——夫妇二人，生下一男一女，既不亏本，亦无人满之患。是宜详加调查，逾一男一女者，视其额外之多寡，分别处以特捐。

（十八）“房屋捐”——凡人有屋一间，借以供夫妻子女坐卧避风雨足矣，其高厅大厦暖阁凉亭者，法宜除一间屋外，皆宜按累进法，递次加捐。

（十九）“桌椅捐”——一间屋一桌一椅已足，凡多出者，皆宜纳捐。

（二十）“医药捐”——偶然生病，忍耐无妨，况既不医药，亦不过速死而已。当此时期，活在世上，有何趣味。乃贪生怕死，一有疾病，即延医服药，此种钱财，宜悉数报捐最合公理。

（二十一）"棺材捐"——死宜委之沟壑，或用火焚化，乃一般人民死后，必用棺材，甚或楠木，杉枋，死后尚复奢华，生前糜费可知，捐虽巨，庸何伤！

（二十二）"读书捐"——要知书即读成，当此时世，亦难换饭吃，何如不读书转可有费用。如有必欲读者者，是宜重捐以困之。

（二十三）"看报捐"——国家大事，世界要闻，社会现象，街巷琐谈，均不宜使人民知之，方易驾驭。均须从重收捐，借以寓禁于征。

以上各捐，不过略举大概其有可以筹捐之处，必须穷思极想，愈多愈妙，愈刻愈宜。

这篇文章，虽不是什么了不得的文章，可是在那个时候敢写出，敢刊出，也实在令我佩服。且那时"颂圣"的文字虽然没有，而颓废的文字，却不值得一看。独有那时干新闻杂志的，他们都能在字里行间透露些缝隙，使人们探索咀嚼！

华北自治梦

这篇乱账是由我的日记、杂志等等摘下来的，伪满不谈，由华北自治谈起，已够使人痛心的了。这是民国二十四年汕头事件、察哈尔事件、庐山会议之后，十月一日华北，敌驻屯军司令部发表声明：为安定时局之故，对中国失意政客军阀等所策动之河北省自治独立运动，决予排击！那时自治的声浪，谁都知道敌日在造，在哄，得此声明，如见青天。可是不及六十天的时间，河北香河县据说是农民发起自治运动，占领县城发表宣言，十月二十二日华北新住屯军对香河事件又发表了“其立场为不干涉”！您看这是多么可气可恨而又可笑的事！(那时河北主席是商震。)不但是这样，那时为我们政府改革币制（初用法币），敌驻华大使馆武官矶谷竟发表声明，反对币制改革还不算，并称：“为防止华北所存之白银南运起见，将不辞发动实力以阻止之。”这条新闻，在“取缔抗日，防止仇日”之下，不但北方报纸没人敢发表，南方报纸当日也未发表，是见于上海某外报的。强盗的面目，狰狰逼人。十二日召开五全大会，十三日敌驻华军司令部再发表声明，华北白银南运，表示绝对反对，并声述其强硬之决意，这是由大使馆武官扩大到驻华军司令部了。十五日财政部发表声明，改革币制决予实行，一切外力压迫，在所不顾。矶谷对这再表反对。十八日以宋哲元为中心之华北政务委员会成立。二十日敌驻华军司令部召开参谋会议。二十二日敌国开外务海陆大藏联席会，商讨对华。二十四日冀东防共自治委员会成立，发表宣言。十二月一日天津宣言自治。三日何应钦来北平。六日敌陆军省派武藤喜多赴天津，同时敌驻华北军司令部向我政府提备忘录，不得以武力或其他手段压迫冀东防共自治政府。短短的十二天里，由敌人的备忘录里，冀东防共自治会一变而为政府了。冀察政委会也于这时成立。全国反对华北特殊化，华北自治。二十日敌矶谷更有露骨的表示，发表声明，他说："所要求者，仅为完全排除党的统治而使华北明朗化！"在他发这声明前，所谓冀东防共自治政府，竟接收塘沽一带，在二十五年岁首又发生了昌黎事件，凌辱国旗事件，北平朝阳门事件，这不论是谁造的，却更增加他们的凶焰，今井武官提出了严重警告。冀察政委会提出了华北政权一元化，取消伪冀东政府。在这几天里，造成"七七"的要角全来了，如关东军副参谋长板垣，特务机关长土肥原，华北军司令官多田，天津住屯军参谋长永见，北平武官室今井，敌大使却换了有田八郎。这些人还在布置，还在谋划，可是敌军少壮派在二月二十六日枪杀了敌重臣，袭击了敌首相以次及敌朝日新闻等，造成了敌所谓"二二六事件"，而敌之谋我益亟，华北纵然能实现敌人掌握中傀儡自治，敌人已觉得非占领华北不可了。那时的华北报纸，赤裸裸在记载敌人的威逼，但是满洲和敌的报纸，已开始写着"膺惩""不法""皇军"……字样了。

北平看空袭

中美飞机来空袭北平，是在三十四年一月二十五日午后一点二十几分钟的时候，飞临了北平的头上（以前也曾来过），对于西郊飞机场扫射得体无完肤，并且听说敌人因为战局的恶化，西郊机场作了伪装，格纳库[1]也秘密地隐着，完成这工作才在第五天上，就受到了这次的空袭，地面上伪装的飞机，完全未动，把隐蔽起来的敌机全葬送了，这事敌人很觉得奇怪，很对于机场里工作的中国人加以审讯调查拘禁，实则中国人在那里做工的，并无多，廿人。

那一天的空袭，我是亲眼看到的，机枪声，高射炮声相当火炽。敌人菱式飞机仓皇起飞，咯咯咯几声，即随之坠下。那时最可笑的敌人报纸有一篇新闻标题是:《警钟响了，华北一亿奋起防空》，下面写

[1] 格纳库：汽车房、车库、机库。据说是英语 garage 的音义兼译。

着“敌机终于来到之北京上空！二十五日午后的两点半钟，我们憎恶已久的敌机，曳着两条白线，飞临我们的头上。在市街上虽没有投掷炸弹，可是在西郊飞机场，竟施以机枪扫射，地面上受到了相当损害。当提的民间防空阵，仔细考察一下，实令人有啼笑皆非之感。市民对于空袭的惨状及防护的认识太不清楚。无论是街头上的待避者，以及在家里根本没有待避的，大部分都忘怀于待避，仰望高空，直似空袭与我无干……”又一篇评论说：“悠游于街头，毫无战斗意识的人，现仍不在少数，这是令人至极痛恨的事。……对此为毫无所思，毫无所觉者，则无异于利敌之国贼。……”以上这两篇妙文，正反映着北平人们，不是不知空袭之危险，而是“盼中央”，“望中央”，不顾一切的危险，对于敌人取着隔岸观火的态度，实弄得敌人啼笑皆非。

尊孔

自“七七”卢沟事起之后，一般所谓伪组织的人们，他们为保存这古都，为利用骄敌之优越感和自尊心，才抬出孔老夫子给骄敌戴上同文化高帽，殊不知骄敌满不买那篇账，他有他的算盘。可是国子监那些地方不但保存着，而且还焕然了一下子。

那时所倡导的是春丁秋丁祀孔。国子监圣庙都开放，发表了主祭官、陪祀官……蓝袍马褂，奏古乐，用古歌舞，先一日白天演习礼仪，招待参观，极为隆重。礼用太牢，陪祀各员于事后都颁给胙肉[1]，重约三四斤不等，辛苦了一天半夜，弄回胙肉，也可以解解馋。不想，久已无人过问的圣庙，居然也兴隆起来，这可为“圣之时”作一解。

按宋人《鸡肋编》上说：“曲阜先圣旧宅，自鲁共王以后，但有增

---

[1] 胙肉：古代祭祀时供的肉。

葺，莽、卓、巢、温[1]之徒，犹假崇儒，未尝敢犯。至金寇遂为烟尘，指其像而诟曰：尔是言夷狄之有君者！”我读了这一段之后，敌人竟拿孔老夫子的像，印到伪币一元票上，而两位武将（关岳）却印在五元票上去，敌人只知是崇拜武力，孔子变成大众化平民化。（那时物价甚低，小民这能挣几元钱，老爷大人的荷包里，也不过装上几十元钱。）这还侥幸没把圣庙化为烟尘，这又可为“圣之时”作一解。

祀孔的盛典，这样的继续了几年，孔子是越来越不值钱，等到了孔老夫子去拜天坛，孔子伪币由大众化平民化，低降到了乞丐化了。（天坛花纹是五百元伪币，物价涨，通货膨胀，敌军部发行了没有号码的票，那时谚语说：“孔子拜天坛，五百当一元。”）三十三年的春丁祀孔时，那时正闹着肉荒，敌人是配给着有肉吃，中国人是黑市有肉卖，难为了那时的祀孔者。大成殿有三牲，崇圣寺有二牲，“有酒食先生馔”，只苦了配享及两庑众弟子，均没有血食，影响到了陪祀各官，也均没得胙肉，大家无不叫苦，这又可为“圣之时”作一解。

[1] 指王莽、董卓、黄巢、桓温。

二王

宋朝时候蔡京斥吴伯举说:“既做了官，又要做好人!”这是《曲洧旧闻》上刻出版的文章，换句话说，要做好人就不要做官，既做官，就不是好人。我很佩服蔡京先生的这句话，很质直，很漂亮。晋代书家出了二王（王羲之、王献之),“北京”却也出了二王，第一王因食粮问题，曾向敌酋掷冠不干，气愤愤地说:“既要我做，又要我不吃饭!”其实这位大王他还打着“盖世维雄”，他不过是请敌酋放松些，不要把老百姓饿坏了。那时敌人乱占太平洋诸岛，而补给路的海陆空全不足，他们的敌酋，发布了自给自足就地筹粮筹饷的办法。敌酋们正在集议着放弃了华南，焦土了华中，死守着华北，由饥馑政策变为只有日本人才给饭吃。这位大王空掷了回帽子，反倒招得敌酋拍桌子:“既做，就不要管老百姓吃不吃饭!”彼此不欢而散。街市上发现了“有饭大家吃，有事大家干”的标语，才换了第二王。

第二王的作风，自然要鉴于前车，只有跑到前面一面喊，一面鞠躬，讲至圣先贤，谈诗说书，不硬碰，只软磨，敌酋哪管他这一套。所以当时有句俗语:“有老王，嫌老王，没老王，想老王。”

两脚羊

自敌酋发布了“自给自足”的命令（那时以为是口号，实际是补给路断绝，就地筹饷筹粮的命令），大米面粉只有敌人才配吃，才可以买到。在乡村那些为虎作伥的“棒子”“腿子”，更是到处搜检，或是威迫，或是利诱，如“合作社”“食粮公库”等等名目繁多，不可胜计。乡间的老百姓，死于饥馑的，这笔账不知如何算法。民国三十二年平南冀东一带遭到浩劫，人肉每斤卖一元二角钱，妇女少艾四十元一口，并且在这钱数里，还要扣除运脚费。我当时很根寻这消息，结果，一位十八岁的少妇，运到彰仪门外（据说贩运关外的较多），还被扣除运脚费（缠足骑驴连一顿午餐）四元钱。按《鸡肋编》上记宋靖康之乱，六七年间，山东京西淮南等路，米斗至数十千，且不可得，盗贼、官兵以至居民相互食，人肉之价，贱于犬豕，肥壮者一枚不过十五千。老瘦男子谓之“饶把火”，妇人少艾谓之“不羡羊”，小儿谓之“和骨烂”，又通目为“两脚羊”。今胜利已逾了一年，这些位因饥馑而作“两脚羊”，或是变成货品的老百姓，当可含笑了？

煤与白鸟

北平的煤，向来是算不得什么贵重东西。自成陷区，敌酋“白鸟”联合起敌军，一面在产煤区着手统制，一面把沿城的煤栈，收归他的组合之下，那时仗恃着铁路的畅通开始贩运起煤来，于是煤在北平遂成了极大的问题，机关里弄不到煤烧，学校里也弄不到煤烧。那时在“白鸟”卵翼之下的，有所谓煤君子者，这几位君子仍是地地道道的汉奸，他们借着“白鸟”的势力，狐假虎威，为虎作伥，干黑市，统制着掘、运、贩三方面，七八岁的小学生，在和冰天雪地差不多的教室里读书，小手冻成胡萝卜，两只脚冻得穿不上鞋。图书馆不生火，只好关门。各大学生联合着为市民服务，代运送指定配给的煤斤。他们的指定煤场，配给市民的煤，这些个不明大义的掌磅手、收发人，联合起来，晚间向煤喷水，向煤内掺石块，石块最大的有百八十斤重。同时向他们或是花钱，或是亲故的人们，又可以公然把已经称好，装在车上预备拉走的煤，硬抢硬夺归入他们所有。所以配给半吨煤，等到拉回家，剩八九百斤，那真是幸事，而这里面，还有百十多斤石块、几十斤冰水。并且还要起个大早，开城即出（俗所谓顶城门），等到了地点，已有二十位在那里“一列例行”地排列好了。那些位难道都是住在城外么？这都是煤君子之下爪牙干的把戏。配给价贱而买起煤来，又要费时，又要费力，又要雇运脚，又要受闲气。他们的爪牙就利用人们愤恨日寇的心理，预向应领配给煤的人，出以稍高的代价买过来，他们拿到这票，和煤场串好，先占住了前若干号，等到真正领煤的去了，他们使出“跑合的”来，向领煤者拉拢，把他所占的前几号让出来，领煤者在这样冷的天气在那里站着等，实在受不起，自然乐于出钱接受，可是领煤者所领去的，自然是一大堆煤的最前最上面，这最前最上都是昨晚预喷过水掺过石头的，这样你已耗费了一个早晨（如验票在一处，交款又在一处，称煤在一处，交号牌又在一处，手续纷繁我简直记不清了），等到你把煤弄回家，最早也在下午二时或三时了。有的预在指定之银行预交煤价叫脚力，领申请书验居住证，种种手续办理之后，据说这煤依次可以给你送到家里。这样请你不要忙，不要心急，不要等着不耐烦，哼！有的一直等到日本“下了台”仍未等到一块煤渣！可是你如果认识“白鸟”，自然不止于发财，就是“白鸟”所卵翼的这些君子小人虎狼牙爪，一样十吨二十吨向家里拉，不掺石，不喷水，地道不爆不生的好煤。因为在敌人管制之下，煤的产量只有日增，并无缺乏，北平所以煤荒是他们在统制，在运销，在囤积。我觉得“白鸟”是敌人犹可恕，而这些位助手们，致令第二代的小学生都冻得手足肿痛，他们真不知他们是中国人吗?！现在煤又在闹得严重了，我实不忍言了。

宰人机

我听侯君一尘说，唱河南坠子某姑娘的先生，在“伪满”干杂耍场，很得利，不知为了什么，得罪了“腿子”，把这位先生弄进“宪兵队”，也不知受到了什么活罪，最后的一幕是说，请这位先生去洗澡，推进了一个小门，自此一洗千古了，流水的小沟，只流出些淡淡的红水。这个惨痛的结局，横亘在我这脑子里有好几年，我始终不明白，一个人如何会变作了淡淡的红水？前几天我和一位朋友谈天，我知道他是进过“伪满”宪兵队的，而且他曾被敌宪一连串审讯过六十个钟头，不歇不停地问，是为了和黑龙江王教育厅厅长谈了几句话，结果，王厅长殉国了，他曾受过这样惨无人道的问讯。

他说这是部杀人的机器，和屠牛的机器一个样，把人送到机器里，只几转，用水一冲，肉是肉，骨头是骨头，血和上水，自然变成了淡淡的红水。“伪满宪兵队”这样的机器很多，死在这里面的也很多，肉是拿去饲狗的。

这位朋友和我说：“这一类的事很多。”我说：“可惜我未去过伪满。”他说：“似你这样随便乱说，到了伪满，起码你是被关起来的！”

考问

在陷城里，不常出家门的人，那是莫大的幸福，如果出家门，第一不要出城门，第二不要进车站，第三才是东安市场等等热闹地方。在未出门之前，先要检视一下自己，不要带火柴；要把居住证看好；要把手表或怀表拨成“新时间”；二十九年十一月之后，还要记诵《日满中三国共同宣言》中的八项纲领；三十一年后，还要默诵《参战布告》……都准备妥了之后，还要预备突然的考问，如同“兴亚理念”、“参战信念”和对于“抗战政府”的如何，对于“八路军”的如何。你如果行到天安门前，你还要留神在华表旁边竖立着的文字，是不是还是已经记熟的那一套，或是又换了新鲜的花样。至于你在闹热的场所行路，使你最当心的是西服革履的青年，他会突然使你站住，使你露出表看，考你《参战布告》，问你“信不信抗战政府”。我曾碰到一次，是在伪满十周年纪念的那一天，我既未带表，又在我母亲的服中，多日不曾刮脸，大概看着我倒霉的样子有些可疑，他操着故作不很流利的中国话，向我问："上何处去?""因母亲死了，向某处去致谢。"他看表，我没有，他看居住证见到我的职业是"绘画"，他误会到油漆彩画上去，我也只好就此敷衍，他陡地问我一句"满洲国皇帝"，我马上说"宣统爷"，他大概听着够味，我于是信口开河地谈了套怎样油饰皇宫，他大概是忘其所以，张口一句"大满洲国"闭口一句"大满洲国"，很流利的一口"满洲国话"全露出来了。我想这位先生现在还会活跃着！

骄狂的观测

日敌他总是俯视一切的有着优越感，这种骄狂的态度，是到处暴露着，而偏偏遇到倒霉的中国——中国人，“北大营”一炮放响了之后，他们总是步步在想放炮，从而长城沿卡，从而冀东，而其间小试验场的有济南、上海，而归总掀起了卢沟桥事变。我们由交涉而退让，由退让而抵抗，而随抗随退，随退随抗，直到了三十年九月长沙又遭沦陷，骄狂的敌人，正在俯视着一切，而尤其是盟友的大西洋舰队正与纳粹的海军，打到了中部地中海的时候，骄敌在北平的报纸上，很骄肆地做如下的刊布：“英国虽然拥有巨大的英美联合的海上武力，但也不能不在德意两海军的通商破坏战之前困饿而毙了。”如是：苏联屏息，英国崩溃的时候，美国对于欧洲大陆，也将无染指的可能了。而日本海军伟大的存在，是可予欧洲战势决定性的影响，这种观念，是由“军方”大概很费些力气才观测出来的，所以他们敢于偷袭珍珠港，敢于燃起太平洋之火。其结果适得其反，而我们却仅仅落了个“惨胜”。前几天的报纸，还写着造成“中村事件”的中村还活着，我不知为他而死的中国人，有没有还活着的？

善邻

邻近敌寇军事机关的住户，有的是禁止交通，有的是一条巷只能一头交通，有的是强迫迁去，有的是不得不自动迁出。房的处理，只许卖，不许买，并不许迁入居住。有因种种关系而不能迁出的，那麻烦就太多了。户籍警要保，要时常受到检查，要你拒绝亲朋来访（留宿或时间稍久都不行）。凡是这些地方，他们都有明哨暗哨，同时那些棒腿二子又时常在打你的算盘，很好院落房屋，只好以极廉的代价被他们所有，至于某闻人所买的房产，听说也是这些地方最便宜。本来在这种地方住的，各色人等均有。自敌寇进驻之后，到处寻觅"花姑娘"，忠贞与自好之家，马上迁避，贪便宜住好房的人，又复设法迁来，有的简直成了空城。敌寇处处防到敌人袭击，对于四邻永远是监视着行动。可惜无力迁避的人，只有提心吊胆，忍气吞声，出不能早，归不敢晚，一直到了三十二年中美空军在华中华南渐渐地活跃了，他们不但是怕遭池鱼之殃，而且防空的监视，比真的空袭还可怕。这怕一直继续到三十四年，漫长的时间，对于防空的设备，以及训练，都直接被敌寇严密地监视着，始终不许你舒口气。自二十九年十一月三十日敌酋发表了《日满中三国共同宣言》(把中字放在第三，这不是我们谦逊，而是他们排列的顺序，请读者不要误会我，这正是给予陷区的重量刺激剂)，第三项是“紧密提携，善邻友好”。

我有个朋友，住在特务机关后边敌某机关驻地的李阁老胡同。(这胡同东通府右街，敌寇驻时把它堵塞，现又开通。敌机关即占据着前交通博物馆。)他和我谈到了居住的可怕可恨，最后他说：“‘善邻友好’是他妈的骗谁!”可怜他三十四年的春天才迁走，而他已穷得不堪了。

警防班

三十二年之后，开始成立了防空警防团，各住铺户都要出人加入防空警防班。关于防空演习，灯火管制，掘防空壕，管制空袭下之交通……都归这些人。住铺户每家门口，要放一个可以盛水的缸或盆，还要预备一块日本盛米用的“草包”，或一片芦席、一筐黄土。铺面净街的货窗或门窗，首先要缝制黑红二色的布窗帘，楼房更须安装齐备，饭馆、旅馆等等营业，人们可以随便走出的。这种设备更要齐全，而尤其是防空灯罩。在三十三年开年之后，大概是警防团团员受过相当训练之后（分子复杂，以商店学徒为大多数），无线电台，讲着“航空堡垒”“航空要塞”，又是什么“喷火式”“黑衣寡妇”……的性能力量，和发动机的声音，都灌成了录音片放送着，可是我们的飞机（他们当时说是敌机），始终也未光顾过。那时的北平老百姓，不怕飞机，而确是怕防空演习，尤其是八、九两日（八日是敌攻击太平洋纪念日，九日是“汪府”参战纪念日）。敌人无论男女，都以极低廉的代价之配给着防空服，中国老百姓，则是不得穿长袍，不得皮肉裸露。裸腿的女子们，只有穿上长脚裤。那时的住户，却亏了伪组织的设法，每一家也可以设一二间防空室，当然只住一间房的也是如此。室中换上顶小烛光的灯泡，用一面涂上锅烟，一面涂上粉红色的厚纸（那时叫防空纸，现在却成了历史上的名词）糊成卷帘，障住了门窗，不用时可以卷起，用时再放下来。平日防备来查，先把这两间或一间防空室，在门窗上写上“防空室”三个字，同时还在街门口再来个纸条，写上“防空设备齐全，住户某某负责”字样。查防空室设备的，有坊里长、警察、警防班，也有“居留民团”先查防空土、防空水、防空席，再查防空室，这你要当心，如果你电灯上有六〇烛以上“亚司令”或“飞利浦”灯泡的话，他也许给你弄下来或是摔碎了。但这是很平常的事。有的弄个破花盆，存上半盆泥水，黄土都被风和雨弄得不成样子，他们也许马虎着过去。最滑稽的是那块破“席头”，倒在地上，远远望着，倒像有一位路倒，死在门前。最可怕是防空演习，天上有飞机在监视，高的建筑物上有警防团，有日本兵，他们既不许人们不工作，不开灯，而又须灯光不露出外面，倘或露出，这顿“洋揍”是不轻的。还有日间演习或八、九两纪念日，男的如果穿着长袍，他们会不客气地给你剪短。女的穿着旗袍，会使你脱下来露着背心和三角裤衩，高跟鞋会给你变成平底鞋，使你遇到真的空袭，会逃得快。

春联

维持会诸人，除了所谓三定京师的老将军之外，骄狂的敌酋简直看他们不起。在敌多田骏未来之前，华北方面正喧嚷着“伪皇帝”回銮，“关东军”保驾。而敌“兴中公司”却把交通的一切一切占据了。那时的北平人士，早已看穿了敌人的做法，他用你的时候，在他的限度之内他利用你，他把你玩腻了，马上一脚踢开，绝不再玩。“伪满”“冀东”，这样的例子很多，差不多可以说是他们一贯的作风。所以到了“伪临时政府”成立，简直找不到局科长这类的中间角儿。当然这“政府”是由多田骏拉拢关东军和华北驻屯军的力量而形成的。后来我们听到某人当了局长，某人弄上科长，大家都以为是“不见经传”的人物。其实这并不够“底包”的资格，只是拉来凑数，跑跑龙套，使敌人看着我们有这些人才，大家混混而已。

在二十八年一月元旦过新年，敌民在门前挂上灯，门框两旁用大青竹筒三根，斜削成“品”字形的口，里边插上松竹梅，十足表示胜利者的微笑。中国老百姓已经进入了凄惨愁苦之境一年又半，谁有心肠来过这个“鸟年”，所以在二十七年元旦就没有悬灯过年的，可是这一年元旦，执政当局恐怕仍和上年一样的暗淡无表示，所以用红纸石印出对联，颁给市民，令他们照贴在门上，借以表示庆祝新年，“同文同种共存共荣”。这真是开亘古未有之奇，滑天下之大稽了。但这办法却亏他们想出来骗日本人。

那时敌寇出了本纯粹中国文的小册子，册子里代中国人拟了许多春联，册子的印行是在二十七年十二月，预备中国人照抄出来贴在门上的。敌寇这种呆笨的办法，倒不如那位出主意印出对联做致送年礼来得高明。这春联虽属明日黄花，不值得一顾，但是抄出几联，做我们胜利后的谈助，也未为不可。

旗飘五色，建设新秩序　中日一家，不改旧家风

同人膺戬谷　大道在扶桑

新国作新民　东风扇东亚

天地常明朗　日华永提携

实行中日亲善　祈祷世界和平

改善中华制度　维持东亚和平

顺应东亚新情势　依然中华故光辉

爆竹惊逃捣乱鬼　梅花接到和平神

为东亚谋真幸福　治中华有新政权

同种同文敦旧好　先知先觉作新民

日华携手和平乃现　亚陆同春国运更新

中日提携如兄如弟　朝野密接宜室宜家

新秩序新政权欣逢改岁　旧礼教旧典范崇拜先贤

处事本诸实情，思事事　与友谊邦交无碍

从政务持大礼，要想想　皆民生国计有关

收用地产

敌伪建设“北京新市区”，收用西郊土地并地上物，用极低廉的价钱，强迫收买，不得违抗。计园地收用费每亩一百元，楼房拆用费每间二百二十元，瓦房每间一百元，灰房每间八十五元，土房六十元，砖墙每丈一百五十元，井每眼百元，宝顶坟起移费每座百元，土坟每柩二十元，普通树留置费每株二元五角至十元，柏树每株四元至二十元，其他沙地、苇地、大殿、牌坊、栅栏、石碑，以及土窑、机器窑之收用起移费均有规定。这是二十九年三月间公布的，而我先茔，在“躺碑庙”以东，竟自先圈起来平了坟，再平了村落，这是不属于新市区的，事先并未公告，事后更无法可想，已使我抱恨终天。幸而胜利属我，敌寇投降，转瞬经年，致令寇敌笑人，真使我痛上加痛了。

全家福

“若素”是敌人一种治胃病的药名，到处可见它的广告，尤其是四郊乡村大路的两旁，它能沿着铁路汽车路线和“大学眼药”“老笃眼药”“仁丹”互相辉映着，它能指给敌人那是双岔路、三岔路、活路、死路、有桥、无桥、有水、无水……敌人这种张贴着这些东西，首先收到的效果是攻取东北，其次是卢沟桥事变。“若素”是由敌军主持的，他们还发行了一种定期刊物——《全家福》，完全中文版，印刷纸张都相当考究，在开篇总是先说战局，再说“我们市民对‘圣战’应有什么贡献”，或是“献金是市民了解‘大东亚战争’之表现”，或是什么“共荣圈之确立”，什么“英美势力之扫除”……均是极露骨“洋咒”。有时说：“我们‘友邦’是为我们——中国人士脱离桎梏挺身而战，而我们却在后方安乐，是宜对前方将士有着相当的贡献。……”中国人只有用它来包花生米，这些话谁看了谁都付之一笑，因为事实和说是截然的两件事，谁心里都清楚。中国人互相传说着，“用‘若素’会上‘瘾’离不开的”。结果他们枉费了心思。

捏造事实

敌寇一向是海盗的作风，未从侵袭我东北，先捏造出一个“中村事件”。那时是二十年六月二十七日，日本参谋本部所派至蒙古旅行之步兵大尉中村震太郎在蒙古失踪。八月十七日敌政府向我提抗议，要求对步兵大尉中村震太郎被害加以答复，敌认为系中国军队所杀害。九月一日我政府外交部王正廷部长向各国发表声明，并称中村大尉被华军杀害，乃一无事实根据者，而仅为日本人中不良分子所作之宣传耳。现在中村震太郎仍活于人间，王部长的话，是确乎晓得敌寇这种强盗的作风。可是在九月十日敌政府竟又向奉天省府提出关于中村被害之正式通牒，十四日奉天军派参谋长向日方提出答复，全部承认，乃越四日，就发生了“九一八”之变。

卢沟桥事变是二十六年“七七”，敌华北驻屯军连日在河北省宛平县卢沟桥附近演习，本日晚又借口士兵一名失踪，要求搜索，由是才发生这次战争。这位士兵，大概也许现在还会活着。

制造引起沪战的水兵宫崎贞夫，据说是被中国人掳杀，现在这个宫崎贞夫，却未被原子弹在广岛炸死，而仍活着。敌寇这种捏造事实的阴谋，又可恨，又可笑。

按中央社东京三日电，前日本陆军少尉某揭破惊人秘密谓，前传被我国谋杀，而为侵略我东北缘由之一之中村震太郎少佐现仍健在。又十日电，十年前因传说在沪失踪致引起上海战争之日本水兵宫崎贞夫，刻仍生存于广岛，此又另一揭破日本军阀制造战争之阴谋。据该水兵私人语日本新闻记者称，外传渠为中国人绑架事，系完全出诸捏造。最近日本报界，已两次报道“东北中村事件”之中村，及日俄战争之“英雄”杉南，均生存于世之惊人消息。宫崎告日本记者称，渠于一九三七年七月二十六日夜自军营内逃去，企图使渠成为“全国英雄”，渠置身于港内一英国船上，旋为英国卫兵所见，渠即纵身入海，为中国船所救，归返上海。日军对渠之返营，均表惊骇，遂乘机将渠禁于军事监狱中，判渠服苦役十五年，军部遂制造渠为中国绑架之消息。

这两个电报，已证实了三人——中村、宫崎、杉南，只有那位失踪“英雄”(卢沟桥事变)[未提及]，这种卑鄙的捏造，大概用不着再证明了，最近降服的敌人，还骂我们是“第三种人”，而我们又如何呢?

可怜的老太太

当敌特宪（一四二〇部队）搜索到西城松鹤巷胡同的某家（大约姓韩，记不清了）时，某君的房东也住在同院。这房东是位五十许的老太太，带着三位小姐度日，老太太的少爷在后方某大学读书。特宪的目的是某君，而某君夫妇却早已不知去向，临行据说是上天津不日回来。特宪抓不到某君，同时检查房东老太太，可巧这位老太太前两天接到她爱子自后方来的一封信，她不晓得须隐藏或毁灭了，经放在抽屉里，被这些特宪检出，于是他们转移目标把这位老太太押进一四二〇部队。这还不够，他们看到了那所房子，那三位小姐，于是把房子都强占住了，留下两位小姐供他们使用，另一位小姐被他们也带到另一地点的敌“住屋”。于是这三位可怜的小姐，都做了敌特宪的“使唤丫头”，而这位老太太如何经得起这么蹂躏，直到胜利之后，也不见了这位老太太，大约是尸骨无存死在特宪之手。又有一说：这位韩君夫妇也被捕了。捕韩之际，顺随一检查老太太，得到了那封自后方来的信，老太太也一同进去。胜利之后，只生存着两位小姐，在原房被迫供敌人服役的，而那位另带到别处的小姐，至今仍没有下落。

追念母亲

我的母亲故去，整整五周年了，使抱恨终天的我，还须继续活下去，这是我顶痛苦的事！在《晨报》当编辑、当主编的时候，我母亲总是谆谆地嘱咐我："不要骂人，不要得罪人，如果要是为大众福利的话，要据理，要显明地劝说，不要激烈……"自我离开《晨报》之后，我母亲才把担忧文字惹祸的心放下。

"七七事变"的前二年，又被朋友所托，在上海《大公报》，北平《华北日报》《实报》写文字，日祸日亟，所为文字，为日寇所忌。及事变之翌年，我遂被绑入敌宪兵队。当我发为激励爱国文字时，我母亲很训诫我几次，她认为"这是冒险而无保障的事"，我内人也在劝我"少得罪人"。但是敌寇在我家门前（宫门口头条）开枪，登在房上轰击一个中国人致死，这是她老人家看到听到的。有这两件事，于是她老人家才吓得半身不遂之症。自西郊开始收地，她老人家又提心吊胆地担忧我家的先茔，结果，先茔被占，她老人家竟与世长辞了。我母亲是生长于富贵之家，生我之后，又连生弟妹五人，五十岁后，身体转健。先君弃养，她才终年茹素（并不佞佛）。"七七事变"前，身体极其健旺，终年没有病过。自事变后，连遭不幸，又恨日寇凶暴，精神身体，遂致日就衰颓，迄于不治，痛哉痛哉！

国土重光之后，我马上跑到墓地去认，哪里能认得出墓址？村子平了，庙（俗名躺碑庙）也拆了，沟也填了，一大片荒地，不知哪里该是我的四至[1]，哪里该是我的祖先坟墓？我母亲停在天仙庵，我先父坟找不到了，这如何能合葬？……

我所受到日寇的蹂躏是平坟、丧亲、辱身的大仇深恨，使我永永不能忘掉的不共戴天！读者诸君，我是我家不孝之人，我是我母不孝之子！我这《痛痛集》，就在我母亲的五周年纪念日作为结束吧！

以上刊于《一四七画报》
1946 年第 6 卷第 8 期至 1947 年第 9 卷第 2 期
署名于非厂

[1] 四至：地籍上每宗地四邻的界线。

且说往事

当敌伪时期，除做官吏者外，一般想弄钱的真是容易之至。大概因为物价的关系，赚他百八十万伪币，即觉得阔得了不得，这时却要担心遇到特务，遇到宪兵队了。而自好之士，痛神州之陆沉，沦于左衽，乃以发财为耻。由住大房子而改租小房子，由吃大米白面而改吃小米杂合面，以期待着未来，期待着天亮，这种情形，据我所确知的是很多很多。

那时所最得意的是“腿子”，是特务，是亲民之伪官伪吏。这亲民之伪，包括伪县太爷、伪县太奶奶、伪征收局长、伪警察所长，而尤其是其下之伪什么什么，和老百姓直接发生接触的那些位喽啰，至于伪合作社，伪“御指定”等等会社，那更是专门和老百姓过不去。伪政委会在这大圈圈北京城里，政令都不能出这个圈了，人民所最感痛苦的，除去敌人之毒化政策、经济政策、饥饿政策等等外，即是宪兵队和户籍警老爷。

户籍警老爷的缺，其肥瘦第一要看所管的地面，有多少旅馆客栈，烟馆娼寮；第二要看有多少铺户，除去祖坊□□的□□，多迫献些个铜，多盖两次戳（登记油水），比较起来无大油水，这称瘦缺，不如花钱运动，运动肥缺，好去欺压商民，扩大油水。但是还要比起伪县太老爷以下的虎狼，和那些会社的爪牙，真也可以说是规矩多了，那些虎狼爪牙，往往倾害一村一家的生命财产。

1946 年 9 月 6 日
《北平日报·太平花》
署名非闇

遭遇空前难局

这是珍珠港偷袭的前一月的一篇文章，题目是《一亿的决意，日英美开战之念已定于此时矣》。它的文是在十一月十五日召开第七七届临时议会，十六日开会的照片上写着。十一月十七日实为日本迈出历史的进展第一步之日。是日“东条首相”曾于贵众两院言明日本目下正遭遇空前难局，谓日本对于变换无极之世界局势，曾隐忍自重，致力期以外交交涉打开危局，祈致世界和平。王室至今仍未得贯彻目的，帝国实已届不得不决定百年大计之局面等语，表明政府毅然之态度。……其后贵族院通过激励的政府案……更由小川乡太郎代表一亿国民的激励演讲。临时军事费追加预算三十八亿元案亦通过，各项议事皆圆满通行异常紧张，发挥战时议会之本色。十八日众议院岛田俊雄登台陈述国策完遂决议案，亦当众通过。廿一日举行闭院典礼。我看这文的日期，距离珍珠港的偷袭，还差二十天，而它那标题，确已承认开战之念了。现在的日本，在盟帅解放之下，秩序及一切的一切，都呈露着欣欣向荣，而我们是不是如东条所言“遭遇空前难局”？

1946年10月19日
《北平日报·太平花》
署名非闇

看报太伤脑筋

连日看报，真使人太伤脑筋，在三四年前，除了画画之外，听听无线电，打个小牌，反正得设法活着，从不看独一无二的“御报”，因为它太招老爷生气了。现在报之多，多得使你会糊涂，上海的一样，南京的一样，北平的又是一样，而这一样中又有若干类，打开一看，只觉太伤脑筋，比喝醉了酒，吸醉了烟，还来得不舒服，但却无这不看不闻的勇气。

犹记得偷袭珍珠港的时候，十二月八日的早晨，日寇各处出动，弄得偌大的文化城暗无天日。我自那一天起，更不看报，什么攻香港，占马尼剌……一直到新加坡陷落，“泰义”如何如何，我只由朋友口中听得，未曾看报。及至“山本五十六”死了，我才渐渐对于报要看一两段。我有位老朋友万君筱竹[1]，他年纪比我大八九岁，他能听无线

[1] 万筱竹（1872—1950），北京人。琉璃厂古玩商，书画鉴定家。

电，他能打听听来无线电的，他能在敌伪报纸的字里行间找出些新闻来印证。我们时常见面，我们时常交换着意见，我们能由日寇造木船，造洋灰铁筋船，而知日寇的海军已那个了，特攻队越呼喊，越觉得日寇海空都那个了，这并不必听无线电。可是现在万君他也说看报太伤脑筋。

1946年10月20日
《北平日报·太平花》
署名非闇

出路错了

我们朋友常谈：当我们在陷区时，都是忍痛把孩子们送到教会学校去读书（教会学校学费大），到了偷袭珍珠港之后，教会学校也怕要那个了，又把孩子们忍痛送进私立学校（学费更大），毕业之后，不愿孩子们入伪组织，又把孩子们介绍给商界里，学习买卖，以为这样做可以对得住国家民族了。

但是商界之糟，把一个纯洁的青年，熏陶濡染的只知道拿国币当筹码，钱不算钱，满口生意经，满身俗不可耐，满心利欲虚荣，粉面油头西服革履，不但吸烟是美国的好，玻璃这个，玻璃那个，就是放个屁，也觉得美国的另有味道。

我们错了，我们知错认错而不肯将错就错。因为我们为孩子求学，为孩子谋出路，虽然伪组织的小职员都规矩谨慎，有时还早晚跑跑小市、夜市。但我们的错，却是错认了商界，而尤其是投机倒把……的商界！

1946年11月18日
《北平日报·太平花》
署名非闇

献铜难为了长与警

自偷袭珍珠港后，掀起了太平洋战争，敌人才感觉到了力量不够，开始喊起自给自足来。据说在那时有一个台湾人献计，挨户搜集中国人的铜铁，用这个来制杀人的利器，就平津两市估计，即够“华北军”五年之用。这个建议，敌寇自然激赏。可是伪组织却不得不把这事承揽下来，召集了坊里长，改搜为献，组织了会，开始劝献。

当这个劝献的工作尚未展开的前几日，这消息已经普遍地传说了。同时德胜门晓市、天桥……都开始在贩卖破铜烂铁，而聪明点的人们，马上把门前的铜门环、铜杆栏、铜牌……都自行拆除了，买二斤破烂铜预备应卯。

坊里长总比“腿子”不同，他们是“奉行公事，盖不由己”地劝，倒是警老爷比较不好伺候。不过，都是中国人，这一点却能通融。对于家庭生活状况，他们很清楚，他们自然一上门是“指派”来几斤，如果和他们一客气，一诉苦，也会由四斤减到交一斤半了事。你家里如果没有那么多的铜，他们还会指给你上哪里去买，价钱也比较便宜。就我所知道的（连朋友家都如此），他们只是“软磨”，只求帮忙交差，间或有含着恫吓性的“如果每一区不交足数目的话，敌人会自己来收取”。就这样干了三次，成绩如何？不知道。

敌人大概认为这些烂铜不太合理想，于是又用大价收买旧铜元。始而是一角钱一枚，增到了二角、五角、十元，敌本土也开始在受着轰炸了。

灭电

三十三年冬，北平就闹着灭电，每晚灭三四次，每次最少三十分钟。到了三十四年一月里，灭的次数减少，每次时期加长，最长到过一个半钟头。那时我就住在现寓。在三十三年十二月发行的所谓《国民杂志》上，有一段若于电灯熄灭答问："……若是说为节省用煤，为什么有的地方又经常有电呢?""阁下所问的前半部，原因比较复杂，有时是为了节电，有时则由于本市的电被天津等地借用，不得已而为之。至于问题中的后半部，原因则极其简单。经常有电的地方，是不准停电的地方，至于为什么那个地方就不准停电呢？只要你能细心考察一下，便可了然了，恕不多讲。"这答语相当巧妙。那时的电灯公司本是华商电灯公司，在二十六年事变前，股本总额是四百五十万元，完全华人股本，不得转让他人。"七七事变"后市府成立"公用管理总局"，公司始归入该局所辖，叫"电气管理局"，敌人"落合兼行"为"公用总局”顾问，派了几个敌人来做指导员。把公司的一切办法改革。原来这公司在光绪末年的时候，仅装安了锅炉八座，蒸汽机五座，透平机二座，发电机七座，共发电三千瓦。民国九年石景山才设分厂，到十七年的时候，才陆续装安锅炉十二座，透平机三座，发电机三座，能发电一万七千瓦。统计两处（总公司在前内顺城街），发电容量为二万零三十五瓦，最高负荷约一万一千瓦。二十六年又订购一万五千发电机一座，西门子最新式电表校验器，运来中国只此一具尤为珍贵。二十九年“华北电业股份有限公司”成立，压迫股东出让股票，华商电灯公司遂成为历史上的名词了。公司直属于“华北电业”称“北京分公司”。三十年石景山发电厂，改为总公司直辖，由敌三菱公司弄来二五〇〇〇K.W.LJUN.GSTROM.透平发电机一座，也装于石景山。同时把北平住户的西门子电表，全换了敌制品，这样装置，一直到了敌人投降。胜利属于我们已经是一年又好几个月了，仍在闹着电荒，闹着节电，闹着加煤费，岂不可叹而又可恨呢！

1947年
《一四七画报》第9卷第3期
署名于非厂

禁止收听

再愚蠢没有的事，莫过于敌伪时期之禁止收听无线电了。他们禁止的方法，第一是登记，第二是检查，第三是发售。对人们原有无线电器加以调查和登记，同时还配给一架无线电，发给证明，可以无限制地收听。这里虽也发见几架长短波的东西，他也只能把短波的剪掉，并不没收，可是能收发的好匣子，谁肯去登记，去遭毁掉。结果，倒得到了登记的保障。另外一个办法，则是利用电波，在收听重庆、旧金山、印度等地广播时，加以扰乱。但是就用他所配给“标准式”的电匣，也一样可以用方法，改变线路，听得蛮清楚。这和“防民之口，甚于防川”，同样被我们先哲所笑。

中华社

敌伪时期的报纸，消息来源，只有一个中华社，中华社的稿子，还要经过“军检济”，消息的封锁和统一，相当成功，中文报纸是这样，日文报纸也很少不一样。可是中国的编辑，他们很巧妙地把几条新闻拼摆来，所谓“读书得间”，很能在那间隙里，得到一点消息。比如台儿庄的大败，长沙的大败，南宁的吃苦头，都能在那字里行间得到点消息，至少使人痛快几天，就是不用拿无电线电码上来证明，过不几天，在他“军检济”之下，那个地方，已失价值，又转进了。我至今对那些位“伪新闻记者”，仍然钦佩他们的精神。

国语辞典的附页

汪一厂、徐一方诸先生们编的《国语辞典》(大辞典编纂处出版)当伪时期，他们本着民族和正统的思想，继续干这编辑辞典的清苦工作。等到辞典问世，我在朋友家见到，他们居然把沦陷以来，如“兴亚”“共荣”“必胜敌寇”“必死抵抗”……这些“兴亚词”，都加上注释，附在每一部门的后面，另有起讫，仿佛这是辞典的附庸。(手边无此书，不能详拾，我的书都已卖掉，迄今我家中无书，倒觉去了一点累赘。)我很想借一部把那些“必胜”“必死”“转进”“陷落”“战果”……关于报告军事、安定人心的那些词儿，统统抄出来，再温习温习。

击落飞机的战果

诺蒙汉苏满的冲突，在那时报纸上看，真是凶杀狠斗的一个场面，敌人坦克毁了多少，飞机打下多少“皇军”“辉煌战果”，真是不值一顾。可是我有位朋友，他把“满洲”和北平的报纸，凡是关于诺满汉的战果，都把它记下来。(几方面数目不同的数字，他都用平均数。) 虽然这一仗是那么虎头蛇尾，可是就他所记，仅止于飞机一项，苏联的飞机，共被皇军击落了一千五百九十三架，这个战果，真够“唬人”，信不信由你了。

1948 年 12 月 17 日
《一四七画报》第 23 卷第 9 期
署名于非厂

羣芳坐衰歇
獨自舞秋風
非丁

这且不言

新晨報　即舊曆戊辰年六月二十日　第五版

漫談

新的晨　東風

華萼樓隨筆　千里

真山诗

目汪精卫为逃妾，咏诗百首，此不特沦陷区里已脍炙人口，即大后方亦一样地传诵。他很钦佩傅青主的为人，他自署真山，认为白乐天的诗才平淡有味，自认他的诗只配称作打油。他不是自谦，实是他性格的表现，因之真山打油诗无论识与不识，都知他是头脑特别清醒，观察特别深刻，出语特别犀利而幽默，很合乎诗史的讽刺。去年除夕他有忆苏州之作。“□水光阴概不留，何堪除夕忆苏州。去年犹望今年好，此日仍同旧日愁。满目疮痍兵未罢，万家辛苦□难求。流离颠沛谁真乐，仅见朱门酒气浮。”王克敏在狱中瘦死，他有诗作：“不入囚牢不入棺，声名愈大愈辛酸。早知一世如春梦，应悔八年作伪官。任性妄为权有限，用心苦干事无千。可怜襄老犹胡闹，痴想残躯耐岁寒。”前诗未免牢愁，后诗确乎幽默。

1946 年 8 月 16 日
《北平日报·太平花》
署名非闇

知耻老爷

胜利周年之后，天气仍在阴晴不定，选个风凉地方，不必什么花，什么酒，什么亭，什么榭，聚着随便可以谈谈的朋友，也不必什么衣冠不衣冠，说些笑话，摆龙门阵，倒也颇为写意。

有人由王宝钏说到代战公主，有人由抗战夫人说到沦陷夫人、解放夫人。有人却由公主夫人说到公主夫人的弟兄身上去，他说："夫人的弟兄，一般都称'舅'老爷。那么，姨太的弟兄呢，应称他'勇'老爷，因为'勇'字的形象仿佛似'舅'字，所以称勇老爷，表示稍差一点点，而也差不许多。至于小房间，外公馆，尚在候补留用的弟兄，则根据'勇'字号的称谓，似宜稍加区别，莫如称之为'知耻'老爷。子曰'知耻近乎勇'，嚼文咀字，这位老爷尚在'近乎'的上边摇摆着。"

据说这是大后方最脍炙人口的笑话，比称吉普女郎为"马灯"，谓是"温洋油的"，可不可应一律厉行检举，投入拔舌地狱。

1946年8月20日
《北平日报·太平花》
署名非闇

大大的有

小孙儿开学了，他憨憨地跳着，他很怀疑地问我说：“三分钱一个苹果，这三分钱是什么钱，怎么我买两个苹果要一百元呢？爷爷！”“谁说三分钱可以买一个苹果？”我问。他说：“老师讲的，书上也是这么说呀！”

我这孙儿确实伶俐得很，他能知道什么是B29型机，什么是P51型机，他能关金券折合法币，法币折合联银。他曾不假思索地对我解释：“日本飞机飞行慢，所以打败了。”他年龄才将满七岁。但是他这一问三分钱，却使我不知如何答复，才能使他明白。

算术上个十百千万是整数，个以内是小数，这是人人明白的。但是小孩子日当所接触的，起码五十元一个烧饼，百元一盒洋火，最贱的送一封信二十元，本来在算术的个位上，已不用，个以内的数——几分钱币，那如何会使小孩子明白？此正可应用日寇时，所谓“兴亚语”：“小小的没有，大大的有！”

1946年9月1日
《北平日报·太平花》
署名非闇

好过的节，难过的日子

节在大人先生们，只有平添乐趣，平添点缀。但是到了老百姓头上，却是一个关口，所以需要过，需要很艰难地过。我不敢谈农村的老百姓，他们除了每日每夜地提心吊胆，而天公又和他们过不去，这时正是要“壮籽粒”，要毒毒的太阳晒，要使他们辛苦所经营的稼穑成熟，但是这几天的天气，愁云惨淡，太阳躲得没有影儿，冷得要穿上添衣，他们不但谈不上过节，“大秋”有没有希望，还要看这几天天的转圜。

节之曰过，是度的意思，其在城市老百姓，究竟如何度法，这固不必我来操心，但我是老百姓，我也需要如何过关，破愁城边可以酒做兵去冲锋，明天这座大关——中秋节，我自顾不暇，更何暇去谈城中的老百姓。

北平土语有“好过的节，难过的日子”，中秋节关侥幸过去之后，

北平新民報日刊
中華民國三十五年九月一日
土話談天
開場詞 閒人
北京人
街景
東華小市 行人
後台

1946 年 9 月 1 日于非闇以“闲人”笔名为北平《新民报 · 北京人》副刊《土话谈天》专栏撰写发表《开场词》

跟着就是衣的问题。紧跟着须预备过冬（吃、穿、烧），所以这未来的日子，您不妨试为我们北平城老百姓想一想。

正误

昨天我那篇《土话》，“太阳躲得没有影儿，冷得要穿上夹衣”。不知是手民，是我，是校对先生，给印成“冷得要穿上‘添’衣”，哎呀！老百姓何如穿添得起呀！尤其是农村——老百姓只有看人家添新衣的资格，夹衣还是把棉花弄出去造成的。

1946 年 9 月 9、10 日
《新民报 · 土话谈天》
署名闲人

太平花

节关勉强挣扎着过来了，来日如何？萧瑟的深秋，渐渐会到了朔风怒号，雪地冰天的严冬，这种自然的威胁，已够人应付的了，而又何况……

昨天我会到一位花儿“把式”，我问他太平花有是没得，他说确有确有。琉璃厂九龙斋鞭炮铺不是很出名么？他虽是幽默的一句，但是嚼文咀字地思索一下，太平实在是急切需要的东西，太平而花，那更是川语所谓“硬是要得”！

不过，这位“把式”他说的花是花炮之花，并不是如昙花，如樱花、花草之花。可是当黑暗的天空，燃放几枝太平花，也可以大放光明，顿成奇景。

老百姓节是冲过去了，未来的如何，很希望多备几枝太平花，一齐燃放。

1946 年 9 月 17 日
《北平日报·太平花》
署名非闇

『九一八』

今天是最可纪念的一天——“九一八”，而且是胜利后的第二个“九一八”。当那胜利后第一个“九一八”时，盟友们正替我们接收，日敌妇女在“剃秃子”。北平这地方正在热烈如狂地“欢迎中央空挺部队”，盼中央，望中央，盼望得见了一架掠过的飞机，都要鼓掌狂呼。

“接收东北，物资人心之外，更应接收眼泪。”“仗打到几时了”，这是多么沉痛的标题，而“收复区人心待收复”，这样赤裸裸地喊着，正足以反映着这第二个胜利后“九一八”，它是如何地遭际！

我写这谈天，是距“九一八”只隔着一天，我与其剪上海报，剪什么报，不如把我摆在桌上的本报抄几句下来，就可以看出我们要怎样地纪念这“九一八”了。

“英报谓我政府应了解舆论力量。”中央社伦敦十四日电。“中共谈战局，全国分三大战场，陕晋豫鲁占了优势。”本报南京十五日电。“晋北会战在酝酿中”，“晋东情况未可忽视”，“调处前途不大光明”，“隐匿接收文物案，清查团发表真相”，“征兵委会建议募志愿兵”，均本报讯。够了够了，一日之报，应有尽有，这是胜利后第二个“九一八”带来的礼物。

1946年9月18日
《新民报·土话谈天》
署名闲人

纪念『九一八』

北大营的炮声，惊醒了中国的迷梦。敌人的少壮派，若不是急急地在建立“伪满”，而是用大陆政策、经济政策等等老练而慢性地侵蚀，慢性地毒化，那么，“八一五”的投降也许是幸免。而这些急进派，却给予了我们抗战胜利的前因，“九一八”前后的耻辱由抗战领导者，一股脑儿给洗涤了。

今天是第十五届“九一八”，也是抗战胜利第二届“九一八”，在这胜利之后的今日，我想把“九一八”前后敌人谋我的事实写些出来，那么，北伐成功，正是敌人露骨谋我的时候，我就从此写起。

中华民国十七年三月我国民政府发表第二次宣言，继续北伐。

五月三日，济南惨案发生。

五月十七日，日本政府以照会分致我国民政府及张作霖，“苦战祸波及满蒙的，日本驻屯军禁止其进入”（按日政府五月八日决定向山东

天安门前北平市民大会，庆祝北伐成功（1928 年）

出兵。九日向名古屋第三师团下总动员令）。

六月四日，张作霖被日本人炸死。

七月二日，张学良与我国民政府商和平，关东军警告其妥协。

七月十八日，张学良妥协，关东军再提警告，劝中止妥协。

七月二〇日，日政府正式向张学良提警告。二十二日张学良接受其要求，中止妥协。

十月八日，张学良就任国民政府委员。

十二月二十九日，张学良下令全东三省易帜，日提抗议。

十八年，六月二十九日，日政府因东三省有所发表，田中义内阁辞职。

十九年，六月发生间岛事件。十一月间岛发生武装冲突。

二十年，四月国民党设支部于东三省，日提警告。

六月二十七日，日本参谋本部所特派至蒙古旅行步兵大尉中村等在蒙古失踪。

七月二日，万宝山事件发生。自二日至七日，中国人被朝鲜人杀害者愈多。我国民政府正式提抗议。

八月十七日，日政府向我国民政府提出抗议，要求对中村被害事件加以答复，且指为中国军队所杀害。

九月一日，我国民政府向各国发表声明，并答复日本抗议，称中村大尉被华军杀害，乃一无事实根据者。

五日，外交部长王正廷再度声明，“所谓步兵大尉中村震太郎之被华军杀害，乃一无事实可资根据者，而仅为日本人中不良分子所作之宣传耳”。

九月十日，日政府向奉天省政府，对于中村事件提出正式通牒，要求省府道歉及处罚责任者，赔偿损害和保证将来。十四日省府全部承认。

九月十五日，日政府向我国民政府提出要求撤退万宝山军队，我政府亦向之要求撤退万宝山鲜民。

九月十八日，南满铁路柳条沟被炸，北大营炮声，“九一八”事变发生。

九月十九日，我国民政府向日本提出停战并撤退日军之要求。

九月二十四日，日政府向世界发表声明，对满洲无领土野心。

九月二十五日，美政府对日提通牒，劝日撤兵。

九月二十七日，满蒙发生独立运动。二十八日辽宁省宣言独立。

二十九日日政府声明，对满蒙独立运动不干涉。

十月五日，蒋作宾全权公使到日，递国书。我政府向日再通牒，要求撤退满洲地方之日军。

十月九日，日覆牒称，“俟满洲治安恢复之后始能撤兵”。

十月十三日，日阁声明，对满事变，拒绝美国和国际联盟及其他第三者之干涉。

十月二十六日，日政府发表直接交涉之基本原则及撤兵之先决条件。

十一月四日，吉林、黑龙江相继发表独立宣言。

十一月十一日，天津我军因日军炮击而应战，废帝溥仪在日本人保护下，由天津出口。

十一月十四日，溥仪入辽宁省。

十一月十六日，日外务大臣币原喜重郎向我全权公使蒋作宾提出覆牒，拒绝撤兵及再行交涉之提议。

十二月一日，日陆军省发表拒绝第三国对日本军加以干涉之声明。

好了，已过的事实，已可见敌之谋我。不过我恐我国人之善忘，所以把这些事约略举些出来。做个纪念吧！

1946年9月18日
北平《长春》第1期
署名于非厂

无望

有位朋友对我说："去年过了中秋节，我们是由希望而转到失望——我们憧憬胜利之后的如何如何好转而竟逆转了。今年中秋，天气又这样的不好，家居作客都感到暗淡，生事生不起，活是活不起，而死又死不起。生孩子每天用三两枚鸡蛋，还不用说脱脂棉。煤球要法币多少元一个，六块板的'狗碰头'（棺名）都要多少万，失望之余，竟成绝望了。"他说着说着，倒像是气平了下去，而色也转为和蔼，但笑容仍是一丝没有。他不吸烟，只得再换碗热茶来劝。

他本来是义气干云的爱国之士，他为做他应做的工作，他曾不顾一切地前方后方的跑。以他的资格和地位，至少也可以弄到五子登科而有余。但他仍是那套旧制服和亲戚家借两间西房住。

我劝他说，你不要又发牢骚，你是我最理想的好友。我愿你由绝望而无望，自然心气和平，心气一和平，什么不都是好的么！

1946年9月19日
《北平日报·太平花》
署名非闇

暴风雨

这一次的暴风雨，树倒电坏，其破坏力之伟大，使人心惊。当大风的那一天，下午七点钟我由报社回家，冷风扑面，车只好推着走，幸而我还有点热气来抵抗，倒未曾受了寒。

自十六日晨间起，太热了，温度增到八十度（F表），大掌柜的和家长们（户主）都热得很紧张。徒弟热溜了，子弟热得没有影儿。夜间的暴风雨，直吹到“九一八”，整个的文化城，温度突然降到六十度以下，我有篇《九一八》纪念的文字，给大风吹得失了时间性。同时因这大风，一切的一切都失了时间性。

天之伟大，暴风雨破坏力之伟大，我们都被它支配着！

1946年9月21日
《新民报·土话谈天》
署名闲人

恕不剪贴

本版北平故实求教，赐教者已略有发表，只是佳作太多，致酬过薄，这是顶抱歉的事。

今天所发表的是云麾碑和大金牙，可以说太不伦不类了。不过唐李北海（邕）所书有两个云麾将军碑，一个是李思训，一个是李秀。我们所请教的是李秀的原碑，这碑在明末制为六础，今存二础在文祠。至于法源寺那个碑，是在未制础以前的宋拓本（朱椒堂所藏）翻刻成功的。

大金牙，是焦金池，不是凤池，是河间人，已故。他女儿焦秀兰唱西河大鼓；他儿子，曾扮演了出“国舅”，几乎惹出乱子。

好了，承诸君赐教，我剪了有趣味的贴起来发表，至于《清六部地址》《杨椒山故宅》等等，恕不剪贴了。

1946 年 9 月 24 日
《新民报·土话谈天》
署名闲人

霉粮

据报上说“广安门外第四仓库拍卖霉粮一千三百多吨”，又说“这是把好粮盗卖五百余吨而剩下来的”。“阿弥陀佛”，“不当家花拉的”[1]，“善哉善哉”！如果让他全盗了去，何至于霉，他如果盗而卖之，老百姓拿去吃了，岂不少生多少疾病？又何至于拍卖霉粮！他偏胆小如鼠，不一股脑儿将千三百吨全盗了去，弄这些霉粮又重累当局来拍卖，又重劳老百姓去吃充饥，在此时，真是件可恨的事！

我很想把这若干垛霉粮画下来，留作一幅稿本，但我却无这勇气去看。我只好把报上说的抄下来，排在《北京人》上。

1946年9月26日
《新民报·土话谈天》
署名闲人

[1] “不当家花拉的”，北方方言，有“不该”的意味，相当于南方话的“罪过”。

看红叶

在从前的好年头，也不用太好，就是“九一八”前，还不用那么远，就说在“七七”前吧，当这秋高气爽的天气，几个人骑上几头小毛驴，或是弄几辆脚踏车，休沐之暇，上西山看看红叶，这是多么写意的事。西山红叶除了枫林外，柿叶、杏叶、梨叶，都是变得艳丽的。西山那一带，红的橙的赭的褐的黄的……再衬以成群的蛱蝶，确是天然的美景。古人春天郊游叫“踏青”，这时山游叫“辞青”，“辞青”，是秋意太深了。

沿山采些野菊，在汤山温泉，把采的野菊放在温泉里，然后大洗而特洗，古人叫作“温泉坐汤”，说是可以祛病延年的。今据某报上说“红叶看不得”，这年头只好说说应节算完事。

1946 年 10 月 4 日
《新民报·土话谈天》
署名闲人

于非闇《红叶双绶》（1948 年，私人收藏）

会心的安慰

去年一“入十月门儿”我打开日记看看，第一触目的是日寇狂言“二十年后再见”；第二是开始破坏交通；第三是盟友整卡车全市游行，“顶好”之声满街；第四是窝头面涨到每斤伪币六十元；第五是街上张贴欢迎“空挺”莅平，天上一只老鹰飞过，人们都要仔细地望一望，是不是“空挺”。这是在一片涨价声里，而还是在将搭彩牌楼预备庆祝双十的前三天的事。

并不止此，真伪的问题彼此再争，金子、房子、馆子、窑子、车子，人们在冷静地看着他们斗法。同时“留爷不留”的问题，也编出“流口辙”来，在喊，在警告！

那时“顶好”的事仍是盟友。去年今日带着孙儿上青年会看世界第二次世界大战电影，那时盟友对于我们，都以安慰的眼光看着，有时伸伸大拇指，喊句：“哈啰！顶好！”我们倒得了这点会心的安慰。

1946 年 10 月 7 日
《新民报·土话谈天》
署名闲人

口罩

口罩这东西，在敌伪时期，那是非有它不可的，无论是冬夏。它们做得很精巧，大可补齐如山先生三百六十行[1]之不足。黑色的电光绒，裁成像包“炸三角”面皮的形状。用穿鞋绳那样的铁孔，做成一行四个两行气孔。里面缝以洁白的布，缀两条松紧带，用以管制纱布。在三角形的顶点，也穿成铁孔，连上黑色松紧带，盛以小纸盒，彼此请带上。

我那时自然要戴这“劳什子”，但是戴上之后，不但口张不开，鼻的呼吸有些塞窒。但不戴如何能忍辱生存。自去年八月之后，我始终也未戴。朋友说在这时候，还是戴上它比较保险。我只好再捡出那个口罩戴起来。

1946年10月8日
《新民报·土话谈天》
署名闲人

[1] 指齐如山所著《北京三百六十行》。

双十节

历史上每当易代之际，总是扰攘很久。惟独中华民国成立，自宣统三年十月十日武昌起义，十二月五日南京成立临时政府（十二月十日“南北停战协议”签订）至中华民国元年二月十二日逊帝公布退位，南北统一。自双十起义，才将及四个月，除了十二月二日革命军攻取上海时，挨了日本驱逐舰“初霜”炮轰外，真是历史上少有的易代之际。

今年是整整第三十六个双十，各处应搭的彩牌楼，应当庆祝的机关团体……自然援例办理。人们自然也以各个不同的面貌，不同的心情，自当同念缔造之不易，来个过冬的双十节。按最近官方调查，全市市民一百六十七万九千一百七十六人，无职者七十九万七千六百二十六人，极贫三万三千零四人，次贫五万零四百三十三人，文贫一千九百七十三人，所以我用这两个“不同”。

1946 年 10 月 10 日
《新民报·土话谈天》
署名闲人

万钧重担

日寇临行狂言“二十年后再见”“三十年后再见”，这正与“何日君再来”相辉映着。按二十年后是中华民国五十四年之后，三十年后是今年东北遣送时说的，则须待至中华民国六十五年之后。平市人口据最新调查，八十岁至八十四岁的老太爷老太奶奶，共三千零四十二位。九十五岁至九十九岁的共七位，这自然是看不见日寇怎样的再见。就是闲人这样年纪，也只好下世再见了。

又据调查，平市不满一岁的少爷小姐，一共有一万二千一百六十八位，这些位自然都是胜利的结晶。“二十年后再见”，这些位却刚刚入伍，“三十年后再见”，这些位正是训练有素的精锐。万钧重担，只好期望在诸位小朋友身上了。

1946年10月11日
《新民报·土话谈天》
署名闲人

日本办法好

前几天有位朋友和我谈钓鱼，我说我从前写的那本钓鱼记（晨报丛书），实在太幼稚得可怜，我自己都没时间去纠正，很希望贤者能替我纠正纠正。他说办法是日本的好，因为它那办法，在一条线可以缀三个以上的钓钩。

我说此其所以为日本也，北平钓鱼，得固可喜，不得也没什么，这一点并不是不如日本，而实是比日本高明。一条线三个钩，鱼也只一次钓得一尾，而其贪得无厌，正是他这次所碰的钉子。我们寒江独钓，纵一苇之所如，这气度岂是他们所能比。他们用三个以上钩饵在一条线上，适越显其小气了。

友人听我愈说愈远，默然相对，我抱出一大抱日本印的《南画大成》请他看，我说这都是中国这些年印刷的单行本和周刊、季刊、月刊上的名画，日本翻印下来一分类，弄成模模糊糊。但是到了中国人的眼里，说它便利，很值钱，动辄值百几十万，你说这些东西对于学画有何用处？而我们却说它办法好？我只觉得太笨！友却笑了。

1946 年 10 月 11 日
《北平日报 · 太平花》
署名非闇

民国版《支那南画大成》书影

停电

我和我们经理，大概是一条“线儿上”的，他家每到下午六七点钟的时候停电，我家也是如此。他老先生是飞来的，没经过相当训练，自然多少感觉不便。我是沦于地狱，陷入九渊过的，对于分区停电或是整个停电，并非我吹牛，的的确确曾受过充分的训练。

在过去管电的敌人，他们囤积着蜡烛、灯油，他们为提高他们囤积的利润，他们停电；他们为盗卖发电的原料，他们也停电；他们为偷卖电力，他们也停电。停电的时间，起码半点钟，三个钟头、四个钟头，那是常事。

似我这贫穷之家，不配点蜡烛，只好买几个灯台，倾上点花生油，每日傍晚，首先要把灯台、洋火预备停当。一到停电，马上燃起来。始而还诅咒，后来简直视为固常，骂何尝管用，徒伤气力。但是电费每盏若干元，点不点，停不停，是依然照缴的。这回是电线被人割断，自然更是情有可原了。

1946年10月18日
《新民报·土话谈天》
署名闲人

穷人冷

这些天的天气太好了，在北平久居的人，也很少遇到这样好的天气，这未尝不是穷人之福，我希望北平没有冬天而永远保持着和暖。

但“霜降”这个节气的前后，天是会变得要见冰的，假如身无衣，腹无食，那真够活下去，况且北平这地方，冷的时间很长，棉衣总是要穿到翌年三月底清明前后才可以脱下。北平有句土话，“热是大家热，冷是穷人冷”，阔人出了大门，只冷二三尺地方，就到了汽车门，穷人却只一件破棉袄，冰天雪地在求生，半间灰棚，一个做饭的小炉子，是他们休息取暖之所，自十月熬到春暖花开，真太不容易而太可怜了。

据北平市政府调查，自去年十月至今年三月，病饿路毙的人数，男女共三百九十二位，这都是牺牲在冷的季节的，现在冷又降临到穷人的头上，本报济贫义展所得，简直够不上“沧海之一粟”。奈何奈何！

1946年10月21日
《新民报·土话谈天》
署名闲人

杯水

星期日那天相声艺人侯一尘为其子完婚，我去贺喜，会到单弦曹君宝禄，人很谦和，他的玩意太高亢，尤其是尾音，我们这下里巴人，倒谈得很好。曹君年富力强，将来这将要失传的单弦牌子曲，我倒要责望他甚切了。

贺喜之后，到了公园，中山堂内挤得人山人海，水榭挤得水泄不通，倒是董事会长的房间，疏疏的作品，阳春白雪，看的人却另有一番欣赏。

为救济而帮忙的朋友太辛苦了，饿到一点钟才吃饭，忙得热汗涔涔而找不到水吃，我勉强给弄到了一杯水，但还要努力呀！

1946 年 10 月 22 日
《新民报·土话谈天》
署名闲人

光明

有位朋友问我:“熟识不熟识电灯公司?”“干吗?”“打算安电灯。”我说:“申请报表不是很容易?”他说:“老兄你真是‘老赶’,自胜利以后,谁申请下一盏灯表来!”“大概是电不够用,所以请不下来,您没见最近分区停电么?”我答。他倒笑了,“老赶”“老赶”紧着讥嘲,使他愤慨,使我卑鄙。

“原来自胜利后,申请装安电力的,并无限制,电灯却不难。他们不是为光明,透明他们却是为了收入。装安电力每一度要几万儿的押金,装安一具电力,起码五六十度。同时电杆上变压器也出自用主(最近也许豁免),而电力的电费,也比灯费高,他们为了收入,自然如此。管什么光明不光明。”这是据说。

我真是“老赶”,我晓得和我这样“老赶”的,确实也不少,也许这是收入第一,光明第末。

1946年10月23日
《新民报·土话谈天》
署名闲人

送寒衣

今年这深秋天气，真是好得无比复加。无风无雨，不冷不热，“天无绝人之路”，北平穷苦的老百姓，几时修到而得此好的天时，棉衣尚不必上身。

我这篇《谈天》，是写在二十四日下午四时的，微风不兴，太阳光和煦得使人可爱。庭前黄菊，还有一个粉蝶在徘徊，墙上“爬山虎”，只有两三片燕脂般的红叶。这正是“霜降”节气的最好现象，而明天就是“送寒衣”了（即今天，旧历十月初一）。

送寒衣在故都是始见于《帝京景物略》的。它说：“十月一日，纸肆裁纸五色，作男女衣，长尺有咫，曰寒衣。有疏印缄，识其姓字辈行，如寄书然，家家修具夜奠，呼而焚之其门，曰送寒衣。新丧，白纸为之，曰新鬼不敢衣彩也。送白衣者哭，女声十九，男声十一。”这是一段最古的纪事（明朝），我母亲被日寇吓死，我自然去焚彩衣，我内人是新鬼，我倒懒得再令她穿白衣，只好多哭她几声。

公园义展，昨已圆满闭幕，昨日谈天误为今日，特此声明。

1946 年 10 月 25 日
《新民报·土话谈天》
署名闲人

夏正十月

北平一入十月（夏正），是有许多故事的，我今分他十项，写在下面。

（一）十月初一室内添火炉，送寒衣，预备施衣施粥。

（二）南下洼城隍庙初一开庙，烧香还愿，妓女们上坟。

（三）缅兹十月，敬授民时，这是被打倒的帝王颁布历书的大诏。

（四）盆栽的各种花木，都要入窖。

（五）候鸟如黄鸟、蜡嘴、锡嘴、交嘴、大鹰开始玩起来。

（六）冬笋、银鱼、汤羊、封鸡、封鱼上市。

（七）鸣虫如蝈蝈、蛐蛐、油葫芦入怀。

（八）十五日为下元节，各庙唪经。

（九）廿五日北海白塔燃灯，白塔寺喇嘛唪经转塔。

（十）穷人吃穿住着了慌。

1946年10月26日
《新民报·土话谈天》
署名闲人

庆祝万寿

今天是“率土胪欢，普天同庆”的日子，在下只是被《土话》限制着，只好恭恭敬敬向我寿国寿世寿民的主席山呼万岁！在下虽然代朋友颂主席，画了幅《白眉双寿图》，但是在下还有一幅南宋马麟画的《南极仙翁图》和明宣宗画的《寿禄图》。马麟画虽不一定是真迹，但也是一幅好画。我今日都把它拣出来，悬在壁上。

还有道光官窑八仙庆寿的碗，吩咐孩子们涮洗洁净，预备午饭吃热汤面，恭为“挑寿”。晚饭照例是窝窝头，打算改制寿桃，但是下面没有窟窿，能不能蒸得熟还须试验；同时还预备点白干酒，做个合家庆祝万寿！

我本来尚有一对僧帽牌的红烛，预备在今晚燃起来，作为庆祝之用。但我这篇祝词，是写在二十八日下午的。我住在十八个半截那一带，自六点半就突然停电，我只得把那红烛燃起来，一支燃完，电还不供给，只好再燃第二支，到了九点半，才蒙赏下电来。好长的时间！敌伪所不敢为所不忍为！而我为敬祝万寿的一对红烛，只剩了个蜡头儿！

1946年10月31日
《新民报·土话谈天》
署名闲人

防贼咬

我有位老友，只剩了他太太，在朋友家寄居，大概是仲秋的夜间梁上君子光顾了，偷取她十几件东西，她只好自认倒霉，并不曾有物归原主的希望。过不几天，有一位侦缉队的钱先生去找她，命她去认领赃物。这位钱先生非常客气，同她到了队上，认领了一部分她所被窃的东西，同时还同她打过铺保。她说：“我这孤苦伶仃，在这种年头，到处都遇见好人。”

这事过了不久，她连接了两张传票，原来是梁上君子未抓着，却抓着了销赃之人若干名，而她却列在销赃人之内，定于某日开庭。

她本来是苏州式的老太婆，如何不吓得只有哭泣，她情愿把找回的东西再还回去，她情愿自认倒霉，但这都如何能行得下去！

结果，她递了张答辩书，才算完事。这是胜利以前的事，因为连日贼闹得起劲，所以我把它写出来，请您慎防贼咬！

1946 年 11 月 1 日
《新民报·土话谈天》
署名闲人

防匪

口罩这东西，在尘土蔽天的北平古城，是比较卫生的东西，可是为“防匪”，可以不用。身份证是证明国民身份的，可是保结单上却写着“确系安分良民，奉公守法，绝无危害国家民族或妨害社会公共安宁秩序之一切行为，如有不实情事，保证人愿负连坐之责”。后边还印有三行空格，要证人三个的姓名、机关、商号和职业、营业、服务处所住址并且盖章。按八月三十日政府公布之《北平市政府办理制发国民身份证实施程序》共三十二条（见市政公报第一卷第七期），并没有保结单，也没有明文说是十个手指头都另捺一篇指纹，以便存查，借以“防匪”。实施程序上，只说“无相片者得用指纹代替之”，及“同时在填就之国民身份证上捺印指纹”。那么，这另纸捺十指之指纹，和保结单上说得如此严重，也和禁戴口罩一样的理由，我不禁为北京人纵声一哭！

1946 年 11 月 2 日
《新民报·土话谈天》
署名闲人

愿保老百姓

“确系安分良民，奉公守法，绝无危害国家民族或妨害社会公共安宁秩序之一切行为，如有不实情事，保证人愿负连坐之责。”这是一种预防手段，是见于满洲傀儡政府、冀东自治政府、华北临时政府、南京维新政府及汪和平政府等等的事态，都是些失意的皇帝、军阀、政客及过去的要人干出来的，没一个老百姓在内。他们才是“危害国家民族，妨害公共安宁秩序”的。老百姓只知道“安分”，只知道“奉公守法”，只有被他们牺牲了身家性命，被他们弄得颠沛流离，被他们害得求生不能，求死不得，被他们……在这三十五年的短短过程中，老百姓何尝敢做过一件像保结单上所说的那样犯法的事，更不用说“情事”的“实”或“不实”，而需要“所具保结是实”！

方奈何先生他要撤保（见四日鼓楼版），也许所保的他发见掺杂着有什么样的在内，所以他不肯保。我的天主！这些危险分子，有谁敢保呀！但若是真正的老百姓，如果还看得起闲人的话，闲人愿意无条件担保，直至我“寿终”“疾终”“遽终”以前，我都愿负“连坐”之责！

1946年11月7日
《新民报·土话谈天》
署名闲人

穿皮衣

在从前太平年头（光宣之际）的北平，其实那时的人们，已认为那时的政治经济社会，早已不如从前而需要振兴了。但与现在相对照，简直不成比例。在那时有“换季”之说，即是“夏葛冬裘”，什么季节，什么月份，穿什么衣服，这是按期见于《宫门抄》的（御用报纸）。

那时的衣服太讲究了，我还记得单就穿皮衣说，就分多少样。譬如九月（均按夏历）下半月穿“珍珠毛”，十月上半月“银鼠”，下半月“灰鼠”，十一月“白出风毛”（所谓大毛衣服，不反穿皮毛向外，只襟袖边镶出白风毛），冬至后开始“貂皮”。至翌年正月上旬，这期间，貂、海龙、水獭、玄狐……皆可以反穿毛向外，正月中旬又恢复“白出风毛”，下旬“灰鼠”，二月上半月“银鼠”，下半月“珍珠毛”。在《宫门抄》上说：皇上换穿什么皮衣服，臣下就无敢或先或后的，这种无关国计民生的“小过节”，政令都能马上达到各地方。我自那时活到现在，真是什么“把戏”[1]都看过了，侥幸偷生又看今日。

1946 年 11 月 8 日
《新民报·土话谈天》
署名闲人

[1] 把戏：花招。为欺骗、哄骗对方而采用的一种卑鄙狡猾的计策或计谋。

冷是穷人的

狐貉之皮毛，自古并重，但是到了清代，官衣（即礼服，所谓袍褂也）却不用貉。貉北平读音如毫，拔去劲针的叫貉绒。用作军服大衣，在张作霖时代才通行，以迄于今。这种皮毛，既轻暖，又不怕风雪，又比狐皮延年，只是穿上身以后，总有一种很难闻的气味，所以清代官衣不用它。

清代穿“灰背”叫“灰鼠脊子”，是以关东灰鼠为最贵重，俗称“关灰”。关灰的佳品，色像葡萄紫，次的像貂红，浅灰的最次，洋灰更次。现在“灰背”，以洋灰为最，次浅灰，葡萄灰最不值钱。

皮衣是野生之狐鼠等，又轻暖，又延年。真正老玄狐，反穿在身上，雪花绝落不上去，这是我亲眼看见过的。沦陷时有人工畜养的玄狐，色泽虽比老玄狐还漂亮，但是温暖既差，雪下上去，一样如昔人咏雪名句，“黑狗身上白”了。

北平有句土话，“热是大家热，冷是穷人冷”。天将变，穷人的败絮，全仗着它要过冬。

1946年11月9日
《新民报·土话谈天》
署名闲人

好雨

连着几天的小雨，这小雨虽不大，但在农家的眼里看着，却是油一般贵重，而是全下在地内，一点也没有流到别处去，麦的弱苗，得到了相当的滋润，增加了抵抗寒冷的力量，过年的麦子，一定是有几分的希望。

诚朴而勤苦的农民，他们都是靠天吃饭的。虽然农村经过了破坏，经过了蹂躏，经过了洗劫，经过了……但是天无绝人之路，天之对他们这样的弱者，总是有好生之德，而会在默默中加以照护的。我不是迷信，人到了创巨痛深之际，只有呼天，才可以舒一口气，农村之惨遭蹂躏，他们也只好呼天，天却是给他们生机，下了这场好雨。

但是眼前的严冬将届，只有这次的雨，才可以给他们舒一口气，而城市里却是相反地在诅咒着街道泥泞。

1946年11月10日
《新民报·土话谈天》
署名闲人

救济文贫

济贫运动展开以来，只累得奈何先生缓不过气来。但我想奈何先生对于鳏寡、孤独、废疾……一定认为是救济的对象，而那些位不肯走，不肯脱去长衫，不肯不顾一切地做，而尚在安分守己被文而害得吃不起“黄金塔”的先生们，一定也是救济的对象。我因为叨在“寅谊”，使他先缓缓气，我再呼吁呼吁。

北平这些位读书识字、安善良民的长衫先生们，就是闲人这一类的人，闲人尚未温饱，“物伤其类”的心，自然是至深且切。这我敢斗胆地说，方奈何先生是如此，张恨水先生也是如此，推而至于各个人都莫不如此。

但是我们耳目太有限了，我想偌大的一座文化城，不知埋没了多少这类的人，不为非，不作恶，一味在忍，一心在耐，紧紧缩缩，至于当无可当，卖无可卖，告贷无处，赊欠无门，咬紧牙关，不准女儿当吉普，不准男儿当土匪，今晚勉强对付一饱，明晨又不知如何，前瞻无望，后顾堪忧，精神苦痛，已到万分，身体上那更不堪言状了。

一夜北风紧，只弄得生不得，死不得，而又活不得。如果脱去长衫，卖他些“烤白薯”“抓半空”，虽也一样的无济于事，但本钱何所出，器具如何用，这又在先生们久已熟虑而深思过了的，而先生们又岂是甘于埋没以死！

“天地不仁，刍狗万物”，“人性恶，其善者伪也”，这话在这原子时代怎么讲，先不去管它，我只有敬向仁人善士再呼吁，救济文贫。

1946年11月15日
《新民报·土话谈天》
署名闲人

天灵盖

南宋绍兴年间，金人侵入了中原，对于中原人，惟用“敲棒”打人脑而死。那时有位杂剧的伶人，他在演戏的时候说：“如果我们要打算战胜金人的话，须是我中原一件件都相敌才可以。譬如金人有‘粘罕’，我有韩少保；金人有柳叶枪，我有凤凰弓；金有凿子箭，我国有锁子甲；金人有敲棒，我有天灵盖！”

这一段是《可书》[1]上边记载下来的，可惜这位可书者而竟不书这位伶人的姓名、籍贯、住址和门牌号数等等，致令千载下的我，只有景仰钦佩而莫之能详！

在那个时候，主和的说主战的是“汉奸”，主战的又说主和的是“汉奸”，两下相争，各不相下，只弄得乌烟瘴气，而人民的天灵盖，却被“敲棒”击碎了！

1946年11月11日
《新民报·土话谈天》
署名闲人

---

[1] 《可书》作者张知甫，生活在两宋之际，生卒年、字号、爵里及事迹行状俱不详。该书凡五十条，已非完帙，系四库馆臣从《永乐大典》中辑出。

替贼打保

前几天我谈了一次我朋友的太太被盗偷去了许多衣服、手表等等，后来由南城侦缉机关的钱先生把东西找回了一部分，这位太太还赴机关领回所失的东西，打了铺保。后来法院检查老爷把这事大概是弄错了，贼已捕着，不知怎样忙，把这位被盗的太太倒列入了销赃，成了被告，而被传讯过堂。她请了律师，递了辩诉状，认为她的被告是检查老爷给弄错了。这是我那天谈天的大略。

后来我遇到了这位太太，这位太太她马上提出了口头的抗议，她说你以为就凭律师的那纸辩诉状，这事就算完了吗？哼！这群检查老爷们，他岂是这么简单的！后来我又接到传票，又说我替贼打了保，你说这是多么滑稽而可笑的事。她气愤地说："我就凭我这所遇的事，我实在忍受得。"

1946年11月19日
《新民报·土话谈天》
署名闲人

不希望建都

北平这座古城，是历辽金元明清的，明清两代的建设，迄今还屹然独存着。国都南迁之后，这地方独以纯洁的文化城著称，以迄于今。

这地方学校林立，无论你是研究什么，这地方都蕴蓄着可供你参考的文献。

这地方虽尚有些封建的剩余气氛，但是风俗淳朴，人民善良，它的优点甚多，而没有汉口、上海那样的多角形，使人一进一止，都要大伤脑筋。

这座古城在天时地利上的优点，更是指不胜屈，交通方面也是四通八达，巍然高踞着形胜。

不过这地方只宜做学术的重地，而政治舞台，都随“王气”而早已过去。因为现在这时代，是瞬息万里的，无论是时间，是空间，“据形势奠都，以为控制”的话，早已失了重要性。

我很爱惜这座文化城，我为这纯洁的古城，不希望再建都！

1946年11月22日
《新民报·土话谈天》
署名闲人

天也在拖

今天是小雪节，这几天太暖和了，放晴的天气，和煦的日光，只有些微的小风在动荡着，这是北平多少年不曾见的好天时。

煤一天比一天贵，幸而狂风不曾怒号，冰雪未曾盖地，贫苦的人们，在这“冬日之日可爱”之下，尚可抓抓“半空儿”，卖卖“铁蚕豆”，就是家里凑点破铜烂铁，几本旧书碎帖，摆个小摊儿，卖钱不卖钱，那是关乎命运，至少天气爱人，还不太凉，不曾刮风下雪。

穷人所过的日子，自然是穷，处穷惟一的工具，也自然是“拖”喽！“拖”是现代化的，只能在“拖”之中，慢慢地找办法。可是自入夏历十月，“霜降”节后，不冷不风，天气也在“拖”，“拖”到“立冬”节，虽然有一两天像是要如何如何，结果只落场小雨，使人又加重了过年吃麦子的大希望，而仍然在“拖”，“拖”到我写这篇东西的下午。假如长此天也“拖”下去，也许从此不风不雪不冷了。

1946年11月23日
《新民报·土话谈天》
署名闲人

希望

有人这样质问我："杂粮（根本不敢希望大米白面）煤球（红煤、块煤、烟煤同米面），在《新民报》上天天看着好的消息，好像都有办法，老百姓都可以容易买到，但是实际上买，去探询，只等于'纸上谈兵''望梅止渴'，根本到了老百姓身上还有很大很大的距离。可是什么捐，什么税，什么涨价，什么加价，只要是《新民报》上（其实平市各报都是如此），一写出来，马上就是事实，并不打些折扣。只有'挑烧''养路钱'……像是做文章一样，偶然起一两个小波澜，仍然是平铺直叙的四平八稳纳捐纳税。老百姓对于'国大'，'人大'，打仗，停战，根本看不懂。但是由于期待着天下太平，还需要想出种种的方法挣扎着活下去，所以对煤球杂粮在报上所报告出来的，顶迫切地希望少打些折扣，多少兑点现。而那些苛杂等等，希望它会传闻失实，或是不再涨价。"

报社何尝不是老百姓的集团，我更是团员之一的老百姓。煤粮盼着天天贱，盼着不再贱而"闸着"，盼着闸不着而稍涨一点点，苛杂我们不敢说，我们只好说是捐税，捐税不敢希望"免"或是"减"，也不敢希望名目不增，数目不减，而只希望慢慢地增，斟酌着加，希望老爷们立一个名目，加一项税收，增若干倍价目，稍微考虑考虑沦陷区的老百姓缴纳的力量。

1946年12月2日
《新民报·土话谈天》
署名闲人

整理市容

《北京人》每日要有一篇《土话谈天》，这一栏照例是要我说话，而不许沉默的。但是这几天，我觉得只有烦恼，焦躁，精神萎颓，而懒于说话，交白卷不可能，只好“天下文章一大抄”，且抄几段新闻缓缓气。

这段文抄，是上海取缔摊贩激起了“骚动”，潘公展议长说的。他对于安置这些在生死线上挣扎的小摊贩，他说：“至对此事件，余（潘自称）个人看法，认为现时财府如有新行政设施，而其关于小民生计者，必须慎重考虑，事先为小民生计想一退步办法，尤其在此冬令，战后生计艰难，更须慎重处置，免使小民处于饥寒交迫之境地。不但对于摊贩如此，譬如人力车夫之取缔，亦应逐步施行。盖今日为政，必须先使人民安居乐业，而后始能使社会秩序趋于安定。……”（上海三十日电）又一日电，淞沪警备司令部，于一日晚发出制暴戡乱格杀不贷的布告。又电："摊贩发表声明，非法暴行与彼等无关。"又电，吴市长一日晚八时广播谓："摊贩问题已告解决，两日所发生之非法暴行证明绝非摊贩所为，实系暴徒有组织有计划之暴行。"（以上均是中央社讯）

潘议长的几句话，说得很沉痛；吴市长的话，也说得很漂亮，在本市整理市容声中，抄下来请大家看看吧！

1946年12月4日
《新民报·土话谈天》
署名闲人

北平小百姓

北平驯良的市民，我一向总称呼他们一声“老百姓”。这“老百姓”一词，经我最近才发现，原来它是有权有势和新近荣任国大的先生们对于小民的称呼，而并不是我称呼同类而可以妄用的。我虽在表示尊称，而加他们一个“老”字，但我们同是小民，我们正宜彼此互称一句小民，或小百姓。因为在刚刚正喊着民主的时候，我们确也在盲喊，也还是需要自谦自下自小的，这样或者还可以对付着活下去。

北平的小百姓，不同于天津的小百姓；天津的小百姓，更不同于上海的小百姓。上海的小百姓，会在大新公司满陈列玻璃品的玻璃窗下卖玻璃皮包、玻璃皮鞋。北平的小百姓，宁可饿死，也不肯在点心铺门前卖糖果，卖切糕。就是令他在皮鞋铺门前，去卖美国鞋油，他也不肯做。更不用说像上海的小百姓，会在茶叶铺门前卖茶叶，而且是“西湖龙井”的牌子，高高地插在天竺编来的篦篓。

北平的小摊贩，予人们的便利，是以旧货为大宗，人们花很廉的代价，可以买床旧被，买条棉裤，买双棉鞋。虽然也有由黑市而来的东西，但是他们总是很驯良地选择着“不挨骂”的地点（绝不紧贴类似他们售品的商号）。

老爷先生们，您们详细地看看，北平驯良的小百姓，他们的小摊如何摆成功的！

1946年12月6日
《新民报·土话谈天》
署名闲人

小百姓讲信用

现在大概只要小百姓才讲些信用，皇皇的公告，又招待了新闻界，把停电分成三区，轮流着光明，转着弯黑暗。我的朋友有住在和外东北园的，就无一天不停电的。我的朋友有位在细瓦厂的，他只遇到一次停电，而停的时间只在找火柴、拿蜡烛的时间里，电灯又恢复了光明。我住在什八半截，十二月一日停一次，二日自下午五时四十分停起，至八时四十五分才又赐予光明。我不愿意再向各区探听，就这一点，和电力公司所声明的分区停电的如何如何，已完全自己把它撕碎。是不是机器又坏了？是不是又是“匪”人破坏了电流？是不是某处又发生了障碍？是不是又缺了煤？是不是刮了风和下雪？或是水已结了冰？……而该当停电。又是不是小民、小百姓除应行缴纳“煤贵费”外，还要于一二三级电费之外，再要他们应行缴纳“收复税”和“光明费”？

因停电而小民、小百姓的损失，这可以不必管，因停电而影响到社会之安宁秩序，这却是在冬防期间不容忽视的事。凡是出了一个要钱的名目，小民、小百姓只有照公告而缴纳，而公告上所说停电的办法，却是随便可以扯碎，可以不履行，所以我说：只有我们小百姓才讲信用。

1946年12月7日
《新民报·土话谈天》
署名闲人

住的问题

《新民报》同人不是有产阶级，也不是无产阶级，只是地盘小，在同日装不下涨出版框的材料。这篇《北平市房屋租赁管理规则草案》，关系着“北京人”住的问题很大，只好借给我植在谈天里。使“吃瓦片儿”和“串房檐”的都看看。

第一条，北平市政府为管理本市房屋租赁及解决房屋租赁纠纷，特制定本规则。本规则之执行机关，为北平市房屋租赁管理委员会（以下简称委员会）。

第二条，本市房屋之租赁契约，于本规则施行以前订立者，应向委员会声请登记，其租赁契约用纸，由委员会印制。

第三条，依前条规定申请登记之租赁契约，经委员会审查认为有违反法令及本规则之规定者，得令其更正。

第四条，本规则公布后，出租人除租金外，不得向承租人收押租费，违反者承租人得声请返还之。

第五条，本规则公布后，出租人不得向承租人收取超过两个月租金总额之保证金，此项保证金，于租约解除时返还之。

第六条，本规则公布后，出租人不得预收一个月以上之租金。

第七条，房屋租金，概以法币计算，其违反本条规定者，得令其改以法币计算。

第八条，本市房屋租金，应依下列标准定之。

旧有租约（一）民国二十六年以前之租约，增租额不得超过一千倍。（二）二十七年租约，增租额不得超过六百倍。（三）二十八年租约，增租额不得超过五百倍。（四）二十九年租约，增租额不得超过四百倍。（五）三十年租约，增租额不得超过三百倍。（六）三十一年租约，增租额不得超过二百倍。（七）三十二年租约，增租额不得超过一百倍。（八）三十三年租约，增租额不得超过十倍。（九）三十四年租约，增租额不得超过五倍。旧租约的租金，不得超过下列新订租约之租金，三十五年一月以后订定之租约，应以新租约论。

新订租约（一）在本规则公布后，完工之房屋，其租金最高额，不得超过土地所有权状所载该房地价总额年息百分之十二。（二）旧有之房屋，其租金最高额不得超过土地所有权状所载该房地价总额年息百分之十。（三）形状鄙陋之房屋，其租金最高额不得超过土地所有权状所载该房地价总额年息百分之八。

第九条，租金之订立与第八条标准相差过巨者，双方当事人得磋商调整，磋商不协时，得声请委员会裁断之。

第十条，出租人非因下列情事之一者，不得终止租赁。（一）承租人利用房屋为不法行为者。（二）承租人积欠租金总额，除以保证金扣除外达两月以上者。（三）承租人损害租赁物，不为相当之赔偿者。（四）承租人移转租赁权，或将全部房屋转租与他人而未得出租人承诺者。（五）承租人分租房屋，其所取租金超过原租金之比例百分之三十者。（六）收回自住，经委员会证明者。（七）有翻造房屋之必要，并领有建筑许可者。依前项六、七两款之规定，终止租赁时，应于三个月前通知承租人。

第十一条，收回自用之房屋，不得封闭不用，并不得于一年内将全部或一部改租他人。

第十二条，定期租赁期满时，或出租人因翻造房屋终止租赁时，原承租人有优先继续租赁权。

第十三条，租赁当事人，有违反本规则第四、五、六、七、八等条之规定时，委员会得移送法院处理。

第十四条，本规则由北平市政府核定施行。

1946年12月8日

《新民报·土话谈天》

署名闲人

处理房屋问题

北平住的问题，实在是最近极严重的问题，尤其是“串房檐”的小百姓，找一两间小房，除了“征实”之外，还有许多麻烦手续，苛刻条件。但是“吃瓦片儿”的，也有他们的难处，他们的苦处。在这种情形之下，实在复杂了。北平市政府《房屋租赁纠纷处理程序草案》又公布了，我只好也把它植在此处。

第一条，本市房屋租赁纠纷之处理，除法令别有规定外，悉依本办法办理。

第二条，契约当事之间发生租赁纠纷，应依本办法第三条之规定，向北平市房屋租赁管理委员会（以下简称委员会）申请调解。

第三条，申请书应载下列各款事项：（一）申请人姓名，年龄，住址，职业，申请人为法人或其他团体者，其名称及事务所或营业所，及法定代理人姓名，年龄，职业，及住所或居所。（二）对造人之姓名，职业，住所，其为团体者与前款同。（三）租赁状况。（四）争执要点。（五）请求目标。（六）附件种类。（例如租赁契约或其他有关证件等）前项申请书应按对造人数，装备副本，由申请人签名或盖章。申请者如为团体，应加盖团体戳记。

第四条，委员会于收受声请书后，五日内将副本送达造对并为必要之清查。前项调查期间，除有特殊情形外不得逾七日。

第五条，委员会于必要时，得通知该纠纷事件之关系人或证人，到会询问，或令之书面陈述。

第六条，委员会于调查完竣后，应通知各该当事人到会陈述，予以调解。

第七条，委员会应将调查结果，作或笔录，由当事人及调解人签名或盖章，做成正本，分别送达各该当事人。

第八条，调解成立后，当事人之一造不履行时，他造当事人得状请北平地方法院，予以强制执行。

第九条，调解期内，当事人有下列行为之一者，委员会得随时制止之。其不服制止者，得由委员会移送北平地方法院依法处刑。（一）出租人实行封闭房屋，断绝水电，或使用其他方法妨碍承租人居住或安全者。（二）承租人毁损房屋或其装置设备者。

第十条，当事人违反第六条之规定，无正当理由，避不到场陈述时，委员会得缺席裁定，送警察局强制执行。

第十一条，本办法由北平市政府核准公布后施行。

1946 年 12 月 9 日
《新民报·土话谈天》
署名闲人

蹓早弯

北平上了几岁年纪的人，对于摄生之道，直到现在这“年月”，还在支持着休养下去，尤其是严冬祁寒的时候。

在早晨六点钟的时候，棉裤要扎上裤脚，蹬上“全盛”的“毛儿窝”，（全盛斋鞋店制的“棉花篓”——棉鞋）这棉鞋又叫“老头儿乐”，据说：“全盛”制的，每双共享十二两棉花，这似乎不是现在的事。鞋的面讲究“回子绒”，“电光绒”已不够味，底用白纸制底，取其轻，“毛布底”带前后“皮膜”，觉得太重，“千层底”，又嫌它太薄，冷气欺脚。穿上换过几次面的“二毛剪碴”皮袄，戴上帽头，无论多么冷，总是准时而起，准时而出，安步当车，开始“蹓早弯”，活动活动腰腿。

蹓的路并不太远，只是徐徐地行着，喝一碗豆浆，买包小叶茶，又慢慢地蹓了回去。红扑扑的脸，表示着四肢百骸都通畅了，小盖碗一闷，拿起《新民报》，戴上眼镜，看看国大花絮，马上翻转来看“鼓楼”，看“天桥”，看“北海”，只有等待着吃午饭了。

1946年12月13日
《新民报·土话谈天》
署名闲人

九九消寒图

今天是冬至节，北平风俗要吃馄饨，所谓“冬至馄饨夏至面”是也。由这天起，北平称它为“数九”，家家要作消寒图，雅一点的画一枝梅花，共画八十一个花瓣，每天要染一个花瓣，染的方法还要记阴晴风雪来，它的方法是：“上阴下晴，左风右雨雪在中”，这样经过了八十一天，冬去春来，天又暖和了。所以有人题这九九消寒图是：试看图中梅黑黑，自然门外草青青。

又有用纸画九宫格，每格内再画上九个圈（用笔帽印比较省事），共八十一个圈，也照上面所说，按着阴晴风雪涂上去，也叫九九消寒图。

又有用九画的字组成有意义的句子，再双勾起来，每日填一笔，也可以盼着这冷劲儿过去。在从前是用“庭前垂柳，珍重待春风”，或是“幸保幽姿，珍重春风面”。现在建都问题，南京北京吵起嘴来，是

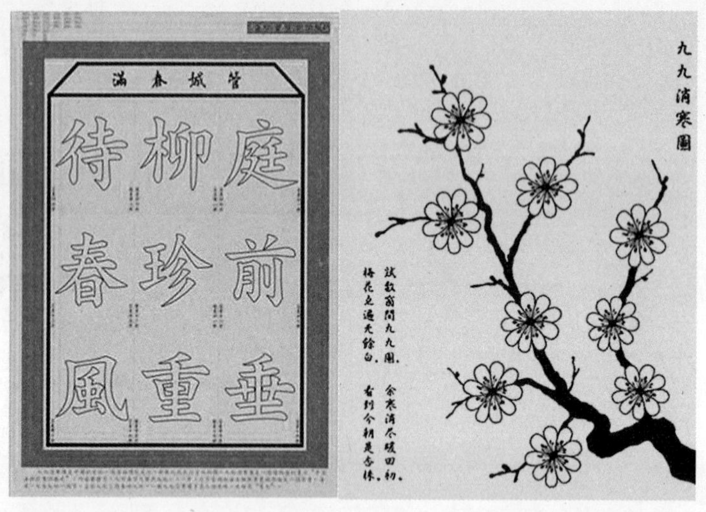

《九九消寒图》

件顶有趣的事，我填了两句纪念建都的九九消寒图，就做我这谈天的结句吧——“盼春风，重度帝城垂柳!”

1946 年 12 月 22 日
《新民报·土话谈天》
署名闲人

禁毒

北平有句土话，是“吃喝嫖赌抽，五德兼全”，现在且谈抽。抽是吸大烟吸毒。大烟输入的历史很久，一榻横陈，吞云吐雾，形销骨立，丧志伤身，这比吃喝嫖赌之害尤甚。

抗战胜利之后，第一件德政，就是禁毒，分为若干期、多少阶段，初犯再犯三犯……以至于何日禁绝，何日犯何条款，即执行死刑，这大概是抽烟吸毒的人们，比我还弄得清楚。至于抽大烟有啥子好处？那只有所谓时代艺人、口技泰斗、相声先生能说得出“人头土”是药，螺填[1]烟盘太古灯，红花蜡地湘妃枪，是美，是讲究。

我很记得林文忠公（则徐）有两句烟不禁绝的话：“二十年之后，非但无可筹之饷，抑且无可练之兵。”这话就是说烟毒之烈，足以亡国

[1] 螺填（luó diàn）：螺钿，用螺壳与海贝磨制嵌成的工艺品。

灭种。

我因为要明白日寇的毒化政策，我在二十六年春天，曾在东方饭店开一个房间，化装之后，在饭店后面那家韩人开的“白面房子”蹲了三天，吸了三天毒，看到了不少的把戏，冒险写了两封通信，寄到京沪。日寇政策之毒辣，“白面房子”之变相地狱真令人触目惊心。至于押人家孩子、摘人家街门，换白面抽，那更是韩人推行日寇政策之不太高明之处。及至沦陷之后，既公开买卖，又纠正许多伤感情的失策及被毒化的事，就北平一隅而言，经过一年又四个月，而尚未能根除。

我歌颂禁毒是第一德政，我更可怜这些仍敢抽吸的人们！

1946年12月27日
《新民报·土话谈天》
署名闲人

教科书的大老板

中小学国定教科书，印刷拙劣、纸张粗恶，这是学生方面、家长方面、教员方面以至于社会……都感到太那个。希望教育当局，俯顺舆情，将国定本开放，任书商们竞编竞印竞售，而得到比较好一点的教科书，供给第二代的国民。

相反的事实是：七联各地已经印成的国定本教科书尚有二千多万册，并且七联每家每期所印制而垫出的本钱是二百亿以上，而这已印成的二千多万册垫本债息，自也相当可观。所以在月初教育部吴司长曾为此事跑趟上海，和七联商讨办法，结果，是不能开放。教科书怎样坏，那是活该！

根据上面的事实，奈何先生曾有《恳求书业大老板》一文刊于本月七日鼓楼版。因为谁家都有小孩子，尤其是小学一、二年级，用那么坏的纸，用那么腐旧的纸版（听说这纸版是从后方空运来的），一本书还未用到一半，已经不堪了——这是老师在讲爱护书本，妈妈在一面替整理，一面也讲爱护讲清洁。

可是现在的事实是照旧,（二千多万剩货）是不是因为债息的关系，可能要涨价？这还待事实来证明。

1946 年 12 月 28 日
《新民报·土话谈天》
署名闲人

除夕

今天是三十五年最末的一日（三十一日），明天新年开始了。老北京人对于这除夕，并不感觉什么兴趣，只是怕明年起，公营或国营事业再涨价。

自然各机关，各团体，各学校都放了假，预备过年，庆祝新岁。我们在未庆祝之前，先检讨一下过去：谭家菜是由伪币五万元涨到二十六万元。窝头面是由二十元涨到二百二十元。说征兵，又不像，不是征兵，却又闹征兵摊钱。车祸一天比一天凶，竟有“人撞车”的奇闻。又闹了阵捕老鼠，拿苍蝇，雨点小，雷声大。电灯停电。时常行抢。捐税都是“按奉什么令施行，商人民其各凛遵勿违，致干未便”。浮摊驱除迁移。……这都是民国三十五年里北平的小事，但我一时竟举不了许多。

好在今天是除夕了，除旧布新，是明天的事。放几天假，逛逛厂甸，也是好的。闲人仅此向诸位读者辞岁，祝您开年大吉！

1946年12月31日
《新民报·土话谈天》
署名闲人

献两面颂

恭喜发财！发财恭喜！年过得好？诸事如意。遇到“一元复始，万象更新”的开岁元旦，似我这土头土脑的，实在诌不出比上面还高明的颂词儿。我虽拙于文章，但这颗心确是赤裸裸毕恭毕敬地向读者致开岁之词。

您去年当然很发财，不过去年丙戌走狗的值年，狗这种东西很讨厌，所以让您年终升赏的时候，上海人捕其野狗——捕获的野狗，复发生难处理的问题，可见野狗之多，野狗之讨厌，于是卫生局发言人说：“值此之际，未始不可以提倡吃吃狗肉”，狗毛狗皮，那本是皮毛问题，无关乎吃肉的。而且这讨厌的野狗肉，是提倡着给小百姓吃的，而您仍可拣肥剔瘦吃精美的肥猪肉。因为今年是丁亥，是亥而加丁火的格局，我保险您这一年更肥更得意——虽不如胜利年接收的那么多，那么出乎意料以外还是的话。但这一年，也一样的“肥猪拱门”可以肥上加肥。这不但是您大有肉吃，而且是文火、武火、旺火、微火、炉火、炭火……甚至于也许令您冒冒火，而您总不会大动其肝火。这肝火总是属于小百姓吃了狗肉积郁无从发泄而形成的。

您去年大概不会得意，您要知道，您能由去年度过来，那正是您的侥幸。要知道去年是三五之年，俗有“三五三十五，终年要受苦”，您遇上这个年，您未曾牺牲在连环集团涨价上，未曾牺牲在炮火连天上，未曾牺牲在人撞车上，未曾牺牲在杂税苛捐上，未曾牺牲在……上，那您要知足，您要知止，您不要怨天，您更不要尤人。您虽没有上海人有福气，可以“要要狗骨头”过新年，但是您总是罪没有受够，还挣扎着过了三五之年。何况“三五三十五，如狼又如虎”，狼虎是吃人的，您遇上这年头，您不能如狼似虎去害人，那您这挨饥受冻，又怨着谁来！

好了好了，今天是三十六年丁亥开岁（丁是火，亥为猪），吃肉的我保险更有肉吃。非肉食的，我也保险不致大肚子肥肥胖胖，因为“三六三十六，瘦似羊肝肉”，起码您可以免去血压高跑不得路。不过，这火还有火力之火，火并之火的两个解释，而《左氏传》上又说：“亥为二首六身”……“穷汉子怕遇闰月年”（北平土话），这我只好志志诚诚敬献这段两面颂，颂您们“恭喜发财”，“发财恭喜”！颂您们“过年好”？“诸事如意”？

1947年1月1日
《新民报·新年元旦》增刊
署名闲人

开太平花

《北平日报》是好友季乃时先生在去秋和读者相见的。他聘了这位花匠[1]来担负培壅这“太平花”。这位花匠也是我的好友，当他开始筹备《太平花》时，不知他费了多少心力？屈指算起来，也经过了四个多月的培壅、灌溉、除草、祛花……工作了，如牡丹、梅、山茶、天竺、水仙……尽能着手成春，发荣滋长，确乎有些成绩。惟独这“太平花”，只有一天比一天枯萎，一天比一天不成样子，好容易盼到有些幼芽发生，不是被鸟雀啄了去，就是被虫蚁食了去，甚至一阵风过，竟会吹断了被鸟啄、虫食的一大枝。这样不但是“太平果”不可期，就是“太平花”也不会看到。所见到的，也不过是残枝、断梗、败叶、枯条而已。这岂是花匠始料之所及呢！

开岁了，新年了，盼太平，盼“太平花”时，结太平之果！

1947年1月1日
《北平日报·太平花》
署名非闇

[1] 即该报副刊《太平花》主编傅芸子。

年画

“画咧——卖画!”这是一过“腊八”就有的一种市声，前天我居然又听到了。在从前是一种木刻的版画，有文有武，有村有俏，有婴戏，有合家欢，有招财进宝，有日进斗金，最热闹的，有李家店黄三太、窦尔敦比武，两下里约集水旱两路的英雄，分雁翅排列，在打，在较量，在分谁强雄。窦尔敦也是条好汉，各本着师傅的真传，打作一团，“金头老虎”瞪着眼，“鱼眼高恒”龇着牙，各路英雄，摩拳擦掌，都在各盼着各方的首领打倒了对方。这种尚武的精神，只为派别不同，而在英雄对豪杰拼着命，要分个胜败与输赢。画面画得真是又火炽又闹热，又提倡英雄主义，豪杰行为。新年张挂在墙上，却只有买卖铺小徒弟在欣赏着，而小百姓却买几张“大美人”，“过太平年”，“小胖小子”，“王八拉车”(亦画面名)来欣赏，来祈祷着“五谷丰登”，“国祚永宁”，“兆民安泰”，“百福骈臻”(亦均为画名)。

这种艺术是出产在杨柳青的，近几年有套版石印的年画，“大美人”太多，“李家店”的场面也够火炽，只是“兆民安泰”少了，或者简直画不出。

1947年1月2日
《新民报·土话谈天》
署名闲人

冰床

冰床是北平很古的一种冰上代步或是游玩之具。城里如什刹海后海，城外如各城门之护城河，都有冰床。它的样子是像四足短榻，四足下面较长距离的两面，各装有木框，下面嵌着两根大铁条，用为滑冰之用。每一床可以坐三四人，若运物，也可以运两包大米。

在床的前面，系上一根绊绳，绳的两头各系在床上，成个半圆形。拉冰床的穿上蒲草编制钉有狗皮的鞋，将绊绳向肩头一背，拉着在冰上跑，跑到四五十步，大铁条在冰上滑溜了，他就很快地向后一坐，屁股挎着床沿，两只脚左右不断地在滑着，滑到滑溜的力量微弱了，他又牵起绊绳又跑，又向后坐，又用脚滑，如是不到十几分钟，已经滑出里许远了。譬如：阜成门到西直门，西直门到德胜门的护城河都是三里的路程，不到半点钟就可以滑到，这是又好玩儿，又可以代步的北平冬天别有风趣的东西。城内什刹海那一段，更富有诗意。

1947年1月3日
《新民报·土话谈天》
署名闲人

放响屁

天气是要转寒，“腊八”过了之后，要命的祀灶，也随着公营事业的涨价而愈发逼近了。最怕人的阳关（新年）虽然闯过，而这道阴关（春节）已临到面前不远。

我在“大年”除夕（三十一日）向读者们辞岁时，曾放过两个屁。一是国公营事业开年要涨价，一是面就要开始上涨。在我不过当个屁随便放而已，而开年来的事实，却把我这两个屁，都变成镇天价的响了。

这是我始放屁的大不幸，而即是小民小百姓们的大不幸。您们请想：老爷先生们都调整待遇（不敢说涨），他们这些事业，岂有不涨价之理？这一切一切所涨出数目，谁应当掏腰包，那只有在我们小民、小百姓身上榨取了，我这屁虽响，也等于“等因奉此，其各凛遵，致干未便”而已，最有效是面粉，因为春节这毒素，无特效药，非包饺子、蒸馒首不能使它消炎祛胀，同时美粉又在狂跌，自然把买金子的盈余，划出一部分来“做”美粉，于是暗银号遂大忙而特忙，此其二。

现在虽然各方面喊着民主，其实是只有我们小民被老爷先生和富商大贾们在赏识，在做他们的对象，我们小民、小百姓，也就在这颇蒙赏识之下，啼饥号寒地对付着活下去，活到不能活不再活而止。主，是上帝，是阿弥陀佛。若妄说民主，我这屁不知哪时才响？

1947 年 1 月 7 日
《新民报·土话谈天》
署名闲人

碰碰运气

飞机又失事了，有没有我的朋友在内，我到现在还弄不清楚。（六日下午三时三十分）我有位朋友他预定是五日自沪飞来，可是这位朋友真走运气，他竟和公司方面交涉，居然提前在四日飞临北平，这真是走好运气，他是“命大”！

我这位朋友在四日被载着而飞至青岛机场降落，加油之后，方始向北平进发，当青岛起飞后廿分钟，飞机忽然掉转了方向，又驶回青岛。平安降落之后，这位驾驶员马上在飞机的大翅膀一检查，居然发现在青岛加添汽油的时候，竟忘了把那灌汽油入口的“塞子”关上，所幸发觉尚早，马上折回，不然的话，其结果也就可想了。

我这位好友，到了北平之后，他的太太在六日正午又为他生了位胖小姐。这次中航失事（五日）的消息，使他想起来后怕，而那个“塞子”如果发现不早，那我也不愿再说下去，只好说如果您要知道您在走什么运气的话，您不妨坐飞机前碰运气。

1947年1月8日
《新民报·土话谈天》
署名闲人

防骗子

遍地荆棘的古城，白日有白日的麻烦，黑夜有黑夜的麻烦，就是能做到处处小心，处处留神还不够。前一天正午的时候，几位朋友蹓厂甸，我们这几位里边，大概都是光绪年间生人，一面很小心地走路，一面在彼此将护着，怕踏上冰凌，跌上一跤，吃不消。

我们这样走着，由迎面走来一位穿制服的青年，我们不约而同地在闪路，在让路。这位穿制服者竟故意地向一位朋友的身上撞去，这位朋友他是太极拳专家，他轻轻地一闪一避，这位穿制服的“做工身段”不太灵活，身子尚没有挨上人，“当……”，清脆的一声，说是把他们×长的药水瓶给打破了，碎在地上。扯着我这位朋友硬要他赔这珍贵而等待起死回生的药水。

我们这几个人，就是这位会太极拳的朋友像是最阔，皮大衣，海龙领子，缎鞋，水獭帽，很仿佛把所有的“家当”都穿戴的表示出来，自然他合乎目标，堪做对象，所以对于他才那么拙劣而不自然地一撞，撒手扔瓶，要讹诈他这瓶珍贵的药水。可惜这位穿制服者，只看到他年龄“穿章”都合乎理想的条件，而却忘了看看他走起路来，是足不扬尘的。

我们几个人自然要“坐山看虎”喽！这位穿制服的，始而咆哮，继而要开打，这位朋友只合他一回旋，他很聪明地溜走了，药水也没顾得要。

最可爱的古城，胜利带来了这样的骗子！请您们当心遇到摔药瓶、摔无线电泡……的穿制服者！

1947 年 1 月 10 日
《新民报·土话谈天》
署名闲人

周年致颂

今天是《一四七画报》和读者们相见的一周年了。《一四七画报》的诞生，是在闹着“五子登科”的去年今日，转瞬经年，它的发荣滋长，全仗着吴宗佑先生的培育，吴先生要我在周年之日写点东西，我对于国家大事，回忆不出，对于“五子登科”，更不感兴趣。因为《一四七画报》是去年诞生，按俗例是属狗的，狗是能守本位，能尽职责，能忠贞不渝，能卫主能报警……所以自有井之年，即有义狗。虽然在去年遭受到许许多多的不幸，不合理想，不免失望，不忍见兄弟阋墙……但是它仍本着它是职责，在尽它的可能范围努力着工作。

今年是猪年，野猪有利齿，能伤人能害物，不受羁縻。家猪虽没有这些毛病，但又是蠢得可怜，笨得可笑，而是既贪且狠，污秽不堪。有时还会发出猪瘟，变成灾害。周岁之狗，遇到了猪，我且谈谈狗咬猪。

猪既受主人的宠爱，自然连狗食都吃进去，狗看着主人面子，只好瞪它一眼，或是远远卧着似睡非睡地在翻翻眼皮。这样猪越发肆无忌惮了，凡主人可到的地方它很自由地踱过去，只弄得所至之处，污糟一片，臭秽熏天，狗只是看着它，表示着卑鄙不屑。后来猪简直大干起来，咬花嚼树，拱地扒坑，撞墙毁壁，伤物咬人，狗实在忍无可忍，看不愿看，发为义愤，主持公理，职责所在，家业攸关，不得已只得抖擞神威，据地大吼，促其反省，胆小的闻风收敛，胆大的故态依然，狗知其不可理喻，择其尤为顽强的，当头一口，猪一躲一闪，大耳入口，只咬得吱吱乱叫，群猪方才归圈。

我愿天下人是人，而无一人在学猪，我更愿我不是猪，人更没有学猪的。不愿天下人才有一人是猪，而我是狗，致会玷污了全人类。猪这东西，只可供人吃，而狗却是报警守门不可缺的忠实者。我不配做狗，我愿意《一四七画报》至少是报警，守门的忠实者，尤其是遇到一周年太岁在丁亥的三十六年！

1947 年 1 月 11 日
《一四七画报》周年号
署名于非厂

问航空公司

去岁圣诞节中航三架飞机失事，罹难乘客有六十余名之多，可是按当时飞机由渝起飞之前，已经知道先行起飞的一〇三号机，因气候恶劣中途在汉口降落了，而公司对于这后起飞的，竟令其冒险飞行，这是不是毫不介意，玩忽职守，拿人命作赌博?！这且不谈。

这次失事的一二一号沪平班机，我有位朋友也葬送在内，这架飞机是AC四六型，正机师是查尔斯沙凯，副机师是万克光，无线电报务员是王成志。公司方面一遇失事，不是说“气候恶劣”（浓雾）就是说“与地上失却联络”，好像这是最冠冕、最堂皇的理由。人们只知道是气候恶劣，知道是失却联络，一条命活该葬送。公司既不发表原因，罹难家属也不要求其发表，仿佛彼此默契一样。要知飞机发达到现在，虽尚有些许特殊之点不能克服，但是每一飞机失事，即是“气候恶劣，失却联络”，几乎千篇一律，刻板文章，这实在太不像话。

圣诞节由渝起飞的飞机，明知气候恶劣，降落汉口，而竟自起飞。这次是不是也知道青岛方面气候恶劣，而亦竟自起飞？这除去天晓得之外，公司方面当然也晓得，不能诿为死无对证。我代我的朋友要求该公司发布失事真相，即航空设备！

1947 年 1 月 12 日
《新民报·土话谈天》
署名闲人

关于祭灶种种

前后收到关于祭灶的大作，可以说是“美不胜收”。昨天发表了四篇，今天这第五版，只好让给灶王爷。假如灶王爷有灵的话，您会见玉帝时，最好把“一家”的范围扩大些，改为民间。因为玉帝很需要似您这样亲民之官的来据实报告，俾玉帝借此可以知道些民间疾苦，人间善恶。

1947 年 1 月 14 日
《新民报·土话谈天》
署名闲人

苦坏了主人

这两天我把《土话谈天》密封给灶王爷，请他老人家辛苦辛苦，顺便带给玉皇大帝去了，所以和读者两天没有谈，是我拜托灶王爷真的去代我谈天去了。本来在这个时候还谈什么？我这两天闭住嘴在打，打得一塌糊涂，打得我输得一干二净，我输了钱本来就够“惨”的，可是他们还在打趣我，说我是“童子军的领巾——包书（输）”，说我“这输的钱，够好年头为我铸一座铜像的还有余”，这种挖苦，弄得我哭笑不得。打吧，打不赢；不打，不可能。如果抽出空来，还是和他们打打看。读者诸君！我这两天所以没谈，我们是在打哟！

但是最不幸的还是那位主人，被我们骚扰得家宅不安，要茶要饭，要酒要菜，灯油煤火，手纸烟卷，打赢的得意洋洋，囊盈腰满，打败的不甘败退，续四续八，只搅得男主人供奔走，女主人供驱使，小孩子夜睡不安，临行还要索茶点，付车费，这是主人最惨的遭遇。

今天我又实行在谈，谈过这天再说。我想轮流做主人，或者打打也不妨，否则实在苦坏了主人。

1947 年 1 月 15 日
《新民报·土话谈天》
署名闲人

缺德

我虽然和读者们谬托知己，但这谈天也不可不有所顾忌，有所限度。好在我这谈话之门，始终未闭，我虽为了节约版面，有时不谈，但是谈的时间总较多，不过我这谈等于废话，不如不谈，这个我明白，读者也明白的。

我在好多天（大概是七日）前，曾谈到了美粉成了“做”的对象。（做也者，做条子之做，比投机倒把囤积居奇公开而好听之谓也。）肉也可“做”，因为这含有毒素的春节，是小百姓不肯牺牲根治的，所以小百姓只可受宰割，受剥削，干吃亏。

本来做条子是好的，不过，一方面贷款，一方面提升金价，涨要做，缩要观望，操纵者一天天地提，“做”者也一天天地进，操纵者认为“可以了”，于是整顿一抛，贷款到期，条价大跌，这倒不如乘坐一二一号机，向青岛狼牙山那么糊里糊涂地一撞，一撞千古，倒来得痛快。至于抹脖子、上吊、投河、觅井，那不但是麻烦，而且是苦痛到不可以形容。

利用春节向小百姓身上直接（直接也者，指做条子，操纵条子，间接苦害小百姓而言也）榨取，为做美粉，做肉，做煤……这自然比做条子要保险，要稳赚，在这没人管的时代，保险风平浪静，大发财源。况且到今天，北平方面没有大雪，来春的麦子，有没有丰收的希望，这虽只有天晓得，但从人事也可以看得出些。北方以面食为主，由现在存到麦秋，（夏正五月）一袋美粉起码可以赚九十万元，这不是顶“合得来”的事么！

这种“缺德”，只不怕断子绝孙，不妨干干，好在没人管！

1947年1月16日
《新民报·土话谈天》
署名闲人

太平鼓

今天刊载的有一篇天资君记太平鼓。这篇文字的体例，虽不大合乎本版，但我爱太平，我想太平，我觉得现在一切的一切都不要谈，而只要谈谈怎样太平，使国家太平几年，世界太平几年，都缓一缓这口气，所以我把这已成过去而无法印证的太平鼓，也刊出来。

教科书上二角钱一支铅笔，一元钱十三尺白布。二角、一圆，儿童既没有看见过，更谈不到使用，他们却过着一百圆一个烧饼的生活。至于找几篇廿六年“七七”前的报纸，只看看那时报纸的报价和广告刊例，直仿佛是隔世，更不用去看那时的金价物价。

我玩过太平鼓，我也亲尝过太平的滋味，然而若用来比比现在，越感觉得太平之迫切而急需了。

1947年1月18日
《新民报·土话谈天》
署名闲人

阴关

自从有阳历年，我总称阴历年为春节，本来在这天无二日，民有二年的今日，我竟自“不识相”，而硬称春节，这实在是顽固不化。

阳年称作阳关，已感到头痛不好过，阴年称它阴关，更觉得刀山油锅，阴森可怕。费尽千辛万苦，战战兢兢地应付着去闯，闯过年关，再闯，再希望天地默佑，祖宗显灵，再把这一关闯过去，在这种年头，真是九死一生。所以我把这道阴关，称它一声春节，要知这春是含有生意、生趣、生长、生发之义的，意谓再能闯过这一关，便有些许生机，苏息苏息！

北平在这时最感觉痛苦的，是有知识有学问的长衫阶级，和一般清寒学子。前者或者是失业，或者是屈居下级小职员，或者是……后者或者是家在解放区，或者是一切接济不能来，或者是……他们既不肯犯法，也不能去蹬三轮，倒不如浑浑噩噩无识无知的劳力者短棉袄裤，每日混他两饱一个睡，倒比较心里清净，身体舒畅。

据我所知道的，这心里不清净，身体不舒畅的长衫先生、清寒学生，他们简直无法再生活，无法再维持下去的很多很多。这是关系着一国家一地方的，这要怎样赏给他们一些生机，不要再使他们上山入锅，这正是一个顶严重而切要的问题。

阴关愈逼愈近，春节只是我在喊！

1947年1月19日
《新民报·土话谈天》
署名闲人

旧历年

阴历深入民间，已匪伊朝夕，这完全不是理论问题，实是事实的问题。并且阴历的制定，是以军政社会情形为背景，应气候分四时，因月相定朔望，分一年为二十四节，合乎耕种狩藏，所以迄今不能废止，而尤其是那本“敬授民时”的历书。

按史载：“尧命羲和制历象，测日行一周天之期，定为三百六十六日，以月行十二周为一年，置闰以正四时，饬百官以时治其事。”这是自古以来时令和政治有极密切的关系之始，也是孔子所主张的“行夏之时”，即现在不能废止的阴历。我因为《尧典》太难懂，所以抄一段司马迁的文字。

《北京人》版上写文章的诸位先生，有的仍用旧历，有的觉得这时写过年才够味，我虽然一方面是遵守国历，一方面是希望“立春大吉”，而诸位先生的美意，我自当接受。

今天这些文章，都是关于春节的，明天仍然继续着刊载。“小铺本短”却是“货色齐全”，就“请您上眼吧”！

1947年1月20日
《新民报·土话谈天》
署名闲人

辞岁

自腊八粥之后,《北京人》版“哄”到了旧历岁除之日，最热闹要算祀灶和昨天、今天了。现在我把这“哄”中关涉于北平地方风土往籍的出处写在下面，做个注释。

腊八粥是始见于明刘若愚《酌中志》的。至于清震钧的《天咫偶闻》所引《天中记》，那并不在北京。

二十三祀灶始见于清潘荣升的《帝京岁时纪胜》。祀灶时祝曰:“好话多说，不好话少说”，始见于明刘侗的《帝京景物略》。

祀灶禁女主祭，始见于《日下旧闻考》。灶神马始见于《月令广义》，自《酌中志》以后，至乾隆前，均谓二十四日祀灶，自《帝京岁时纪胜》(乾隆二十三年撰）以后至现在，各家记载都是二十三日祀灶，这大概是二十三日午夜之后祀灶，明天二十四日，与古籍所记正合。

三十日辞旧岁，大饮大嚼，庆贺门悬桃符（春联)，室悬福书，槛插芝麻秸，院焚柏枝柴，名曰熰岁，这是始见于清末敦崇的《燕京岁时记》。饺子,《酌中志》叫水点心，又叫扁食，包钱在内，也见《酌中志》。

够了，够了！“龙躔肇岁，凤纪书元”。就此向读者诸君辞岁，恕不拜年！更不敢回拜！

1947 年 1 月 21 日
《新民报·土话谈天》
署名闲人

雪天冻雀

七点钟推开窗帘一望，满院都是皑白的雪装饰了，到了正午，雪愈下愈大，大概积雪至五六寸，几根竹子都被压得低垂了头，一株老海棠，枯干上满是雪，显得浮肿，篱幛的胡椒眼，都挂着白三角形的自然图案，桃树的弱枝愈显窈窕，老干却多添出些雪。那株高逾两丈的□树，反现着曲屈盘结处，木干倒细了许多。有几对麻雀是和我天天见面的，可是它们今天发生了恐慌……它们要饿饭。

这几对小麻雀很可爱，它们并不怕人，有时蹲在房檐，有时站在竹梢上，至于那几株树和篱障，那更是它们翻斤斗、飞鸣、栖止的好地方。我虽然没有看见过这麻雀们的老、病、死，但是遇到这样的寒天，这样的大雪，冻已够受，它们又从哪里去找食！孩子们觉得冻雀太可怜了，把未胜利前多配给的“谷子”（这本和混合面一起留作纪念的东西）抓出两把来，放在窗台上，看着它们啄食，大概这次得饱的也仅限于挨近我家的几对冻雀。这是一月二十日的事，雪仍在落着未停。

1947年1月25日
《新民报·土话谈天》
署名闲人

破五

今天是旧历的初五，俗叫“破五”，据说是“破五内，不得以生米为炊，妇女不得出门”(见《燕京岁时记》)。这“破五内”三字太难懂，“生米煮成熟饭”，不知是不是妇女不得出门的解释？研究北平风土至此，我也感觉头痛！

我有位朋友他说，他的侄少爷接到一位女性的电话，开首先自我介绍了一大篇话，跟着就是问他这位侄少爷多大年纪，是高是矮，是胖是瘦，穿什么衣裳，什么长相，并且定在公园见面。他这位侄少爷简直摸不着头脑，反问她的姓名，怎样在公园就可以见到而认识是她？她又自己说出穿戴长相等等之后，反问这少爷见着了之后，又该怎么样？这位少爷又答复她可以请她看电影。她又问看电影之后又该怎么样？又答复她可以请吃小馆。她又问吃小馆之后又该怎么样？这时电话大概是断了，以后又连来了几次，这故事就此止住。我这朋友问我这是怎么回事？我没法答复，我只好说这是没过“破五”不得出门，只好在电话里展开联络，寻个开心。

1947年1月26日
《新民报·土话谈天》
署名闲人

人日

《辽史》卷五十三上说:“凡正月之日，一鸡，二狗，三豖，四羊，五马，六牛，七日为人。其占：晴为祥，阴为灾。”据这段记载，如果正月初一阴天的话，是不利于鸡的，初二是不利于狗，初三是不利于猪……初七不利于人。可是这次寒流的侵袭，自旧历年前一直到初三都是阴天，最起码的说法，也可能闹个鸡犬不宁。

今日是人日（旧历初七），在我写这谈天时的幻想，可能不会阴天，因为上天有好生之德，看到了小百姓尽到了国宪上所规定的纳税当兵之义务之外，还拉壮丁，纳买路钱，××队之反不能还乡，今天这儿一声炮，明日那儿一把火，而同时操纵这个，操纵那个，操纵得钞票越玩儿越大，大金子越涨越高，“锅下（煤）锅上（食粮）”，都发生了很大的恐慌，而那些官僚营业家们，还在硬干，弄得小百姓生不生，死不死，活不活，这实在太可怜了。今日的人日，在我想，一定会天朗气清，惠风和畅，而万里无云的。反之，那些坑害小百姓的，也会“作不善降之百殃”地受天惩罚。

我相信我不迷信，轮回果报之说太不科学，我也不懂。世间不平之事，我也不愿意像《济公传》上说：“我和尚除恶人即是善念。”而且这“除”字，只有济公活佛能感化人，化除了恶姓。施耐庵的《水浒传》，都是写如何才上梁山。我爱武松，我也爱豹子头，因为这不仅是社会的问题，正是宋朝的政治问题。

1947 年 1 月 28 日
《新民报·土话谈天》
署名闲人

努力

按北平俗例，今日是祭星的日期，在从前有灯市的时候。这时都要预备张灯了。那是什么年头，人民是什么“心气”！现在窝窝头都需要有九牛二虎之力，方才弄得来，这是说小百姓，其实特种阶级的人们无所顾忌地弄钱，却是极其容易，而且困死小百姓的捐税，也不会找向他们头上，而同时国法也制裁不了他们，他们更不必顾到一路哭，一省哭，甚至一国哭。

《北京人》版虽然刊登了些关于旧俗的文字，如腊八粥、祀灶、除夕……的文字，一方面是憧憬着太平，一方面并不是提倡这些腐败的玩意儿。市面的“不景气”，弄得厂甸的凄凉，灯也张不起，太平虽还在粉饰，而商民们确也有些觉悟，也振不起精神。

这是不是由于有人在利用阳年春节，在做条子，在做食粮，在做……而同时在发行大票，在打，还待考。

“一年之计在于春”，小百姓们，年也过了，节也过了，请你们打算打算该当怎样的努力，要设法活下去呀！

1947年1月29日
《新民报·土话谈天》
署名闲人

皇家风筝

谈放风筝，自然要谈到昔年宫内放风筝了，凡是居住在皇城外围的人，都可以看到宫内的风筝。有时宫内的风筝断了线，也一样地飞向民间，成了老百姓的俘虏品。可是老百姓的好风筝，因风向的关系，也会放入禁地（皇城墙内），侵犯了皇家的领域，那些个“苏拉”[1]们，为保卫领空，不许人们侵犯，于是“镖陀子”代了高射炮，大捕风筝。宫内的风筝有时在诱敌，故出宫外（皇城），人民也不示弱，也有好的镖手，也大打其“镖陀子”，这是闲人幼年曾经看过，且曾经斗过“苏拉”们的“镖陀子”。

好放风筝的，不讲扯起线跑，讲究立定不动，把风筝顺风放起来，这种放在北平叫“抖”，所以有句“抖起来”的土话，是由放风筝说起的。大的风筝不能“抖”，要站立着，放出去很是把它“捯”起来，这手功夫要熟练，要快，要绳线落地不纷不乱，具备这手功夫，方可练习打“镖陀子”。因为无论打得着风筝与否，马上要把这放出去很长的线“捯”回来，而且要不纷不乱，可以收起。打“镖陀子”的线，最好是“子弦”，因为它有切断对方风筝线之功。其次是“镖陀”，普通

[1] 苏拉：清代内廷机构中担任勤务的差役。

的都用铅锡铸成六分长，笔管粗细的陀子（铸时要屈铁丝成个小鼻）系上线，揣之怀中备用。

练习打法是把线用“线棒”（即放鹰所用）打成一个关结，可以任意放出线去无有阻挡。一手拢着线结，一手执在距陀子尺五六的线上，由后向前抡，或是由前向后抡，瞄准风筝提线下，骤然一放，眼看陀子垂头可以搭上，马上把线结一勒，拼命往回“捯”线，风筝就可以俘获了。若果对方捯得更快，那么，不但是风筝得不到，或者失了镖陀，还会找出麻烦。因为宫内这些人的手段都很硬，他们把外面不常见的风筝放出来在诱，而他们一面要防，一面风筝线却用着极好的生熟丝线（生丝制线，又把它烹熟，上面敷蜡），就是“镖陀子”在线按上“别棍”（即手执抡处）或蝙蝠式刀，一样地被他们扯回去。最要紧的是能打中“提线”上，风筝马上打起斤斗来。

1947年2月2日

《新民报·土话谈天》

署名闲人

逛灯

“未曾下雨先阴天，土坯砌墙不如砖，嘴里头吃饭往肚子里头咽，有屎不拉警的眼蓝”，这是“瞎子逛灯”的四句明白话。在民国三十年二月的四日，经全国农林行政会议议决，定是日为农民节，这是很值得替农民们庆幸的事，而何况又恰值上元佳节的今日，闲人为庆祝这农民节，很忘形似的唱了四句西皮元板——瞎子逛灯。

今天这一版，差不多都让给上元、火判、元宵占了去，农民虽似乎在表面上和《北京人》不发生多大关系，可是实际却有不得还乡，不敢还乡，不能还乡，还不起乡，谈不到还乡的，却多得很，而间接的却是感受到食粮等等问题。我是瞎子，根本对于电灯谈不到，火树银花也看不见，只闻着火药气味，和隆隆的声音。农民何辜，而遭逢在十字炮火之下！我听说，走马灯是这套张飞战马超过去了，还有套小放牛接着。现在玩意儿只剩了一套，前途茫茫，只好面茶锅里赏元宵，糊里糊涂的眼不见心不烦过这佳节吧！

1947年2月5日
《新民报·土话谈天》
署名闲人

醋化喉鲠

北平当沦于陷区的时候，虽有汪记政府那么“起一笔”“宕一笔”，人们的心气，还是“汪记也许是‘苦跌达’，快天亮了”，太平洋战事起，觉得距天亮越近，人民的心气，“盼中央”，“望中央”，期待之殷，正是理智判断出来的。

物价飞腾，交通阻滞，和事老甩手不管，轰轰轰炮火连天，直仿佛沉入了九渊，漆黑一片，比起沦陷时盼天亮，简直竭尽理智都不能判断出何时可了，何时可以缓口气。

闲人每天谈天，实在越谈越苦闷，本来可以一吐为快的，不敢吐，不吐又咽不下去，只好如骨鲠在喉，弄点醋希望它软化，俾它不致刺伤肠胃，由大便排泄出去。当闲人用醋化骨鲠的时候，谈谈风筝，谈谈水仙，谈谈吃春饼，在我正因为骨鲠在喉，本可以一吐为快而不敢，而慢慢用醋去化（太不科学，但是我没法子），塞的我已有些气堵，只好放放风筝，看看提线活；弄弄水仙，借它一点仙气；借着立春，卜卜一年的休咎。并不曾顾虑在这时候，并不应当写这些闲适的土话，而要写如何要冲出、要闯出这比沦陷时还漆黑的九渊。

1947年2月6日

《新民报·土话谈天》

署名闲人

于非闇《水仙蝴蝶》（1947 年，私人收藏）

祛心火

今天是北平俗所谓“残灯末庙”的日子，有事的做事，有工的做工，求学的上学，谋生的该打正经的主意。这话本是承平时期的一句提醒人的话，反转来说，就是年过节过，不要再沉醉在吃喝玩乐上了。

《北京人》这一版，连日竟弄了些吃喝玩乐应时应节的礼品献给读者，直仿佛天下太平，五谷丰登，百姓安乐寿考，明知道这是梦，这是妄想，却不能不这样做下去，先不必谈反映着什么，就是涨，涨，涨，狂涨，疯狂地涨，本已涨的小百姓晕头转向，不知如何，若仅仅弄些泄火泄愤的文字，乱嚷乱说，于事既无济，谁听你这一套！倒不如借着请客，自己先吃他一顿，面子也做了，比较合得来。所以本版尽可能的范围，仍是刊着憧憬太平年的玩意儿，意思是在涨风之中，请读者把脑筋活动一下子，这纯然是顾及读者们卫生问题，比您们来几丸王府疏肝丸，确乎有意义，有功效，专祛心火！

屈指一算，今天是末天灯，以后接着的是会神仙。神仙我不希望会，我倒怕撞见安道爷的鬼魂，这实在有些吃不消。以后就是打鬼了，打鬼这个热闹，倒要看看。

1947年2月7日
《新民报·土话谈天》
署名闲人

打鬼与填仓

今天有两个"日子口儿"，一个是德胜门安定门外黑寺、黄寺打鬼，一个是"小填仓"。黑黄寺打鬼，在前清时候是由二十三日起至二十五日止，车马辐辏，商贾纷集，士女往观者络绎不绝，尤其是能骑几下快马的，更要在那时显一手，现在该寺早已不打鬼了，寺中都改为杂居大院。雍和宫打鬼倒还举行，日期是正月晦日和二月朔日（三十日或二十九日，及初一）。

二十三日（即今日）"小填仓"，并不见经传，只是民俗相传，无多大根据，倒是二十五日"大填仓"，在明朝时候即有，各家均为著录，（如《酌中志》《大兴县志》《帝京岁时纪胜》《郎潜纪闻》《燕京岁时记》等）比较详细的要算《帝京岁时纪胜》上说："念五日为填仓节，人家市牛羊豕肉，恣餐竟日，客至苦留，必尽饱而去，名曰填仓。惟是京师居民不事耕凿，素少盖藏，日用之需，恒出市易，当此新正节过，仓廪为虚，应复置而实之，故名其日曰填仓。今好古之家，于是日籴米积薪，收贮煤炭，犹仿其遗意焉。”《燕京岁时记》说：“每至二十五日，粮商米贩，致祭仓神，鞭炮最盛。……谓之填仓。”

现在籴米积薪收煤贮炭，不用实行，就是随便一说，都觉得“风大闪了舌头”！有些罪过！煤米柴炭起码要多少万，小百姓哪敢谈！倒是粮食大老板们，既叨光了“粮货”，又蒙大老爷赐筵，窝头面一跳四十元，这才跳到了五百元，正好赚他个肠肥脑满，子禄妻财，机会赶得好，事业做得圆，那都是仓神之赐，他们正好肥肥地填仓！

我因为“大填仓”的日子，这一版要唱戏，所以借着打鬼来谈谈粮食大老板们，赚窝头的钱来填仓。

1947年2月14日

《新民报·土话谈天》

署名闲人

灯下写信

大填仓因庆祝戏剧节而停，小填仓又因停电而搬了家，意义全失，没法子，没法子！这几天，我真不知道怎样搞下去才对！春雪下了这么大，北平马上又恢复了洁白，但是我没心情作诗，我也无财力饮酒，孤灯一盏，暖茶半杯，给朋友写了封信，说这是在二号煤油灯下写的，煤油前天还卖一千元一斤，今天就涨到三千四百元一斤了。

我这位朋友离开北平已十多年了，他很关切地问北平最近的一切情况，书信虽然也许还自由，但我不愿使他对于北平太失望，我根据着事实，写着各处的门和牌楼都贴上金，画上彩，各红墙都刷红色，刷得焕焕然红光照眼，尤其是春雪之后，红白之间，衬着些古木，真是天然图画呀！

我说当我们崇效寺看牡丹，汤山洗澡，阳台看红杏，中秋在中南海步月，静心斋赏雪，现在这些地方都是风景不殊。

赛金花死了，宛老五也死了；书并不贵，字画更是无人过问；东西长安街的树，倒显得够材料了；马路是因车祸正在宽展。

我说北平现在仍是上下土木相连，安然无恙，至于旁的，还不是到处依样！

1947年2月17日
《新民报·土话谈天》
署名闲人

于非闇绘崇效寺牡丹《众生黑》(1949年，北京画院藏)

打鬼

雍和宫打鬼，自夏正正月二十九起，至二月初一止，我实在觉得也是北平的一种有趣的事情，姑不论在梵语，在藏语，在年羹尧[1]都是怎么样，这鬼要打，要随时地打，仅仅连打三天还不够！我不是崇拜打，但惟其为鬼也，只有打，打与捉是两种手段，是一种意义，而又何况到现在打也不胜其打，捉也不胜其捉呢！

本报承读者的不弃（不应当说本版，因为来件封皮上总是写《新民报·北京人》，我不敢掠美），赐下了足够三天刊登的大稿，都是主张打鬼——雍和宫打鬼。（这里边也有两封写着“新民报闲人”，但我这

[1] 年羹尧（1679—1726），号双峰，清广宁（今辽宁省北镇市）人。官至川陕总督抚远大将军。平定四川边境、西藏、青海，被封为一等公，功大而骄，为雍正所忌，群臣纷纷上章弹劾，共列僭越、谋叛等大罪九十二条，下狱赐死。

雍和宫打鬼表演（1940 年）

闲人，“登陆商标”确较本报还早，我自然不便再改为编者。）我只好分两天或三天，把这些大作刊出来，发表的后先，是以版面的排列为主，对于此稿的先生，并未考虑到有什么厚薄。好在我们同是站在打鬼的一条阵线上，谁先谁后，大概不至于彼此不谅解。

1947 年 2 月 19 日
《新民报·土话谈天》
署名闲人

再谈打鬼

自北大闹鬼之后，鬼气笼罩着古城，这两天雍和宫的喇嘛又在打鬼，而同时金鬼、银鬼、粮鬼、油鬼、捣乱鬼，也在被打击（？），这确乎超出玄怪学以上。

惟是北平自胜利之后，由黑暗而转到光明，在青天白日之下，却也增加了不少的幽魂冤鬼，被屈含冤，埋没泉壤，而无法昭雪，这群既不能为祟，自然在被打鬼之外，我姑且举几个例子。

轮下鬼：这里面有老有少，有学生，有先生，有烟叶商，有三轮夫，血溅马路，魂归那世。

倒霉鬼：自撞卡车，倒觉干脆。这种鬼是被魔所困，魔弄得他精神痛苦，营养缺乏，身体渐渐不支，赍恨以没，临死不能闭眼，还期待着国运久长。

幽魂：这种几乎全是女性，或失恋，或被弃，或……原因虽多，其非寿终则一。

怨鬼：死的方式不一，有的饿不起，有的冻不起，有的扛不起债，有的受不起罪，有的被肢解，有的被枪杀，鬼数较多，男女皆有。倘或不是城门紧、检查严的话，若将四郊，若将华北各地的怨鬼都放进来，那死的方式，有飞机，有炸弹，有枪炮，有活埋，有烧，有杀，有绑，有虏，有……

上面这四类鬼，是应当超度而不应当打的。请问喇嘛，您们打的究竟是哪路鬼？

1947年2月21日
《新民报·土话谈天》
署名闲人

莫谈国事

“二月二，龙抬头”那天，有位朋友请我吃午饭。他的住宅相当讲究，我们在五间大厅的东间坐落，因为只这间是西式装备，有沙发，有地毯，有壁衣等等。

主人好养花，这是虽在西伯利亚寒流之下，他这厅房里，还陈列着半开的梅花、山茶、水仙、瑞香，芬芳四溢。并且还有一株老梅，是苏州盆栽，在津浦路畅通时，我替运来的，这时也正含苞待放。

我去得最早，差不多将及十一点进门，但是里面已有位老朋友比我还早，正在脱大衣。我们一面赏花，一面瞎聊，等到客人来齐，刚刚正午。饭厅在大厅的西间，酒菜都好，后来端上吃薄饼的菜肴，更显精致。我食量素小，对于这北平的薄饼，实在不感兴趣。因为主人的酒太好，我未免多吃了几杯，把我平日克制的功夫，稍微放大了些，但还不至于醉。

饭厅的素壁，并无装饰，只有两架玻璃橱，和一座放置杯盘匙箸的木柜，另一面墙上有个洞门，洞门里面隔着一门便是厨房，菜饭即此传递。在首座的对面素壁上，孤零零一张朱红笺，写了拳大的四个字“莫谈国事”，还用一个木框，把这红笺裱装上去，很像故宫里的春帖，这太有意思了。本来，当吃饭时谈国事，最不卫生，尤其是现在的国事，吃饭时谈岂止于伤胃！

1947 年 2 月 25 日
《新民报·土话谈天》
署名闲人

一件痛快事

昨天我看望一位朋友，我这朋友刚刚自长春来了不久，我们不着边际地谈到自伪满流落出的许多名贵字画。他在长春虽不多年，但名贵字画的流散人间，他竟茫然不知，他只知许多好的书籍都四散了，因为他对于书籍感觉兴趣。他说这一次浩劫真不轻，他眼看到用书籍来取暖，来包花生米，尤其是大本头的线装书。他问："听说北平《四部丛刊》《四部备要》，竟整部的零拆了卖，是怎个情形？""这自然是卖者的生意经。零卖马上钱可以回来，再弄别的。若是大部头等主候客，那得等到几时？况且这一堆钱拿出去，压住了本，如何偿付利息？自然零售划得来。""这是不是一种讽刺？""当然，但是谁是怕讽刺的，谁是顾及到讽刺的？"我们问答了之后，就此默对着约三十秒，自然我要燃起烟斗来。

我一面吸烟，一面继续着谈："我告诉你一件好的消息，就是潘馨航[1]那部独一无二的宋版通鉴，虽然被书商巧弄了去，现在总算归了公家。”我于是把这巧弄和收归公家的经过都说完，他说：“这一年多，就只这件事听着痛快。”

1947 年 2 月 26 日
《新民报·土话谈天》
署名闲人

[1] 潘复（1883—1936），字馨航，山东济宁人。民国后曾任财政部总长，国务总理兼交通总长。

公园污点

中山公园年有修整，是一个在北平比较好的地方，也是我们值得爱护的地方。在《北京人》版里，只有去年本报济贫美展时，对于这公园刊出两篇文字，虽然有过几次大雪，我个人领略过几次雪景，只恨我笔拙心劣，不曾写些红墙金瓦、曲栏碧树盖上雪后的形貌。

社稷坛（俗呼五色土）东边，有一个大土堆，堆的东北面，向西南开个“斜门”，建筑着一个似西式而又偷工减料的不三不四的东西，后面就是雄伟堂皇的天安门，越显得那个东西，简直不成东西！这就是所谓“音乐堂”，是沦陷时的产物。

这个东西，是敌特务机关向沦陷时的老百姓榨出来的钱建筑的，专为在此做欺骗奴化工具的场合，是特务机关一种工作的机关。

我觉得这东西是全国的污点，是沦陷的污点，是中山公园的污点，是风景上的污点，根本没有保存到现在的必要——虽然夏天可以放映电影，对于门票多一部分收入。

还有公园的出入口，架上了一个自由转动的铁架，这要如果牵着小孩出入，真要当心，不留神就会被前面撞进的人打个斤斗，这虽然是琐事，附带着也觉得值得一谈。

1947 年 2 月 28 日

《新民报·土话谈天》

署名闲人

打虎打狼

前两天上海方面正在宣传着打老虎，这老虎打得怎样，是不是步王小二的后尘，而被老虎给吃进肚皮里厢？这迄今还不清楚。至于是不是真的老虎，是不是确已发见它是真而且大的老虎，而要真的去打或是虎头而蛇尾，马马虎虎……这都待考。

同时南北相对照，相辉映，北平这地方也正在闹狼，这狼在北城一带出没，鸡羊等遭了殃，也正在严密地监视着，侦伺着，想替一方人除害，而在打狼。（有的又说是狼狗）

在中国书上，打虎的是英雄豪杰；打狗套白狼的，好像是下五门，不够称为豪杰英雄。可是我在乡间，我们村里，把打狼这回事，也认为是与民除害，保卫乡里的了不得的事。只有北平土话："麻稽棍打狼，两头害怕"这句话，是说明两方面的心里都闹着玄虚。

虎是需要打，有没有英雄豪杰？狼也需要打，是不是仅仗持着一根麻稽棍？当前学"作如是观"，阿弥陀佛，善哉！善哉！

1947年3月1日
《新民报·土话谈天》
署名闲人

花朝

花朝，北平这地方相传有两个日期，一个是二月十二日，一个是二月十五日。十二日为花王诞辰，曰花朝，是见于乾隆时的《帝京岁时纪胜》的。十五日为花朝，是见于康熙时所修顺天府大宛两县县志的。究竟北平这两个花朝，起自何时，手边无书可考，只好付之阙如。

在书上所记："幽人韵士，赋诗唱和"，"小素缀树，花信始传"。又说："妇女是日剪彩为花，插于各树。"又有护花铃、护花幡等等之说，我生也晚，全未赶上。

幽人韵士遇到花朝令节，自然选胜寻芳，发为歌咏，可是那时米卖多钱，煤卖多钱？这些位先生是什么心气！

自胜利迄今，就我所知道的所谓幽人韵士，除了极少数仗着哲嗣文孙抗战归来生活比较安定，精神仍感苦痛，和那些位抑郁牢愁，赍志以没的外，大都在生活线上挣扎，偶有所发，也不过是《石壕吏》

《折臂翁》这类的诗史，谁还有心情去护花？所谓自顾尚且不暇！幽人韵士的末运，这样搞下去，这些位先生只有“大雅云亡，哲人其萎”了！

1947年3月4日
《新民报·土话谈天》
署名闲人

稿友垂鉴

本版承稿友们不弃，扶植它成了一个纯“北京人”的玩意儿。但是还觉得不太合我们的理想，我们还要要求稿友们再帮忙。

本来这种年头，什么也先搁置不必谈，精神的苦痛，生活的压迫……小百姓忍气吞声，挣扎着想尽了方法，也总要活下去。所以我们在这时，也只好谈谈风花雪月，舒畅舒畅疲困的精神。

眼看平市的花，将随着春意而在茁蕊含苞，将要次第开放了。城市里比较容易，西郊如颐和园的玉兰、辛夷、桃杏，推而至于玉泉山、八大处、阳台，这些名胜地方，我们不但是需要游山看花的文字，而且也需要写写里程和交通工具。可能的话，我们在那时出几个游山看花专号，不是也可以借此舒畅您们疲困的精神么？不过，不希望您写鸿篇巨制，六百字以内，我们是最欢迎的。

时期大概在本月二十日前后，那些早桃，已经有些意思了。春雪又过，天气重见和平，揣两个窝头，看看姹紫嫣红，也会使您舒服一忽儿，而无形中您身心也两受其益，“乐不敌苦”这话，那是您苦尚未受够。

1947年3月8日
《新民报·土话谈天》
署名闲人

乱七九糟

旅店、浴堂、理发三业加价，在上月二十日前后就闹起，什么加价百分之八十，什么二十五日起实行，什么已经得主管机关批准……可是我二十二日洗澡修脚，在西单市场对面的澡堂，就已经照纳所加的百分之八十，洗澡修脚都是每“个活”一千六百元也。这还不够热闹，廿五的当日，几家报纸的报道，有的说“根本并未呈请加价”；有的说“管理这次加价，又有几个机关”；有的说“也许有呈文，但是正在考虑，是否即行批准，抑批驳，或是加价的百分比有伸缩，但是二十五日，绝对不得擅自加价百分之八十”。又过了一天两天，大老爷像是表演悲剧念白似的，白：“这次杀人，念实初犯，下次不可！”我实在对于本市新闻，也十分感觉着头痛。

《北京人》版是遇机会可能会把有关北平各个角落的里面，设法绍介给读者一点点小常识。可是北平市政治的里面，因为我们是小百姓，根本“莫测高深”。我们所谈，是关于被治方面的浴堂业、旅馆业、理发业、煤粮业……

前天又有段新闻，请您“上眼”：“平市当局为实施经济紧急措施方案，对三业加价百分之八十，极表不满，现已批准加价百分之五十，并将严格执行，凡不遵照议价，决予严惩。惟三业对此，尚无所表示。”我想三业也许还表示表示，那才热闹！除充分表现“乱七八糟”之外，似又应加一糟，够乱七九糟了。

1947年3月11日
《新民报·土话谈天》
署名闲人

请假

我因为家累重，必须多方面想想办法，所以自本日起，暂时向读者请几天假，我已托好一位挚友来帮忙，这位挚友是名编者。《北京人》版编得不够水平的地方，我这位挚友，一定会给我弥补缺憾。

同时对于稿友们，我也要交代几句话：（一）稿酬又调整一次，在本月实行。（二）三月份上半月稿酬，已经我结算清楚。（按新调整致酬）稿友们请自后日（十七日）来取如何？（三）仍希望时赐大作，借充篇幅。（四）未刊出各稿已交与我的挚友陆续刊出。（五）如果有赐函给我个人的，请直寄“内二区北骆驼湾二号于寓”，以免彼此麻烦。

借着《新民报》北平社的《北京人》版来和读者们相见，屈指已历六个半月了。这次因我的私事而请假，而不能不停止写文字，以就正于读者，在我“鞠躬下台”之前，也未免释然了。

1947年3月15日
《新民报·土话谈天》
署名闲人

两棵树

北平这地方，很有些奇奇怪怪的树木，如同团城西墙外龙爪下探的那棵松——马尾松，是不是叫“横”，我不清楚。那是多么的入画呀！我每逢走到御河桥，我总是看着它愈老愈坚，总是那么淙淙地发出清越的松涛，巍然高踞，侧身望着青天碧水，玉蝀金鳌。我很想把那下面的旁门拆了去，使人鉴赏个痛快。但又怕被顽童掠折了树枝，伤了它自然的美妙。它阅尽了沧桑，它饱观了人事，它躲在那个小地方，不曾因为拆房，因为修马路，因为……而有斧斤之危，它虽然憔悴，虽然枯损了几枝的话。

还有西长安街西头路北，《世界日报》的以西，一个大红门之前，有一株空心的“门槐”——“门槐”“上马石”，这两种东西，是前清朱门巨第必有的装备，起码两株，多至八株十株。这是硕果仅存的一株，心子已经空得可以进去一个人，但是老槐桠槎分张，脉络盘曲夭矫，很仿佛李成的寒林古木。在那种车马喧阗，繁华辐辏的闹区，也许有一两个小百姓遮阳避雨其下，而它所以不被砍伐，也许是其心已枯，不中绳墨，莫若任其枯老，不去理它！

1947年3月17日
《新民报·土话谈天》
署名闲人

班超与乔国老

前天我在澡堂，隔座有二位闲谈，最初我不大注意，我只看见一老一少，因为都披着澡堂的毛巾，看不出是哪一方面的人物，浑然和我相等，都只是一条破毛巾蔽体而已。我虽然右耳有些聋，但“演艺使节团”“协和服”“战斗帽”“军刀”……我在断断续续中，知道是谈举“市”大哗的伶人不起诉处分[1]。

那位少年很激昂慷慨地认为“不起诉”理由不充足，那位年长者似乎对“法”很有研究，他根本在批评这“特种刑事条例”，同时他又举出为什么满蒙不适用。我听至此，知道此二公是上流人，这时我

[1] 1946年7月，京剧演员马连良因1942年秋冬间率扶风社一行六十人赴伪满演出事，被人检举，河北省高等法院检察处以“汉奸嫌疑”立案侦查，直到1947年6月，因未发现所谓“通敌叛国”确证，赴伪满演出确为回教文化学院筹款，经该院首席检察官陈广德裁定，依法予以不起诉处分。

却早已看清衣架挂钩上挂着一套很漂亮的西服，和一个浅灰色罗大褂，前者当然属于青年的。

这位青年很替那个投笔未及从戎而已关在监里的班超叫撞天屈[1]，他说："干武行的太硬直，这年头哪有油腔滑调的乔国老神通广大，可以大化小，小化无，逍遥自在。"那位年长者却也同情他的议论，认为是："班超太不合时宜，所以愤而投笔，结果自身找了麻烦。乔国老当时出关，虽比班超煊赫，但这些日子的病痛，也算是九死一生，自己虽然大大的损失，可是最大的损失，既不是班超，却也不是他自己。"我听至此，在昏昏欲睡中，打了个呵欠。

1947 年 7 月 12 日
《北平日报·太平花》
署名非闇

[1] 撞天屈：极大的冤枉。

溜之大吉

在一个很窄很窄的胡同里，有一家住宅式的官家卫生所，那一带的住户，无论是老人，是小孩子，或是妇女，差不多都到那里去看病，因为取费低廉，确是一个市民卫生上便利的所在。

我在快晴的一天，早上去想注射防霍乱伤寒针，花了五百元挂上号，看着里面设备还不错，有一位孕妇去检查（挂号费五百元，检查手续一千元），大夫说："你还得交验血费三千元。"那位少妇说："不，上次我照手续交过费，取过血，验得到底怎样了？""对不起，我忘了，确验过，大概没有什么。"大夫很不然地回答。

一个小女孩，也就是三四岁，皮色焦黄，发稀身瘦，肚皮胀硬，她的妈妈问大夫是什么病，怎么治疗，大夫用听诊器诊察了一次，说："没有多大病，多吃苹果就好了。"

有一个年七八岁的小男孩，他的父亲带来看病，这大概是来过不止一次了。大夫问道："你的头疼终是怎么样子，大便好不好？"这"怎么样子"的问句，已使这小男孩发生了回答不出的困难，至于"大便好不好"这不但是小孩不懂，就是他的爸爸，也给考住了。最后才说出大便是黑绿色的，这位大夫很通俗，他说这病就是"停食着凉"。最妙是我未见给药，也未见处方，自然打针、烤电更不曾了。挨次到了一位已经注射过一次防疫针的，他又去注射，这位先生太不客气，他说："上次您给注射的左臂，肿起来形似新出笼的大馒头，寸半高，比茶碗大，又脏又痒，好几天不消肿，不能工作，您这不是和我开玩笑吗？您要知我是靠工作吃饭的！"我听此，惟一的办法只有"溜之大吉"。

1947年7月17日

《北平日报·太平花》

署名非闇

国民教育怎样受

我孙儿在小学一年级读书，放暑假的时候，老师令买“暑假作业”簿，白报纸本，是明记商行印刷的。内分算术、国语、常识、注音、图画，和家长注意、级任教员钤印等等，相当精细。在“国语”一长栏里，上面平列着五个字，每字下空着十个方格，这是令儿童照上面平列着的字，用铅笔照样写出来，写满了十个方格。上面平列的字，却用的是头号宋体字印的，而不是楷体字，这却难坏了我的孙子。即如里面有个“进”字，“辶”旁上面是两点，楷书是一点。“船”字的偏旁，宋体字是“丿”“乀”，“直”字下面由一竖拐为横，等等，全是横画特别的细，竖画特别的粗。其实楷体铅字北平很容易找，何必拿小孩子开心，用这些和所读课本不同形的字！

在同一学校里，初年级毕业了，要入高年级，除去初年级学年末试验之外，还要应高年级考试，并且要缴纳试验费，或说报名费一千五百元。不缴不得应升入高年级的考试。考试之后，名落孙山，就此除名。这是北平所谓“肥缺”的一个官家国民小学的办法，因为地点好，距离贫民窟远，学生多是中等以上之家，自然懂得怎样尊师重道。可是这些名落孙山的儿童，同样也是被校长老师教育出来的，他们只好捡煤核、卖冰棍另行打算，而旁的学生，也可以就此考试插进班去，汰劣留优和嫌贫爱富，在不同的立场上，被人们念叨着这种国民教育，而我却不敢不信这是风语风言，因为我的孙儿在那里读书，确是很好。

1947年7月31日
《北平日报·太平花》
署名非闇

考市中

在公园茶座上候朋友，隔座有人在谈，依稀可辨是说，考市立中学的问题。

“市中实在难考进去，”穿纺绸小褂的说，“所以我请您老给设法，怎样请客，送礼，孝敬，都听您老的招呼。……”

“北平私中不是很容易考进去么?”那位穿夏威夷衬衫的微笑着仿佛故意用这句问，“考市中实在麻烦得很哪！我现在正为某局长的少爷跑这件差事。”

“我们这样交情，我的孩子还不是同您老自己的一样吗？就请您老多帮忙，多栽培!”

“这当然的，”穿衬衫的很亲切地放低了语声说，“昨天我给某老板的小姐说妥，是拿某私中一年的学杂等费做标准，送个干礼。也不用请客送礼，使人家担名声，你援例一下子好吗?”

“但是某私中因物价变动的关系，现在价目还未曾定出来呀！”这位孩子的家长先生，很焦急地竟表示出失望来，于是那位衬衫先生又放低了声音在谈，我所候的朋友也恰恰来了。

他们经过了大吃大喝，那位家长先生，很露着满意之色而去，虽然是连“小账加二”也都不在乎。

1947年8月6日
《北平日报·太平花》
署名非聞

毕业找不到工作

费了“九牛二虎”之力，供给孩子读毕了大学，方期找到些工作，可以缓一口气，结果，用非所学，学非所用，年龄一天比一天大，只好在社会上鬼混，那一点仅有的蓬蓬勃勃朝气，随着生活环境而逐渐消失，幸而尚未曾就此堕落下去，这总算是“祖上的阴功，父母的德行”，而国与家两方面培植之力所得的结果，只落得一声慨叹，而什么都完了。这是我两个孩子的遭遇，我只好说这是我害了他们，因为根本就该令他们学挖煤，学打铁，学修电灯匠。

前天在一个公共地方聚会，会到几位为孩子毕业找不到工作的老先生，都在烦闷而愤慨地说：“这是什么年头！”我因为有两个孩子过去的经历，我倒从而安慰他们，请他们不要失望。

这里边有一位先生，他说：“我那孩子深知道他这次毕业之后，马上急要找到工作，因为我的家庭已经到精疲力竭亟待补助的时候。”他又放低了语声说，“他说‘他们的同学有两位在尚未毕业，就找到了事，虽非应用其所学，而确是难得的位子。其实很有地方可去，并且那面也欢迎，这次找不到工作的，听说很有走了的。到那万不得已，也只好是走啊。’您说这如何使得呢！”我只好回答一声：“您不要听，那也许是风言。”

1947年8月11日
《北平日报·太平花》
署名非闇

周年所忆

胜利两周年，正是《北平日报》一周年，在这有回味的两个周年纪念日,《北平日报》约我写一点东西出来，赶趁热闹，这只有使我感到荣幸，感到快乐。但是提起笔来一想，又觉得荣幸有余而快乐不够。自裕仁广播至太和殿受降，至欢迎国军，至“顶好顶好”弥漫古城，至《北平日报》创刊第一号问世，建立“凯旋门”，植起“太平花”。在前一个整年里，由惊险紧张的场面，渐渐地变成失望而绝望。由《北平日报》问世之后，至于今日这一个整年，就我健忘的脑子记忆所及，《北平日报》有下列的所记，我特把它提出来。

“政治”：谈谈打打，调处，送马。参加改组，总动员，迎魏。

“军事术语”：打垮，补充，增援，转进，放弃，苦斗，抛下弹药，壮烈殉职，守将，逃员，主动性，守势，调整待遇，养病就医。

“新兴人物”：飞来的，地下的（以上都成过去），劫搜大员，黑暗专员，大老虎，小苍蝇，自杀明星，自杀坤伶，弑父，刺师，沦陷夫人，抗战夫人，接收夫人，遗弃夫人（四夫人都和飞来的成了过去），大汉奸，小汉奸，新汉奸，金鬼子。

“大事记”：铁道翻身，机器自毁，破坏建筑，焚烧仓库，挖掘河堤，焚毁村镇，炸去桥梁，盗去物资，隐匿敌产，杀害专员，刺教授，抓学生，捣报馆，拨老师，黄金救火，白面租房，清算斗争，运金贩毒，电灯不明，火车欠通，飞机失事，轮船接吻，小民逃难，学生掉沟。

“教育”：大学，试题走漏，擦鞋习艺（筹助学金）。中学，解聘兴波，学杂飞涨。小学，自备桌椅，因贫失学。

“经济技巧”：发行大票，吸收物资，操纵黑市，控制民食，禁运入口，游资出口。

“边疆”：西藏政变风云，北塔（山）军事抗议，大连且待接收，援边又需说话。

以上请您把一年里的《北平日报》合订本检查一下，大概总有详细的说明。由今天起应该再增辟什么项目，那只有待于史实了。至于小百姓如何如何，抄不胜抄、举不胜举，只好相会于无言而已矣。

1947年8月15日
《北平日报·太平花》
署名非闇

难答复的问句

十日那天，我接到了一位世谊友的信，他是大学文学系毕业的，而他又在镀金，可是这洋洋洒洒写了足有我这段短文一倍的字，却有两个字，我正看反看侧倒看看，还是认他不清，此外有十一个半别字，那半个字却是催取之“催”，而写成了雇佣之“僱”，这只好算是偏旁不错了。至于文的方面，倒还明明白白的大白话，冗赘的地方，那并算不得毛病。

原来在一个多月之前，他写信问我北平的情形，我很费了一些时光，把北平特殊的情形，如学生的动态，食粮的情形，电灯的黑暗，穷人的增多等等写给他。至于国家大事不谈，如东北大战，颁动员令，等等。社会琐事不谈，如沈崇、马连良、惠新民之类，因为他家在北平，所以我也加了一番选择来答复他。

这次的来信，他觉得我答复得还不十分满意，他希望赤裸裸地回答他的问句。他的问句最使我难答的，莫过于电灯公司，他说："这些人（自然是派来的人）都很有学识经验的（我只好说这是在后方吧?），怎么会搞不好?"这问句我实在莫名其妙地答复不出，此其一。他问："为什么会令穷人这么一天一天地增多?"这我也一样莫名其"土地堂"地答复不出。至于学生和食粮的问题，我只好剪些报作为答案。同时我也把六日的社论——《教学应以国文为主体》，给他寄了去。

1947年8月18日

《北平日报·太平花》

署名非閒

北平的中元节

旧历七月十五日为中元节，在北平，举行这令节，要以辽时为最古。《辽史》:“十三日夜天子于宫西三十里卓帐宿焉。翌日（十四）诸军部落从者皆动番乐，饮宴至暮，乃归行宫，谓之迎节。十五日中元，动汉乐大宴。十六日昧爽，复经四方，随行诸军部落大噪三，谓之送节。”由此可见辽时对这节的隆重，竟前后举行迎送四天，并且十五日这天竟动汉乐。到了明朝，按《酌中志》上说:“十五日中元，甜食房进贡波罗蜜，西苑做法事，放灯。京都寺院咸做盂兰盆追荐道场，亦放河灯。”又《帝京景物略》上说:“夜于水次放灯，日放荷灯，最盛水关，次泡子河。上坟如清明时，或制小袋一往，祭甫讫，辄于墓次掏促织。满袋则喜，秫竿肩之归。”至于“锦纸扎糊法船，临池焚化，点燃河灯，谓之慈航普渡”，则始见于清代的《帝京岁时纪胜》。若用是日追悼阵亡将士，则始于民国，地点是北海公园的天王殿。这是北平

制作盂兰盆会使用的法船和河灯

中元节的掌故。

我自遭沦陷，先茔在西直门外，为日酋所占，平为棉田，致先慈不得合葬，每遇到令节，惟有纵声一哭，哭胜利已经两年了，而我则抱恨终天。

1947 年 8 月 30 日
《北平日报·太平花》
署名非闇

陈老将教英语

日前有位朋友谈起陈绍宽[1]海军上将，他说："这位先生实在可钦佩。他是英国留学，他在海军部长或是总司令任内，凡是留学回来的，他必要亲自接见，和他接谈，问其所学，有时还会出题考试。他虽是老的留学生，可是关于近代的海军舰艇的一切一切，他全明白，可见他平日的留心和修养，实是中国海军中不可多得的元老。后来因为年高，退休回福建原籍，在家乡学校里，担任英语教员的课程。"我本来还想问："他既能教授英语，他为什么不出来呢？"这位朋友话风又岔到旁处去，我也只好岔过去。但是朋友也明白了我的意思，他说："教英语不是很轻松么？"

1947年9月10日
《北平日报·太平花》
署名非闇

[1] 陈绍宽（1889—1969），字厚甫，福建闽县（今福州）人。国民政府海军总司令，国民党中执委委员。中华人民共和国成立后，曾任福建省副省长、省政协副主席，民革第三、四届中央副主席。

答编者转来的信

编辑先生：承转来署名“乡下老”《质闲人……？》（原题如此写法，闲人注）一函，敬谨诵悉。前者有人投函大报，质问闲人何以不给他报写东西，而反给大报写，承“小市民”先生给我挡了一下。现在此函，如先生认为本月七日的拙作——《参观报展》，诚如“乡下老”所指责的话，那先生不妨刊出“手民无误原稿如此”。如先生认为那封信是曲解的，不但不懂文法，而且连“，”全不懂的话，那闲人实无直接答复的必要。至于原函上说的“好汉”与否，这和原函上那句“老客横秋”，这是闲人赢得多么好的徽号，而尤其是那“老客”一词！“如不答复，再为文于他报发表之”，这正是我求之不得的事，闲人从此可以扬名，今既承先生把原函转给我，我不得不解释给先生。“干者，办也”因为那时候吴梓箴先生和我，都是纯义务的，只干那教学的工作，办学校另有人，不敢掠美，所以用这个干字，语虽白话，确合古谊。

至于原函把它解释到“谁家无少女，如入闲人先生所办之女学校，倘被‘干’了”这种下意识的歪曲的解释，直把“女学校”这一词当了什么？他自称是“我已近七十岁了”，他又说“家中孙辈”，真难得这位福寿全归的“乡下老”居然还替孙辈这样的解释“干”字！

现在我又说到“乡下老”的大函：“……闲人这篇大作（按即刊于九月七日的拙作《参观报展》，闲人注）的最后两句，‘那岂但是报的不幸，报人的不幸！’我百思不得其解。我认为好像是被排落了两个字，应改为‘那岂但是报的不幸，更是报人的不幸！’……”我那两句话，手民既未排落，校对也未校失（这地方本来该用“校丢”二字，因为又恐把校勘之校，误成学校之校，而“丢”之一字，尤恐怕对于孙辈解释麻烦），原函替我加上“更是”二字，语意既较浅薄，而又失了“还有国家的不幸呀！”一层最重要的言外意义。请看我那句：“那岂但是……‘，’……‘！’”由“那岂但是”贯下来，直贯到“！”地方，中间却用“，”来分句读，这很显明易见的下面还有一层最重要意义含蓄着在言外。

最后我敬谨奉告读《北平日报》的读者先生们，《北平日报》取材和编排诸方面，都很纯洁干净，前几天描写“人妖”，比较起来虽不甚详，正见这报的好处，用它做青年的课外读物，确实无害，只不要这样歪曲的解释好了。

编者先生，承转来来函，要我答复，具答如上。闲人

1947年9月16、17日
《北平日报·太平花》
署名非闇

打停

在过新年的那天，很有几位朋友感到国事家愁两无办法，我自然也不能例外，于是大家发起“莫谈国事”，拉开桌子，搓他几圈麻将。就这样，我们不谈了，且打起来，看是谁胜谁败，谁输谁赢？我们这牌，是有“听用”的，它就仿佛和事老做着“遇缺即补”的调停工作。我们一面打，一面谈，且谈且打，且打且谈，虽都想抓住“听用”不放手，谁都想打个清一色、满贯、一条龙。就这样我们由午后五点打起，一直打到翌日的午前九时。这期间虽也在略停了停，谈了谈，但是仍旧打下去，只弄得头昏眼花，腰酸腿疼，又渴又饿，又困又乏。各人都输了钱，尤其主人还要待饭待茶，待烟待酒……只有那位老妈子却得了便宜（头钱）。大家很后悔，还不如谈下去，不至于两败俱伤。当我们打得紧张的时候，有位诗家即席吟诗三首，诗曰：

打打停停打，停停打打停，打停停打打，停打打停停。

电电停停电，停停电电停，电停停电电，停电电停停。

涨涨停停涨，停停涨涨停，涨停停涨涨，停涨涨停停。

我倒很赏识那第一第三段诗的首一句。至于第二首，是替电力公司说话，太觉无聊。

1947年

《一四七画报·非闇漫墨》第9卷第9期

署名于非厂

租阅小说

自胜利以来我看报最初是由“头条”要闻看起，逐字逐句地看下去。可是一天比一天看不起劲，一年之后，只看看怎样标题，连那本报专什么都不看了，但还看看国外的新闻。到了现在，国内的连标题怎样标的技术，都懒得看，国外的却只看看标题。所以朋友和我谈国家大事，我都不像他们日日看要闻那么不满意，那么抱悲观，因为我根本就没有那一套，所以朋友在一起，也是绝口不谈这些，脑筋反觉得清爽。

生活如何不易，物价如何飞腾，这本来是意料中的事，饿死“活该”！怨你自己没能力，你不用着去“怨天尤人”。我最怕在一个应酬的场面上，大家谈生活，谈物价，假如你还想法活下去的话，那么生活如何会容易，物价如何会不涨！“城门失火，殃及池鱼”，池中鱼又焉得不焦头烂额呢！

在我这没法活下去的方法之中，看小说都觉得比看新闻还不伤脑。买书不愿意，租小说看只觉得方便些，我于是在工作之暇，每晚看两个钟头小说。

租小说的他介绍了我一本新出版的长篇武侠言情小说，是一位姓马二作的，据那太虚生序子说："这位已作了三部，都是不胫而走，洛阳纸贵。"那位租小说的说："这几本书，都是上海出版，每日租阅的男女学生很多，先生来得巧，您先拿这本看看，真是热闹极了。"比及我打开书一看，简直不成东西。作者是用武侠作烟幕，里边全是"性史"假道姑，真和尚，每一回（章回）里，总有一段"性史"，分配得非常均匀，无怪乎，报纸越来越贵，销路越来越多了。那里边的地名，仿佛番禺和大兴是邻县，动作上有《西游记》，有《封神榜》，好像还有《彭公案》"盗九龙玉杯"。第二日我给租书的送回去，照付租金，道声"再见"，从此不租阅小说。每日晚间，只好找出《春秋左氏传》看看，作为精神的"什么"。

1947 年

《一四七画报·非闇漫墨》第 12 卷第 3 期

署名于非厂

忆山右何真山先生

友人自运城来，言及运城及整个山右之事，使我茅塞顿开，使我非常气苦，使我放声大哭，使我几欲纵声一哭，这是我在他继续着两个钟头的谈话里我的表情。但我不愿意写出来，我所写的，是我追忆亡友何真山先生。

本来“兵农合一”，我在去年的春天，已经得到故友何真山先生精核的解释和说明，我侪小民，不敢妄评。当山右沦陷时，日本人由北平制造的鸦片毒品，其形仿佛酱豆腐似的一块一块地运到山右去，山右的人，管日本人这成块状的毒品，叫作“料子”，这“料子”吸法既已简便，只用纸点燃一吸，即过了大瘾，并且携取也方便。贩运这种东西的，是由军宪雇用的特务，分配到四乡八镇的各个角落里，山右人管这贩运的人，通叫作“便衣”。“便衣”有时强卖，有时摊派，有时指销，有时抵借，他们的手段相当灵敏，而正又是投其所好。原来这地方的人，在前清的时候，即掌握经济的大权，一般财阀们对于他们的子弟，往往因吸毒来羁縻着，使他们或她们，日在吞云吐雾中了此一生，因了财富之家，窖藏之富，那简直是非他处所能及。自“票庄”“票号”被银行银号所淘汰，又经过了若干年的搜括：世家大族，知识分子，虽在力矫颓风，可是一般老百姓仍是毒越吸越深，并且多半豪赌，这都是真如先生讲给我的。今先生逝世将及周年，而山右的局势，竟已是陡变到了如此，假如先生能活到现在的话，那不知他要如何痛恨了。先生有《逃妾百咏》，讽刺汪兆铭，久已脍炙人口，而山右近来的事，先生不及加些油料（先生有手稿，自署“真山打油诗章”），实在可惜。

返回来再说那些“便衣”，“便衣”既都发了横财，一旦胜利当局也就先以他们为对象，那个人“趁”多少（金子），那个人“有”多少（料子），在惩奸搜毒的口号下，搜得的“料子”与金子的成绩自然相当可观，而日本的物资，日本人焚了多日，却只看着，未能“吹气冒烟”。倒是某小地方解去的八千万伪币，却利用它买了若干“条子”。老百姓却是苦到了极处，平日即连个喘气的工夫都没有，若再军兴，要这样，摊那样，派这个，征那个，上边下来的是要十只破鞋，而传下来的人，就变成二十只，由传下来的经过一层机关或员役，必再加上一倍两倍，等传到了老百姓身上，就变作一百双了。所以做县长，不如做镇长，做镇长不如做村长（这些名词恕我弄不清），亲民之吏，得的利益，比什么都优厚，只可怜这些驯良的老百姓，他们愤恨至极，“假如的话，王八蛋不当汉奸”！

1947 年

《一四七画报·非闇漫墨》第 12 卷第 6 期

署名于非厂

煤与粮

煤与粮，这是开门七件事中，在今日顶贵重的东西。盐醋不算什么，酱也差一点，油和茶自然在今日都是贵重品，但仍不及煤与粮。我所以不说米而说粮者，因为一切杂粮也都算数。何以呢？杂粮囤起来，一样可以多进几根条子。

北平煤有煤行，粮有粮行，煤行粮行的人，似乎是发了老财，而其实比他们还发大财的，却非煤行粮行的人。这种发大财者，自然是敌伪时期遗传下来余毒，因为方法越研究越精，手段也就越练习越辣，直接受大害的是老百姓，而煤行粮行却也讨不了什么大好处。

先说煤，在敌人“白鸟”之下，有“四大金刚”，附属着有“八大怪”，还包括一切运输工具，和所行的道路、桥梁、碉堡、防地……都联系着，没有特别的花费。所以他们弄手脚，弄钱，在现在看着，还觉得不那么灵巧，还觉得太幼稚，太不民主。要知在军事第一的时候，“金刚”与“怪”，还未能充分来利用它来弄条子。

至于粮，农业区域占了百分之七十五的华北，恐怕有百分之六十五不在敌伪手里，所幸那时老百姓虽受有敌伪的搜括，而尚可勉强耕种刨锄，粮虽然都集中到敌伪的仓库里，但是“混合面”一类的东西，尚可用极低廉的代价，配给到饿不死的伪民（？）。“现粮市场”开张的头一天，一位会长，一位局长，赚了一笔相当数目的款子，已使人臭骂起来，弄得他们，尚知顾忌舆论，进退失据。不过，那个时候没有美粉，大米也没有这时多。采购之后，只是经过“军部”和“交通机关”的那个那个，公私两面交代过去，即可随便装船上车，在船或车上再那么一下，无论过什么省、什么市、什么区、什么地、什么碉、什么堡、什么桥、什么梁，都可以“大大的没有”，“小小的也没有”，而运到目的地。又因为有伪组织的实物配给，所以也兴不了多大的风浪。

胜利快到两年的今日，华北农民不知怎的却都效法起陶九成，做起《辍耕录》来了。“麦秋”不敢望，“大秋”更没有影响，而美粉洋米正是囤积的对象。只是由甲地运到乙地，普通粮商，如不有这大的“法力”，这大的“门道”——局长大人出马，准保可以马到功成么？在这民主的现在，只怨贩贱卖贵的粮商们手眼不够，他们只会在配售实物之处，勾结出些东西来帮凶罢了。人家都说煤粮涨得太凶，我却说是小民该死。

正写至此，有人来访，他说他接了一个朋友的电话，说有一百二十吨好煤，管送到家，问要不要。我这朋友来我家，是为此事，问我要多少。我问他：“您给电话的这位朋友是干什么的？”他笑了，我也只好写在此，做个不了了之。

1947 年

《一四七画报·非闇漫墨》第 12 卷第 7 期

署名于非厂

记『六二』我走的路线

我平日不大出门，我年龄虽然已够“蹓弯”[1]，但是我睡的时间虽不太晚，而早晨却起来的不太早。除非有事出门，每日总是蹲在家里，做我所做的工作。

不巧得很，五月二十日我必须出门，而出门的时间，刚好赶上学生游行。到了六月二日我又有必须出门，且这次出门，还要出正阳门，并且这是固定下每年旧历四月十四日必须去的地方，偏偏今年正赶上“六二”。家中孩子们在前一日都主张“六二”不要冒这种险，但是我觉得我活了这么大，我的小弟弟既已牺牲了，我这残年还要他何用！我遂定是日必往。

“六二”那天，我打开送来的报纸，说的都是不游行，更使我敬重这些位学生，而我的出门，益发坚定。当十一点钟的时候，有位邻近的朋友来谈，约一齐出正阳门，他也是读了报才决定的，我们遂定好三点钟各出家门，在那里会齐。

[1] 原注：北平老年人总是清晨起来，蹓蹓大街，活动身体，吸取新鲜空气，尤其要向日而行，俗叫“蹓弯”。我已是将近六旬的人。

吃午饭的时候，大孩子回家来啃窝窝，他说某处不许通行，某处不许通过，某处……仍劝我不要出前门。我既与朋友定好了，赴汤蹈火我虽没那样大的勇气，但仍以去之为宜，不过路线要研究一下。

我出了西斜街，大街上摊贩很少，车更少，我不敢走“西单”，进了灵境走府右街，我的意思是由府右街南口经过中央电影院、绒线胡同，走半壁街，由西交民巷出城。第一西交民巷不会“禁止通行”，第二不走和平门，免得“师大”门口找麻烦。在这如意算盘打得虽不错，可是忘了府右街的“交大”了，比及想起来，已走到了府右街。在平日行人、三轮车、脚踏车、汽车，是多么“熙来攘往”的，可是这次，必须经过一两分钟才有一种车走过来，或驰过去，行人更没有人。距离“交大”的门口还有“两箭来地”，似乎门口并不严重，走近了一看，穿制服的才有三四位，穿便衣的也有几位，冷冷清清的校门，仿佛向着中南海的大红墙在“发愣”。

一路行来，西长安街的马路上，人车可数，出西交民巷，过正阳门五牌楼，人倒还不少，不如内城那样的清冷。回来的时候，因为天晚，才进和平门，经过“师大”，门口没人，大门也在睡觉。一路回家，比光天化日之下，越显得像是隆冬三九，风雪满天，只有两三位穿制服的，在执行着他们的职务。

我不幸曾看到了一次“皇军入城式”，其凄惨清冷的景象，仿佛又到了目前。这要拿过去的欢迎盟军，欢迎国军，欢迎何总司令的街面上看，简直根本不成比例。

1947 年

《一四七画报·非闇漫墨》第 12 卷第 12 期

署名于非厂

志愿兵

北平这地方，适合于征兵年龄的，要算是工商界占大部分，因为学生除外，农人甚少的缘故。在民主国家，纳税服兵役是国民天职，不容逃避的。北平征兵，正是国民应尽的义务，也用不着再事饶舌。

不过，据上海电传："国民政府曾命令上海市和江苏省，以志愿兵代替抽征制。"而我们的盟邦，"美国陆军已恢复了志愿招募制，全体征兵，已决定在本月内完成退伍手续"。以上所引，是本月九日《新民报》第六版鼓吹者说的。并且说："我们也接到许多青年函询，有没有从军的机会。由此看来，现行的征兵制，可能把不愿当兵的人，拉进营，而把志愿从军者，拒于门外。"这话很确切。

若是再分析一下，北平适合征兵的只有工商界，他们都是各有岗位的，而这岗位，其重要性，并不一定次于学生。所以鼓吹又说："我们接到许多青年来函，问如何请缓召缓役。"

我想上海市和江苏省，既蒙国民政府以志愿兵代替抽征制，北平的工商，也不一定次于上海市、江苏省，北平人士何妨援例，请求志愿兵代替抽征制呢？写鼓吹的方先生，我们虽然好久好久没见面了，我不自揣，特抄袭他的大文，凑成这篇用来充实我的漫墨。

1947年
《一四七画报·非閒漫墨》第13卷第3期
署名于非厂

赤裸裸谈征兵

日前在澡堂遇见几位熟人，他们洗澡之后正在那里“闲聊”，自然我也加入了谈天。在我加入之前的一刹那，用目向墙壁上一扫，有没有贴着“莫谈国事”警告式纸条或木牌。这几位熟人，多是时那一带商店的经理，还有澡堂的伙计，一面打手巾把，一面也在“帮腔”。同时邻座一两位不大熟识的人，也偶然地补充上几句，或是不期然而然地点点头或是摇摇“脑袋”，这很像是一幕座谈会，却是赤裸裸的一丝不挂，毫无隔膜地在讨论，讨论的话题是征兵，是他们的学徒伙友怎样去应征。大概他们的学徒伙友的家，都在所谓“解放区”，一个应付不巧，就有“为渊殴鱼”[1]之嫌。这些民国九年至民国十六年的小伙子，

[1] “为渊殴鱼”应作“为渊驱鱼”，语出《孟子·离娄上》：“为渊驱鱼者，獭也。为丛驱爵者，鹯也；为汤武驱民者，桀与纣也。”比喻残暴的统治迫使自己一方的百姓投向敌方。

多么有用。尤其是那位黑胖经理，他说他的学徒伙友，八个人都金榜题名，他们都训练有成的是修理汽车手艺，不但工厂须得关门大吉，倘或他们跑回老家，入了“解放区”，这是多么伤脑筋的事。

那位澡堂子的伙计，他很爽直地说：“我们经理很为难，不应征不可以，应征，还要防伙计的逃走，逃回老家，您想我们老家，‘解放区’，不是很欢迎壮年么？”

我前抄袭了一篇志愿兵，现在赤裸裸参加了这个座谈会，觉得志愿兵在北平，是很有理由的，这是我再给方先生加上一个注疏。

1947年
《一四七画报·非閒漫墨》第13卷第4期
署名于非厂

特刑条例与通粉

我写了篇《请赦汉奸》，是摘录章行严先生发表在《中央日报》上的大文，我的目的，不过用来充实我这《漫墨》，不想有几位朋友向我转借《一四七画报》去看，还把我的《中央日报》、《北平日报》(转载章文）都借了去，据说是报贩上已找不到这两本《一四七画报》。

据我看到过关于这类文字，还有一位法学家对于“特别刑事”两条例，也做了根本的批评，可惜我忘了他是谁，他的全文，我也模模糊糊地读过去，只是我这健忘的脑子里，依稀还有一个他说“不合法理”的淡淡影子而已。——而我还费去些时光，乱找寻了一次旧报旧杂志，结果仍是徒劳，现在想起来，也实在有摘录的必要，可惜可惜。胜利屈指将及两周年了，受尽万苦千辛，牺牲得无法来估计，而才换到了日本无条件降服，这样对于“汉奸”，在纲律上自然要绳之以法，以为将来者——所谓新者戒。我不是法学者，自然不会说什么，也不懂应说什么。我只对于那篇文章找不到，觉得《漫墨》里失掉了好材料。

同时我还追忆起一篇妙文，这是乍发行“通粉”的当儿。这位作者我一些也记不起，是在北平一张小型报纸上，标题好像是《刘玉书万岁》，大意是说：这篇文章并不是同情刘玉书，而是说他（刘玉书）所办的“混合面”，用了很大的力量，得来这些东西，以极低极廉的代价，送给在铁蹄下辗转呻吟的老百姓，使他们的生命得以多延续些天。现在这“普粉”和“混合面”有“啥子”分别！——这位作者自己说是飞来者，所以我用“啥子”两个字——但是“普粉”的代价，却和美粉差不太多，青黄不接，不顾民命的这种干法，小老百姓如何活得下去！所以我不得不喊一声“刘玉书万岁”，而并不是对于刘玉书有“啥子”作用。

那时的杂合面，即棒子面、玉米面，所谓黄金塔的窝头面最次的一种，才卖七百元。我读了这篇文字，击节称赏之余，可惜也不曾把它剪贴下来，因为我觉得吃杂合面并不太贵，每斤价值，仅等于战前一所三合瓦房呀！现在一袋白面的价钱，在战前很可以开一号大银号了。“大清银行”是库平多少两开的，那更不消说。现在要吃一斤杂合面，需要二千一百元，（七月二十九日）较之“刘玉书万岁”的那篇文章发表的时候，已增长了两倍，这只有说“万岁，万岁，万万岁!”了。我感觉这篇不朽之作，也一样有入我《漫墨》的必要。可惜这张报也一样的未曾找到，只是怪我太忽略物价的直线上升，不曾当时剪下或录下来。假如这样糟下去的话，任何一张报纸，一本刊物，都有留存的必要了。

1947 年
《一四七画报·非闇漫墨》第 14 卷第 6 期
署名于非厂

两段速写

一

“您看：这是真正‘藕粉地’，四面‘硬红’，干净漂亮，‘年份’够，‘尺寸好’，‘五条’并不贵！”这是在一间精致的客厅，一位伙计用着评论鸡血石的专门术语，向懒洋洋躺在沙发上手里摆弄一对八分见方，不到二寸高的鸡血石图章，指点着赔着笑脸说的。那位主人，一面吸着烟，一面摆弄这图章，并不搭腔。

“上次那块‘田黄’图章，‘萝卜性’，‘颜色’‘尺寸’，才八条。这太贵，并且这图章只一面好，那三面都显得淡，不够‘硬’。”主人又燃着一支香烟才说，“我买的那两对鸡血很满意，有一对很受九爷欢迎，这既比不上，如何行？”

“这对九爷已看过，很爱，并且九爷说较您送的那对好，令拿过来请二爷看看的。”伙计很小心地放低了声音说，“价钱不能再少，因为这是外主的。”主人听了这话，只噢噢两声，这两声大概是成交的表示了。

二

“喂，喂！打小牌，等你！”这样经过了一番电话的邀集，凑成一桌牌，已像是家常便饭，算不得什么。可是带着校尉阶级的勤务老爷，立都现出了微笑，在设摆竹战的工具。

在一所日本人建筑，设备极其精致的室里，调列牌桌椅凳，电炬是不必用桌子去凑合它，而是调和在桌之四角，可伸可缩的长脚灯，用时展开，不用折叠，都有临时“插销”，光线是柔和，并不强烈。灯架上还可以放烟灰碟、茶杯等等。

打牌不分男女，本是一律平等的。打牌的法律，是众意佥同的无不遵守。可是这一次入局，却很单调，没有太太们参加，都是美式装备的几位，他们是打“重庆牌”，这是胜利之果。——十番“满贯”，二十“双满”，“头里跑”不限制，“自摸双”。乒乓乒乓地打起活来，这种稀松疏落的声音，远远听着，很像四平被围。

这时神气足，局势壮，心专志壹在打，在希望“自摸”。因为“自摸”，流通券马上整叠地流过来，这一流，起码就是百八十万，而还是“三番牌”。若是“嵌五魁一条龙”，那简直不知要多少叠流通券了。

1947年

《一四七画报·非闇漫墨》第14卷第12期

署名于非厂

关于停电

关于停电——一年多的停电，在报纸上很产生了不少的文字和标题。我这《漫墨》久想把它搜集起来，做我的资料，可惜我的脑子不够用，遗忘的太多了。现就我记忆所及的，约略写些出来。

（一）自认倒霉："谁教我不是要人，不是大员呢！当然该没有电用。就是我所住的那一带地方的邻居，也一样的穷命鬼，而得不到装'专线'的优待。根本就没有一晚不停电，而停起来起码三小时。……只好自认倒霉。"

（二）用的时候它不来："好缺德！点上一盏菜油灯，好容易对付着孩子睡了，我们一天的疲劳，晚间还想补做点什么，但是电始终不来，等到我们睡了好久，电来了，把孩子惊醒。看看钟，已两点了，好缺德！"

（三）无聊欣赏："这盏灯，多么有趣！这是中国古老的清油灯，还是祖母陪嫁时的‘长命灯’呀！荧荧如豆，它和黑暗搏战了五六十年，它仍巍然在原子时代能赐予我们的光明。”

（四）街上漆黑制造许多祸事：“车撞车，车撞人，抢皮包，扒大衣，偷车，抢钱，明火……”

（五）无电救火：“汇文大火，消防用具因无电，急电电灯公司，经过两小时电才来，而火势已成。”

（六）无电测量：“气象台因停电不能接收各地报告，致影响天气测量。”

（七）司法说话：“司法当局发表了停电须负责的话，马上电线的线路改变了，也有了‘专线’，各狱大放光明。”

（八）小民的推测：“你看，那家报馆骂停电，真是肯替老百姓说两句呀！等到骂出‘专线’来，马上缄默。公司的手段，真令人佩服之至。”

这是我所记忆关于停电的，遗漏之处，恐怕很多很多，只好宁付阙如了。

1947 年
《一四七画报·非闇漫墨》第 15 卷第 2 期
署名于非厂

对候选人说话

北平选参议员，实在是创举。北平实际上也真需要这真能代表北平民意的参议员。现在已发表了候选人的名单，每日也可在报上见到了玉照，看到了宏论和抱负，这是我们做小民的多么殷殷期待的呀！

秋来了，秋也越来越深了，肃杀之气，已经侵袭到了故都，将来由秋转冬，小民将如何度过，这实在是当前的大问题，而并且其严重的情形，凡是稍微明了一点北平情形的，都会想象的到。“我们小民只看见这一大批候选人名单，我们知道您们自己和家庭起码不会着急生活，那么您们为我们小民多说几句话，多想出些办法，多减少些负担，多开辟些可以找饭吃的路子，多……至于一声加价，公共事业先涨，一声令下，只有小民遭殃，也希望您们替我们说句公道话。我们小民除了自认是小民，不敢做那些‘作奸犯科’之事，而慢慢地被摒弃被淘汰被消灭外，在当前饿冻等等的侵袭蹂躏，只有盼望这些位名单中人发大慈悲，本悲天悯人之怀，加以援手，我们也不用请您们联络，请您们费心，请您们破钞，我们自然而然地要投您一票，选您作我们的救世主，观世音菩萨！”

这一段话是我在天桥一家铺子里听说的（我可未参与），这位说话者很干脆，态度也诚恳。对方自然是加倍地周旋。后来我向人一打听，这说话者代表了很多人，对方却是榜上有名的候选者。

1947 年

《一四七画报·非闇漫墨》第 15 卷第 5 期

署名于非厂

记联

从前有人给土地庙撰了一副对联是：

咦！那里放炮？

噢！人家过年。

土地爷是有管理地面之责的，放炮这还得了，所以他竟用这“咦”字。原来是“双响”爆竹，灶王爷已经上天，放放爆竹，预备过年，并不是什么大不了的事，所以他又用“噢”字来对“咦”，神理完足，跃然纸上，这只有白话才能描写这位位卑责重的土地爷。不过，这个对联传述已久，并不是什么新的创作。近闻又有一联，是原子时代之后（一九四八）的新发现，我大胆地把它记下来。

喂！有条有理。

嗳！无法无天。

这副联我只能略加注释，我却不晓得它是哪一座庙的对联。这本是两句成语，可惜是文言。但这条也者，条子也。曷言乎条子？黄金十两也。法也者，法币也。有金条则有理由，无法币则暗无天日，盖天即理也。喂也者，大人对于老百姓而招徕之。嗳也者，老百姓对于大人，不惜慨叹以出之，而深致其惋惜，不敢怨，不敢诱也。此联经妙手偶得之后，今已脍炙人口，故记之。

1948年2月7日
《北平日报·太平花》
署名非闇

望洋兴叹

北平的老百姓，对于舆榇，对于绝食，对于选总统，对于放弃“点”……都不感觉兴趣，甚至于无此心肠，倒是对于“争面”而“罢教”，对于“配面”而“价码”拿不出来，这真是件最伤心的事。

前者且不谈，先说这公定价格四四四〇〇元的洋白面，若和最高的小米面比，每斤洋白面，却可以买二斤（四月二日价）。十五斤洋白面，却可以买三十斤小米面，平均每人每日可以得“一品黄金塔”一市斤，而洋白面才是半斤。若是买“杂合面”，那么连“咸菜条”都有了。

自胜利迄今，北平中等之家，差不多都是窝头小米饭阶级，即幸叨为小公教人员，每月的两袋面，也一样的用它换杂粮吃，对于洋面，只有望“洋”兴叹！

洋蜡虽不能和太阳争光（用张伯苓语），不才之家，却不止八口，就以八口来计，一百二十斤洋白面价（五百三十二万八千元），我实在不知我怎样才能筹得出来。我不去领购，既丧失了权利，我又怕这百二十斤以后会再自抬声价，下月更要望“洋”兴叹了，奈何，奈何！

1948年4月12日
《北平日报·太平花》
署名洋蜡

祝《太平花》二周年

《太平花》诞生已两周岁了。经这两年的培植，调护，剪裁，防寒，御风，除虫，虽然比不起绛雪轩前的那一株饱经世故、遍阅沧桑，但是花儿开到今年今日今时，只见它越发地茂盛，越发地发荣滋长，这不能不归功于《北平日报》的诸位先生。

《太平花》本来是象征而又翘企着某一种景象的。现在看看北平城，人口增加到自有这城以来所未有的数目，几有人满之患，这是多么够繁荣的呀！人们一赏叫花子，起码就是国币万元，这是多么慷慨而富足呀！民意机关，正在那儿修理门面。舆论机关，并未考虑集体联合，新币传说，又白又胖。预算公布，既平且衡。译使往还，络绎于途，有的是来送面，有的是来送钱。……这岂不是天下太平百姓安乐寿考，《太平花》正于此时开花。

胡适博士说："人生就算是做梦，也要做个热闹。"以上所举，都是这天的事实，热闹很够，而却不是梦。

1948年8月15日
《北平日报·太平花》
署名闲人

观斗蟋蟀

“在古城的另一角落里，聚集了若干人士，这场合相当华美，有的是富商，有的是将帅，有的是贵人，有的是阔少，还有几位时代女性，他们正在兴高采烈地看着他们所豢养的打手，拼死地大杀大斫，有时将军面现笑容，有时贵人急得跺脚，有时富商和他的助手在私语，有时阔少把手插在裤袋里，摆着不很自然的步子，围绕着不停，可以说各个人都有他们个别的表情，关切着盆中的胜败输赢。那二位负有拨弄挑逗责任的‘执芡’操纵者，他却毫无表情地不顾旁人的秋波半送，或旁人的请求，与希望，凝眸静视着搏斗得如何。这是我在今年今秋今次看到一幕斗蟋蟀，虽然搏斗的紧张尚不够，可是参加的人位，有坐专机来去的要人，有乘‘霸王’来去的阔少。胜败既分，更不用焦土清野，胜利者，除得到条子十五对，还报之以微笑。失败者，除条子照缴，还酬以‘下次再会’的苦笑。这是多么伟大呀!”我一面作画，一面听我有这样的叙述，自然他不免“感慨系之”喽。我只好写给《太平花》，看看这有多么太平。

1948年11月22日
《北平日报·太平花》
署名非闇

我所听到的斗蛐蛐

阔别很久很久的《一四七画报》，竟在这个时候复刊，使我佩服主持的诸位先生，使我佩服吴宗祜社长的毅力！

当我接到报卷，看到是寄给我的，而且是用钢笔誊写发收两方面地址的时候，我心在惊讶，在跳跃，好久不见的朋友，忽然重逢，这是多么快慰呀！打开一看，在《两个长远安息的朋友——傅芸子金佩珊》的中间特栏，有绿叶君的谈蛐蛐，而竟询及我，这又是多么荣幸呀！这两位先进——好好与瘦瘦先生，他们算是逃出“现役”了，而我们且先谈谈看斗蛐蛐。

今年斗蛐蛐的，有的是北方飞来飞去，有的是东南方飞去飞来，选择方面既极精密，培养方面，也颇考究，两方秣马厉兵，拼命激斗，最骇人听闻的是某将军与某大少，一乘专机，一座“霸王号”，在某处激斗三回，某大少竟输掉条子十五对，而某大少仍把那几头斗败的蛐蛐，运回调养，更足见有涵养。这较比我在从前输顿小馆或几包茶叶，那真是太不成比例了。我所知道的，还有一位养着一头蓝头金翅白足的蛐蛐，预备和某大少一决雌雄，北平的养蛐蛐者，只是在这大圈圈内，自己乱斗乱咬而已，因为分量够的确实很少。

承绿叶先生见询，讲些我所听到的，作为“回话”，至于我个人，每日伏案为人家画牡丹，满篇满幅，加紫加红，富贵既要长春，大富贵又要大寿考，白头翁（鸟名）既忌单只，干枝梅又忌倒挂，因为老爷寿，太太也寿，霉（梅）冲天不可倒霉。梅竹双清，本属清高画品，而人却叫它是“触到霉头”。锦（锦鸡）上添花，原属吉祥画格，而人却说它是“野鸡落地”。我为棒子面，只好止干这行子。临盆观斗，我只可惜供人玩的蛐蛐了。

记者按:《一四七》“复刊号”草草印成之后，第二天马上就接到《一四七》两位老朋友的大稿。一篇是刘振卿先生的《旧京杂谈》。一篇是于非厂先生的《我所听到的斗蛐蛐》。两位都是地道八百的“北京通”。刘振卿先生是一位逊清贵族，尤其是他最精通“满文”，以前担任故宫博物院的“满档”工作一直有十九年之久，可惜在复原以后，因为他不满于人事的关系，一忿而辞职了。《太监》是他的杰作，美国新闻处同他商量译成英文本，在美出版，可惜条件还没有搞好。本报所登的《解马》，据刘先生说：已经被一个加拿大的朋友拿去了，这次《一四七》复刊，他给写了好多北平的风土文章。于三爷的草虫，已是成了他的独坛！可是闲人的文章呢，真有些“柳文”的意境，再加上一笔好“瘦金书”真令人爱不释的，我期待他在《痛痛集》以后，会有更好手文章，贡献给《一四七》的读者。　记者

1948 年 11 月 24 日
《一四七画报》第 23 卷第 2 期
署名闲人

无题

朋友来访，出其所为电影剧本见示，要我删改。谓可继《天字第一号》《六二六》而摄制也。予既贺其文字得售，复佩其手腕灵活，借此可以得一笔收入。剧本分四幕，一幕为“一只美丽的花瓶”，叙述牛小姐如何入孤岛，如何充小职员，如何接近守孤岛之将军。二幕为“家庭教师”，叙述牛小姐如何入将军府，如何做家庭教师。三幕最为紧张，孤岛上士民，如何吃树皮，掘草根。孤岛四周强敌，如何围困，如何愈逼愈近，将军的飞机如何运面运钱。此一幕开电影未有之火炽，有飞机，有大炮，有饥民，有饿殍，而由牛小姐衬以轻松场面，曼歌一曲，将军为之魂销。其中还插入守土不忘弄钱，统兵不忘贸易的特有镜头，为历来“拷贝”所绝无。四幕为“花瓶成功”，叙述孤岛日紧，将军首先将妻儿老小珍宝资财，空运至安全地带。同时牛小姐正式做将军夫人，正当灯红酒绿，花烛连宵，忽然四周告紧，将军一向由牛小姐注射“盖世维雄”，此际牛小姐着新婚服装，亟为注射一针，将军遂昏昏睡去，牛小姐代发命令，摇身一变，唾手而得孤岛。以上四幕，我一面欣赏此空中楼阁，一面却以此位男主角（将军），现在实为难得其选。友嘱我命题，我曰“无题”最好。

1948 年 11 月 29 日
《北平日报·太平花》
署名非闇

三望之余

当人们糊里糊涂地沦陷之后，跑是跑不掉，只有耐心去等机会，人们心里，大都是“风雨如晦，鸡鸣不已”地在希望着天亮。果然天亮了，人们目睹“劫搜”，一颗热烈的心，变成冰冷，由希望而失望。后来，越弄越糟，幻景中的安居乐业，转变为炮火连天，遂由失望而继之以绝望，自彗星示警，大家在提心吊胆之余，又像入轮回似的进入了风雨如晦的境地。哀我小民，前路茫茫，如何是好，如何是了。

傻瓜兑现洋

我亡室不知在什么时候，偷偷地储蓄了三块“老站人”，经过沦陷，却不曾把它弄丢。自金圆券一发行，这三块现大洋，变成了违法之物，我爱亡室，我不能让她那在天之灵，触犯了国家的“大法”，既爱她到底，只有依“法”兑出去，再买上点纸钱、寒衣等等，用火焚化，以免她在天之灵，也提心吊胆。结果，八十天之后，她的纪念品——老站人，又成了合“法”而最值钱的东西了。她虽未给我托梦，我直到现在还觉得我过于守“法”，大傻瓜，愧对她在天之灵。

难兄难弟

朋友们有时和我说笑，都说我这副尊容，若是换上一副小圈圈的金丝眼镜，我很像是所谓汉奸周作人先生的弟弟。若是再换上一副假玳瑁圈圈的眼镜，我又像一等战犯东条英机的令兄。当启明仁兄他挨一枪之后，我很担心，恐怕我也被人认作杨虎，而也给我一家伙。那我才冤哉枉也。至于东条小弟弟，他那种必死信念的蛮干，我实不愿做他的令兄。我三人年龄差不多，容貌也差不多，只我是穷光蛋，或者也是我命相上注定，该当受穷。

1948 年 12 月 11 日
《一四七画报》第 23 卷第 7 期
署名于非厂

编后记

本书内容分为四辑，选取作者有关清末、民国时期北京（平）社会文化历史生活的文章，勾勒出那个时代的生活场景之一斑。作者出生北京，读书门第，礼乐世家，自幼勤学苦读，聪颖过人，家道中落后，追随祖父二代负载，故于市井俚俗、民情真伪，得审知之。这些或见之史籍，或闻之乡贤耆老，或亲身经历的见闻记忆，信手拈来，发为文章，追怀忆往，情真意切。正如作者所言："北京这块地方，既有这么多年的历史，那么人文荟萃，无论任何一件事物，都有可以研究的价值。"（《北京史料》）

《旧京掌故》选择作者有关晚清至北平沦陷前夕记述旧京生活百态之篇，举凡历史掌故、晚近人物、政治军事、经济文化、古迹建筑、赈济救灾、京俗节令、吸毒陋习……无不涉及。反映出作者知识渊博、洞察敏锐、精于思辨和辛勤著述的能力，也是作者关注社稷民生之人文情怀的写照。

《有闲阶级》这是一组作者发表于1932年11月23日—1934年12月11日《北平晨报》的专栏系列文章，共计五十九篇。其中《〈有闲阶级〉注疏》一文，阐明对此阶层人物的观点："此辈老爷们，其家境亦不尽为富有，中人之产，则大都皆然。其为行，非如燕市之屠狗，悲歌慷慨，以自放于廛市间。而其迂拘谨守，只知有我，则又大都皆然。此辈群居，喜谈琐屑，四五月大雨，彼则能举同治某年光绪某年皆如此，而因此雨晚秧西瓜已坏，接秧菊花正肥……言之尤凿凿可信。……"并以略带辛辣讽刺笔调，生动传神刻画出这一时期北平中产阶层市民生活的常态，宛如描绘出一幅北平风俗画卷，独具社会人文历史资料价值。

《痛痛集》是作者在1945年8月15日抗战胜利后开始写作的，内容为记述沦陷区苦难生活情景，诚为一部沦陷区北平生活史。文章连载于《一四七画报》，自1946年6卷8期至1947年9卷3期，共计二十八次，凡五十一则。作者的本意在母亲去世五周年纪念日作为结束。1948年底该刊复刊后的第23卷又有数则《痛痛后集》的刊登，连同1946年《北平日报·太平花》中的四篇文章，内容也都是讲述沦陷区事情，一并归纳到本缉内。

《这且不言》自1946年8月间，于非闇应邀分别在《北平日报》副刊《太平花》撰写随笔、主持《新民报》副刊《北京人》并发表专栏文章《土话谈天》，以及在《一四七画报》中继续《非闇漫墨》第四卷等系列文章的写作，这一时期，文章的主要内容乃在关注当下时政及百姓生活，对连年内战及社会时弊进行指摘，是国内解放战争时期北平生活的真实写照。

本书中选取的相关历史照片及作者的金石书画作品，意在以图佐文，使读者在阅读文章时通过这些图片能够对历史现场进行联想，加深对文字的理解，既可以看作“读图时代”的趋同，更是对历史文献的保存和传承。这些图片资料主要来自各种印刷出版物和各类网站拍卖会图片、电子数据库文献资料截图等，虽无法达到图文间精准对应，更难于辨析作品真赝，只是作为一种阅读参考而已，借此对各位编著者、收藏者、网络经营者及热心提供资料的友人致以由衷的申谢。

本书得益于杨良志先生热情推荐，文津出版社总编辑高立志先生精心策划，编辑部同志的倾心工作，得以顺利出版，再此一并申致谢忱。鉴于本人学识浅薄，见闻有限，书中如有疏漏不当处，期待读者不吝指正。

出版说明

本书主要整理了于非闇（1889—1959）发表在民国时期报刊中的文章，文章发表时间跨度较长，为尊重先生不同时期的写作习惯、遣词风格，以及语言文字自身发展的变化规律，故在整理出版时对人名、地名、物名、书名等的称呼及异体字的使用不进行硬性统一及现代汉语的规范化处理。由于先生笔名较多，出版时署名遵循最初发表时使用的笔名。对于先生编辑的栏目中无署名的文章，据文辞风格判定为先生所作的，依据最初发表时的状态落款不署名。

特此说明，提请读者注意。

文津出版社

图书在版编目（CIP）数据

故都漫墨 / 于非闇著 ；沈宁编注 . — 北京 ：文津出版社，2023.7

ISBN 978-7-80554-831-9

Ⅰ. ①故… Ⅱ. ①于… ②沈… Ⅲ. ①地方文化—北京—文集 Ⅳ. ①G127.1-53

中国版本图书馆 CIP 数据核字（2022）第 163026 号

策　　划：高立志
统　　筹：王铁英
责任编辑：陈　平
责任营销：猫　娘
责任印制：陈冬梅
装帧设计：吉　辰

故都漫墨
GUDU MANMO
于非闇　著　沈宁　编注

出　　版：北京出版集团
　　　　　文津出版社
地　　址：北京北三环中路 6 号
邮　　编：100120
网　　址：www.bph.com.cn
发　　行：北京伦洋图书出版有限公司
印　　刷：北京汇瑞嘉合文化发展有限公司
开　　本：889 毫米 ×1194 毫米　1/32
印　　张：19.75
字　　数：190 千字
版　　次：2023 年 7 月第 1 版
印　　次：2023 年 7 月第 1 次印刷
书　　号：ISBN 978-7-80554-831-9
定　　价：98.00 元